21世纪高等院校国际经济与贸易专业精品教材

进出口贸易实务

Import & Export Practice

陈 平 主编
彭兴莲 宋慧琳 陈明敏 副主编

东北财经大学出版社 | 大连
Dongbei University of Finance & Economics Press

图书在版编目(CIP)数据

进出口贸易实务 / 陈平主编. —大连 : 东北财经大学出版社，2015.6
(21世纪高等院校国际经济与贸易专业精品教材)
ISBN 978 - 7 - 5654 - 1885 - 3

Ⅰ. 进… Ⅱ. 陈… Ⅲ. 进出口贸易-贸易实务-高等学校-教材
Ⅳ. F740.4

中国版本图书馆CIP数据核字(2015)第044362号

东北财经大学出版社出版
(大连市黑石礁尖山街217号 邮政编码 116025)
教学支持：(0411) 84710309
营 销 部：(0411) 84710711
总 编 室：(0411) 84710523
网 址：http：//www.dufep.cn
读者信箱：dufep@dufe.edu.cn

大连雪莲彩印有限公司印刷 东北财经大学出版社发行

幅面尺寸：185mm×260mm 字数：394千字 印张：17 1/2

2015年6月第1版 2015年6月第1次印刷

责任编辑：孙 平 章北蓓 责任校对：毛 杰 那 欣
封面设计：冀贵收 版式设计：钟福建

定价：32.00元

前 言

为适应应用型本科教学的基本要求，培养具有实践操作能力、能够直接进入进出口业务状态的应用型外贸业务人员，本书以信用证支付方式下进出口业务为主线，结合《跟单信用证统一惯例》（UCP600）和《国际贸易术语解释通则2010》（INCOTERMS 2010）以及国际商会《关于审核跟单信用证项下单据的国际标准银行实务》（ISBP745），从培养学生的实际应用能力着手，按照实际业务的操作流程，以实例为引导、以实训为手段、以操作能力为目标，深入浅出、简明扼要，展现业务知识、业务流程、业务操作。本书在总结外贸业务经验教训的基础上，参阅引用大量近年来众多外贸公司进出口业务的单证实例和典型案例，同时引用部分有关教材、文献资料，并整理、编撰、阐述各有关概念和专业知识，融合归纳而成。

本书共分八章及附录部分，在编写过程中，以信用证支付方式下进出口业务流程为主线，介绍各业务环节主要知识，针对业务操作环节可能出现的问题进行提示，启发读者思考，突出操作指导，期望为读者提供一条在模拟操作实践中掌握进出口业务技能、增强其"实战阅历"的有效途径，试图克服教学理论与实际操作相脱节的弊病。另外，针对进出口业务综合性特点，将各专业课程的知识有机地联系起来，强化业务知识的融合运用，并插配有图示和照片，比较直观具体，书后附有常用英文贸易用语和单证式样等业务知识图表，便于读者自学提高。

本书由陈平主编，并总撰定稿全书。其中陈平(南昌大学科学技术学院) 编写前言、第一、四、五、六、八章，陈明敏(南昌大学科学技术学院)编写第二章，宋慧琳(南昌大学科学技术学院)编写第三章，彭兴莲(南昌大学科学技术学院)编写第七章及附录。

在本书编写出版过程中，得到了东北财经大学出版社的大力支持、帮助，王磬、鲜昭君、张琳琳等历届毕业生对本书编写工作从各方面给予了协助和支持，在此一并表示衷心感谢。

本书借鉴和参考了大量的相关教材以及资料，限于篇幅不能逐一列举，在此我们对相关作者的辛勤劳动表示感谢。由于时间匆促，水平有限，书中难免有不妥之处，敬请广大读者批评指正。

编 者

2015年5月

前 言

编 者

目 录

第一章

贸易谈判

出口业务过程，包括备货、催证、审证、改证、租船订舱、报关、报验、保险、装船和制单结汇等多种环节。其中又以货（备货）、证（催证、审证、改证）、船（租船订舱）、款（制单结汇）4个环节最为重要。其实在备货之前还有很多前期工作需要进出口业务人员来做。整个出口业务流程如图1-1所示。

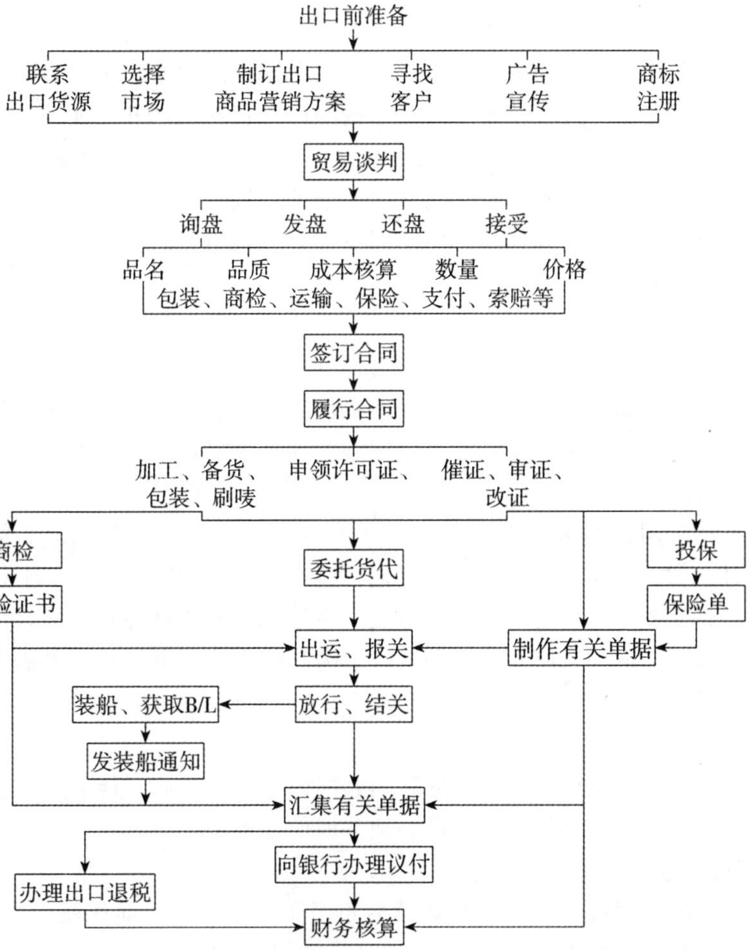

图1-1　出口业务流程示意图（以CIF、L/C为例）

出口业务准备工作做好后，寻找到潜在客户，第一步就是要开展贸易谈判。

“谈判”一词来源于拉丁文“negotiun”，基本意思是指“谈买卖、做交易”，简单地说，贸易谈判可以理解为“讨价还价”。牛津词典对“讨价还价”的定义是：“与采购、协议、合同等概念有关的谈判活动，目的是区分各方在彼此交易中分别应该给与什么/获取什么，或者执行什么/得到什么。”同时该词典对谈判的定义是：“为了就某些问题得到解决方案，而与其他一方或者多方进行交易、讨价还价或者商讨的过程。”由此可见，牛津词典对这两个词的定义是非常相似的，而且可以用来相互解释。

外贸业务人员怎样看待和对待谈判行为呢？回答这一问题，比较贴切的是美国前总统约翰·肯尼迪在其就职演说中所讲的一句话：“让我们从头说起，双方都要牢记，礼貌并不标志虚弱，诚挚总要经受考验。让我们永远不要因为惧怕而谈判，但也永远不要惧怕谈判。”

第一节　进出口业务人员的基本条件

一、基本条件

外贸业务工作属涉外经济工作范畴，业务人员既接触钱财物，又同外商经常交往，时刻肩负国家利益和单位财产的监护职责，又代表着国家的国格。进出口业务人员从事的业务与国内零售和批发业务具有显著不同，是按照国际贸易惯例开展业务工作的，一笔合同涉及金额少说几十万元，多则几百万元、上千万元，任何一个业务员，都负有重大的责任。因此，作为一个外贸业务人员，最基本的条件应该是：廉洁奉公；模范执行国家有关方针和政策；待人和蔼，平等礼让，团结同事；讲究诚信，忠于职守；自重自爱，谦虚谨慎；遵守纪律，保守秘密。

二、基本业务能力

当入职一个具体的外贸业务部门岗位时，这块天地对你是陌生的，但又有可能是你较长时间工作的地方。如何熟悉这块地方并使自己适应新的环境，如何了解这里的业务并掌握它？每一位新员工都面对这些问题，这就需要训练并尽快具备基本的业务能力。

（一）熟记合同条款

首先要熟悉常用价格术语（如FOB、CFR、CIF、FCA、CPT、CIP等贸易术语的含义和风险、责任、义务、费用），将合同的各类条款记熟，并深入了解各个条款的实际意义、彼此之间的关系，然后熟记相应的外文。熟记合同条款是外贸业务入门的开始，今后能否灵活地变通这些条款，使其在各种条件下为具体商品的进出口贸易服务，取决于对合同条款的熟悉程度。

（二）独立草拟合同

独立草拟合同就是当从业务主管处悉知合同的基本要素后，能够准确、较快地草拟出一份完整的合同。这是一个外贸业务员必须掌握的基本功之一。

（三）拟订函电

函电力求简练、明确、通顺，使人读后不至于发生误解。简练就是最大限度地省字，学会正确地使用并字、略字。明确就是大众化，选取最常用、最普通的字句，使读者明白无误。通顺就是前后次序合乎一般人的正常思维，使人一目了然。拟订函电是外贸业务员的基本功，也是日常工作。

（四）撰写商业文章

作为一个合格的外贸业务员，还要有一定的行文能力，就内外联系的各个方面而言，都需要大量的文字处理。比如：寻找客户、交换商业情报或市场看法；经营方案、业务分析报告等，在任何一种业务方面都离不开文字处理。商业文字有其本身的特点，商业文章不要求华丽的辞藻，也不要求任何性质的或任何形式的渲染或夸张，只要求实事求是、段落清楚、逻辑性强、平铺直叙、通俗易懂、文字朴素简洁，并且不得有任何脱离实际的虚构。

（五）了解客户

了解一个客户并不是一件容易的事情，也不像有些人所说的那样，“我认识他”，“他是某某介绍来的”，“他是某某单位介绍来的”，“他原来是某某公司的”等等。这些都不是对客户的了解。这里所说的了解客户，不是指某个人而是指这个人所在的企业，其资金拥有的情况以及该企业对外的信誉，就是常说的客户“资信”。

〔**启发思考**〕了解客户的资信，仅凭名片及表面状况，你就能信吗？

国际上有些地方，任何个人都可以成立公司，只要按规定交纳商业登记费，登记人就可以拿到一张合法的营业执照，办理登记手续的官员并不询问登记人的办公场所，也不调查注册资本的真实性。那么对客户的考察，应该从哪几个方面进行呢？

对其进行综合性的全面核实，一般从以下几个方面进行：

1.该公司的经营范围和性质，就是它是经营哪类商品、品种的，是进出口商，还是佣金商、批发商或零售商。

2.该公司的资金能力，从哪家银行支付货款，支付银行是否可靠，在该行是否真有户头。

3.该公司是否有比较固定的“永久性”地址，该地址是一幢楼宇，还是一层楼面，或是一间房屋，或是一张写字台，从办公面积中判断它的规模。

4.该公司的商品销售渠道，由此可以判断它的经营能力。

5.该公司是否经营过或正在经营我们经营的某项商品，是否经营过或正在经营其他类别的商品，以便了解它的经营作风。

6.可以通过其他经营该公司商品的老客户间接了解或通过我国驻外机构进行了解。

对一个客户的了解，要有一个过程，需经过一段时间，等到了解清楚后再做业务，也可能早就事过境迁了。因此，对客户的了解一般是伴随着交易同时进行的，了解的关键是看在其买货后市场价格下跌时，是否按时履约。

〔**启发思考**〕对于初次接触的外国客户建立客户信息表，是否有利于客户风险的防范呢？（当然，也需要关注来自客户的国别风险。中国出口信用保险公司根据和我国有经济往来的各个国家的基本信息，分析了“政治状况及风险”、“经济形势及风险”、“双边经贸关系及风险”，做出了“总体风险评估”。例如，欧洲信用最好的是四个小国家：安道尔、列士敦士登、卢森堡、瑞士，对这些均需要了解。）

三、注重工作效率

工作效率是公司精神面貌的表现形式，反映公司员工的思想状态和工作节奏。外贸业务工作的特点之一就是忙闲不均，时忙时闲，几乎没有完全重复性劳动。

〔**启发思考**〕外贸业务工作有没有效率问题呢？

外贸业务工作效率是由工作态度、业务熟悉程度、工作方式决定的。在正常情况下，外贸业务员的工作效率差别主要表现在工作方式上。那么如何改进自己的工作方式呢？这是必须认真对待的问题。

1.新同事走向工作岗位的第一件事就是向老同事了解有关工作环节、工作关系和商品情况。

2.第二件事就是粗略地翻阅有关商品资料，了解商品的来源和流向，同时积累资料。

3.业务员必须设立待办文函处理档案，按轻重缓急分为“当日必办的回复文函”、“当日请示复办文函”、“普通文函”。一般原则上要当日处理，除不须答复或内容复杂当日难以答复的外，一律不得延误。当日不能回复的，要明确给出答复的时间。普通文函不是不办，只是缓办，相当于备忘录，要每天翻查，依次处理。

4.设立公开的电话记录册，主要项目为通话目的、通话人、接话人、接话结果。要对通话的主要内容和要了解的或要答复的事项、遗留事项登记在册，可以使任何一位和此业务有关的人都能按此联系，又能起到备忘录的作用，预防以后相互扯皮事件发生。

5.设立留言簿，能帮助业务员有时突然出差，人走后业务工作继续由他人接着处理，就不必等到回来，延误工作的正常进行。

第二节 外贸业务中的涉外礼仪

涉外活动不像接待国内客户那样随便，一般要求比较严格，除了要遵守礼仪的一般原则外，还要遵循涉外礼仪原则。在涉外业务活动中要尊重本国和他国的国格，这是外贸业务活动中友好往来的基本条件。对于不同的交往礼仪分歧，在礼仪的应用上“遵守惯例”就显得尤其重要，例如见面握手是适用于世界各国的见面礼。同时还要注意各国民族习惯不同，充分尊重外宾的习惯。

一、涉外礼仪的基本要求

（一）守时、守约

这是外贸业务交往中极为重要的礼仪要求。在现代，时间是效率、是速度、是生命、是金钱的观念被越来越多的人接受。守约，则是人际交往中最起码的道德行为规范；守约即是信誉，信誉即是资产。外国有句谚语：“宁可丢掉钱袋，也别违约食言。”所以，外贸业务活动中应按约定的时间抵达，过早或迟到都是一种失礼的行为。如因故迟到，要诚恳地向对方致歉；万一因故不能按时赴约，要礼貌地尽早通知对方，并表示歉意；失约是很失礼的行为。

〔**启发思考**〕守时习惯如何养成？

（二）尊重老人，女士优先

尊重老人与礼让女士是社会文明程度的标志，也是有教养的体现。在外贸业务交往中，处处体现“女士优先”的通则，每一个成年男士都应具备“绅士风度”，在实际交往中将其认真付诸实践。

（三）尊重风俗，以右为尊

各国各民族由于不同的历史、文化、宗教等原因，均有各自特殊的风俗习惯和礼节，在外贸业务活动中应特别予以尊重和理解。如天主教徒忌讳“13”这个数字；伊斯兰教徒不能吃猪肉，也忌谈猪，在斋月里日出之后、日落之前不能吃喝；佛教信徒不能随便用手抚摸小孩的头部等。“以右为尊”是指在各种类型的国际交往中都要遵循的国际惯例，在并排站立、行走、就餐、乘车、会议安排、国旗悬挂上都要参照“以右为尊”原则。身份地位较低者居左，职位身份高者居右，这样才不会失敬于人。

（四）态度诚恳，谈吐文雅

与外商谈话时态度要诚恳、自然、大方，语气要亲切，表达要准确得体。谈话内容要注意选择，事先要有准备。在开门见山说明情况后直接进入正题，不要东拉西扯；自己讲话时要给对方发表意见的机会，不要滔滔不绝，旁若无人。当外商讲话时，要耐心听，目光要注视对方，不要轻易打断对方；如外商提到一些不便谈论的问题，不要轻易表态，可伺机转移话题；在谈话中如有急事需离开，应向对方打招呼表示歉意。

（五）业务交往，不能随意询问

中国人习惯于从了解对方基本情况入手的谈话方式，而对西方人绝对行不通。通常与外国人打交道，下列问题是绝对不能询问的：

1.年龄不能问。西方人大多数希望自己永远年轻，对自己实际年龄讳莫如深。

2.婚否不能问。西方人认为婚姻纯属个人隐私，向他询问是不礼貌的。

3.收入不能问。西方人将此视为个人的脸面，因为它与个人能力和地位有关，不仅收入不要谈论，诸如住宅档次、服饰之类能体现个人收入状况的，应加以避免。

4.住址不能问。西方人认为，留给他人地址，就是应该邀请他人上门作客，而他们通常是不喜欢随便邀请人去家作客的。

5.经历不能问。中国人之间稍微一熟悉，往往喜欢“忆苦思甜”，而西方人则视个人经历为自己的底牌，是不会轻易让人“摸”去的。

6.工作不能问。中国人爱问别人“你在忙什么呢”“到哪里去”。其实这只是种问候。而在外国人看来，问别人这类问题不是闲得无聊，就是有窥探他人隐私之癖，因而不会对提问题者抱有好感。

7.信仰不能问。宗教信仰和政治见解，在西方人看来非常严肃，所以不能信口开河。

二、外贸业务涉外礼仪

（一）仪表

仪表主要是指头面风度。一般要求头发清洁整齐，避免蓬松散乱；要求面部洁净，男士要剃须；一般不要戴黑色眼镜，即使在室外参加隆重仪式和迎送礼节性场合。参加涉外活动时，女士一般应当化妆，要淡雅，最好不要浓妆艳抹，还要经常修剪指甲和鼻毛。在国际交往中，化妆不仅意味着自尊自爱，而且也是对交往对象重视有加的一种表示。

（二）服饰

1.着装应遵循TPO原则。TPO就是Time（时间）、Place（地点）、Objective（目的）三个英文单词的缩写。这个原则的基本含义是要求业务人员在服装穿着、饰品佩戴和配件使用方面，不但要与自己的个性、风格、生理条件相适应，还必须适应具体的时间、地点和目的要求。

2.配色要符合三色原则。在正式场合，外贸人员尤其是男士，应当有意识地让自己全身衣着的色彩，在总量上限制在三种之内。外贸人员全身衣着的色彩若多于三种，未免令人眼花缭乱，因而难以给人以庄重之感。

3.“三一律”原则。男士在涉外场合着正装时，应当尽可能地使自己的皮鞋、腰带以及手包为同一色彩，并且以三者同为黑色最佳。越是有身份者，在涉外活动中越要注意此点。

4.男士的外衣如果带有领口，一定要扣好，不可将第一排纽扣敞开；衬衫的领扣也须扣好，紧贴脖颈；如果外套是西装，须结扎领带。女士的服装可以多种多样，也可佩带合适协调的饰品，但要考虑文化背景，不能简单模仿西方的打扮。在佩戴首饰时，通常不宜多于三种，每种亦应以两件为限。佩戴多种、多件首饰时，应当尽量使之质地、色彩相同。皮鞋要经常擦油，布面鞋也要经常洗刷。

〔**启发思考**〕重视服饰有何作用？

（三）姿势

在与外商谈话时表情要自然，语言和气亲切，表达得体；谈话时可适当做些手势，但动作不要过大，更不要手舞足蹈，用手指点人；谈话时的距离要适中，太远太近均不适合，不要拖拖拉拉、拍拍打打；站立和客人交谈时两手要自然，可挽在腹前，一般不要在胸前叉手或背手；坐要端正，可扶桌可靠背，但不可一手搭桌一手靠背勾椅或跨椅，不可将椅座翘起使后两腿吃力，前两腿悬空；手里不要玩笔、打火机、手机、纸团等小物件；不要做抠鼻挖耳、摸手背、抹嘴唇等小动作；万一打喷嚏，要用纸巾按住，扭过头去，尽量做到轻声，不可用手捂住，更不得面对客人直喷。

（四）介绍

1.如果双方属于第一次见面，可由第三方介绍，在涉外接待中，若宾主双方不止一人，仍须先介绍主方人员，后介绍客方人员。不过在介绍各方人员时，一般应当依照其职务、身份的具体高低，由高而低依次进行。介绍具体人时，要有礼貌地以手示意，而不要用手指点。介绍时，除妇女和年长者外，被介绍者一般应起立，但在会谈桌边可不必起立，被介绍时一般应面向对方微笑点头，并根据对方的反应做出相应的反应，距离较近时，如对方主动伸手，你也应及时伸手相握，并适度寒暄，远者可举右手致意。

2.如无他人介绍，可自我介绍，先向对方点头致意，得到回应后再向对方介绍自己的姓名和身份，同时递上自己的名片。如果客人是一男一女，要先请教男士并由男方代女方向自己介绍，只根据男方的介绍称呼即可。如果对方是夫妻，就不必再向女方递送名片了。如果主人一方也是一男一女，男主人须先向对方自我介绍后再将女主人介绍过去，同时明确彼此之间的关系以免发生误会。女性一般不主动作自我介绍，但当身旁无他人时就要主动相识，避免受窘。一经介绍后，对对方的名字就要记住，千万不能当场忘记了。万一忘记也不能立即就问，先设法搪塞过去，或向其他较熟的同事请教或等到再次见面时握手请教。

（五）名片

在外贸业务活动中，与初识者互换名片，是一种交际惯例。宾主双方就此皆应“有备无患”。

1.递上名片。把自己的名片递给外国人时，有四点注意事项：其一，应当起身站立，递到对方手中。其二，应当使用双手，或者使用右手。其三，应当以文字正面面对对方。

其四，应当注意顺序。通常，双方交换名片时，应由位低者首先递上自己的名片；当一人与多人同时交换名片时，则应当由尊而卑或者由近而远依次而行。

2.接受名片。接受名片的基本讲究有五：其一，应当起身站立，或迎向对方。其二，应当使用双手，或者使用右手。其三，应当在接过名片后将其认真捧读一遍。其四，应当将其毕恭毕敬地收好。其五，应当随后回敬对方一枚自己的名片。

3.主要禁忌。用于涉外交往的名片，一般不宜印上本人照片、格言警句或私宅电话号码，并且不应当在其上涂涂改改、加加减减。接受外宾的名片时，不宜当面将其置于桌上、裤袋之内，或是将其交给他人传阅。

（六）礼品

送礼品是国际上通行的社交活动形式之一，是人际交往的重要手段，可以加深感情，缩短距离，传送友谊，扩大交际。怎样送礼才能投其所好，恰到好处？这是一门较深的学问。

1.日本。日本人送礼极为普遍，没有机会，也要创造送礼机会。一般与日商交往时，最好让日商先送礼，然后回赠，这样日商才会最高兴。送日商的礼品尽量避免太贵，否则他会觉得你的身份比他高，同时也不要比日商送的礼品差太多。日商送礼只是一种礼仪形式，送给日商的礼品最好是带包装的。向日商送礼时不要送现金和太随便的礼品。日商一般不当面打开礼品，因此你收到日商礼品时，也应避免当面打开。

2.中东地区。这个地区商人送的礼一般很值钱，他们希望对方送的礼物同样贵重，讲究礼尚往来，喜欢比较双方谁更慷慨。第一次见面不要送礼，只有一人在场时也不要送礼，不送酒，不送带有动物形象的礼品，不送洋娃娃、人物像和不值钱的东西。

3.欧洲。与欧洲各国商人交往中，不要第一次见面就送礼品，尤其是英法商人会认为你看不起他们，礼品的包装和颜色，应注意到各国对数字和颜色的忌讳。礼品中不要放入自己的名片。

4.拉美地区。与拉美地区商人业务谈判时，关系不熟前，不宜送礼品。在谈业务时不能送礼品，谈判结束后，气氛轻松下来，是送礼品的最好时机。女士给男士送礼，一定要特别谨慎，而男士给女士送礼则不会引起误会。忌送小刀、手帕之类礼品。小刀意味着友谊中断，手帕暗示让对方伤心流泪。所以，一定要在这方面注意。

三、外贸礼忌

东南亚礼忌：与东南亚商人洽谈商务时，严忌跷起二郎腿，乃至鞋底悬着颠来颠去，否则必引起对方反感，交易会当即告吹。

中东礼忌：中东阿拉伯国家的商人，往往在咖啡馆里洽谈贸易。与他们会面时，宜喝咖啡、茶或清凉饮料，严忌饮酒、吸烟、谈女人、拍照，也不要谈论中东政局和国际石油政策。

俄罗斯礼忌：俄罗斯及东欧诸国，对西方商人的礼待是极其热情的。在同俄罗斯人洽谈贸易时，切忌称呼“俄国人”。

英国礼忌：到英国洽谈贸易时，要有三条忌讳：（1）忌系有纹的领带（因为带纹的领带可能被认为是军队或学生校服领带的仿制品）；（2）忌以皇室的家事为谈话的笑料；（3）不要把英国人称呼为“英国人”。

法国礼忌：到法国洽谈贸易时，严忌过多地谈论个人私事，因为法国人不喜欢大谈家庭及个人生活的隐私。

南美礼忌：赴南美洲做生意的人，为了入境随俗，在洽谈交易的过程中，宜穿深色服装，谈话宜亲热并且距离靠近一些，忌穿浅色服装，忌谈当地政治问题。

德国礼忌：德国商人很注重工作效率，因此，同他们洽谈贸易时，严忌神聊或节外生枝地闲谈。德国北部地区的商人，均重视自己的头衔，当同他们一次次热情握手，一次次称呼其头衔时，他们必然格外高兴。

瑞士礼忌：若给瑞士的公司寄信，收信人应写公司的全称，严忌写公司工作人员的名字。因为，如果收信人不在，此信是永远也不会被打开的。瑞士人崇拜老字号的公司，如果你的公司建于1895年之前，那么你应在工作证件上或名片上特别强调出来。

美国礼忌：与美国人洽谈交易时，不必过多地握手与客套，贸易谈判可直截了当地进入正题，甚至从吃早点时即可开始。

芬兰礼忌：与芬兰商人洽谈时，应重视行握手礼，应多呼其“经理”之类的职衔。谈判地点多在办事处，一般不在宴会上。谈判成功之后，芬兰商人往往邀请你赴家宴与洗蒸汽浴。这是一种很重要的礼节。如你应邀赴宴时，忌讳迟到，且不要忘记向女主人送上5朵或7朵（忌双数的）鲜花。在主人正式敬酒之前，客人不宜先行自饮。在畅谈时，应忌讳谈当地的政治问题。

第三节　谈判前的准备

业务谈判至关重要，而且是一项十分复杂的工作。要使谈判达到预期的目的，必须在谈判前做好充分的准备工作。

一、了解对方及有关谈判内容的客观情况

进行调查研究，掌握大量的情报资料，是进行谈判的重要基础工作。“知己知彼”，是谈判成功的先决条件。一般而言，必须了解对方几个方面的情况：

（一）掌握行情

如果是一次购销谈判，那就要掌握该产品过去和现在的产销状况、现时的行情、价格波动的幅度、影响价格变动的因素、价格预期的变动趋势、市场供求状况、现时影响市场容量的因素、销售渠道、产品的包装水平、运输方式和运价等。任何谈判主题，必须按其不同的具体要求，对有关行情进行深入的了解和分析，才能对谈判的具体内容决策。

（二）了解经营情况

了解谈判对方的经营情况，重点在于了解经营方式和经营范围以及经营能力、资金财务状况、信用状况、设备状况、供货能力、技术水平、产品质量、产品销售情况、企业信誉等。不仅要了解对方的经营活动，还要了解谈判对方在同其他企业打交道中执行协议的情况，有无违约情况等等。通过对这些不同方面的了解，达成协议才具有客观的、可靠的基础。

（三）了解对方谈判人员的素质、经验和水平

了解对方谈判人员的素质、经验和水平，以及他们的性格、爱好和兴趣，我方谈判人员据此可以创造有利的谈判气氛和采取相应的谈判策略。此外还应该了解国际合同的条款和条件，以利于达成谈判协议。

〔**启发思考**〕商务谈判前的最基础性工作有哪些？

二、拟订谈判计划

拟订谈判计划，第一步是确定谈判主题。主题是举行谈判的基本目的，整个谈判活动都围绕这个主题进行。谈判主题应简洁、明确。例如，某产品的销售谈判，其主题可以表述为："以薄利多销为原则，把本产品打入谈判对方国的市场，并为今后在该地扩大市场份额打下基础。"但是，有了谈判的主题以后，还需要加以具体化，这样才能便于谈判人员有所遵循。因此，第二步是按照主题的要求，确定谈判的具体目标，不仅要符合我方的谈判主观愿望，而且还应该估量谈判对方的接受程度。只凭单方面的主观愿望来确定目标是不现实的。只有双方的目标接近，才有可能取得谈判的成果。但是，推测谈判对方的目标会出现不同程度的误差，达成目标还会受谈判中诸多因素的影响，因而在确定目标时往往要考虑设置三个目标层次：

（一）最优期望目标

这是对我方最为有利的理想目标，希望自己一方能比对方得到更多的利益，即在满足我方的实际需求利益之外，再有一个增加数。例如，在一次购销谈判中，一批货物我方的售价实际是100万元，但在开始谈判时我方却要价130万元，这130万元就是我方的最优期望目标，比实际要价高出30万元，这30万元就是增加数。在一般情况下，最优期望目标很少有实现的可能。因为在购销谈判中，对方是不会轻易地把利益全部让给我方的。但是，谈判是一个双方依据各自利益进行讨价还价的过程。如果我方一开始就提出实际要价100万元，那么，这个实际要价是很难达到的，因为对方不经还价而接受这一售价的可能性几乎是不存在的。

（二）实际需求目标

这是我方在推测谈判对方的目标基础上，根据主客观因素而确定的实际要达到的目标。上例一批货物售价100万元，就是实际需求目标。这100万元包括成本和适当的利润。实际需求目标是在谈判中必须坚决争取的目标，在一般情况下不愿作出让步。

（三）最低目标

最低目标是对谈判划定的限值。"薄利"就是限值。如果对方始终坚持低于这个限值，那就终止谈判。凡低于实际需求目标，高于最低目标，都是可以接受的。

把目标确定为三个层次，有利于谈判者随机应变，使谈判成功。谈判主题可以用几句话概述，但目标层次的表述必须明确而具体，避免任何含糊的概括或一般性的空话。

拟订谈判计划的第三步是制定谈判程序。在制定谈判程序时，要注意两个问题：第一是互利性；第二是简洁性。所谓互利就是议事日程的安排，不仅要照顾到我们的利益和方便，而且还要考虑对方的利益和方便。所谓简洁，就是主要谈判事项的内容要简明。过多的谈判事项会加重谈判者思想负担，而且不容易记住。因此，在一般情况下，拟定的谈判事项宜少不宜多。谈判时间长短，则要根据谈判的内容以及谈判双方的需要和可能来决定。

三、物质条件方面的准备

为谈判准备必要的物质条件，对形成良好的谈判气氛很重要。适当的物质条件，反映了主方的谈判诚意。如果对方物质条件准备马虎草率，就会使人有不愉快的感觉。物质条件的准备通常有两方面的内容：第一是谈判房间的准备；第二是谈判人员的食宿安排。

一般而言，选择什么样的谈判房间是无关紧要的，只要具备灯光、通风、隔音等条件就可以了，重要的是房间该怎样布置。根据经验，商务谈判的谈判桌长方形或圆形均可，如果使用圆形桌，双方的谈判人员团团围住，会使人产生一种和谐一致的感觉；如果使用长方形桌，谈判双方面对面坐成两排，会使人产生一种严肃的感觉，但又能使人产生心理上的实力感。

如果双方谈判人员不多，是否可以不设谈判桌呢？双方随便坐在一起交谈，氛围会更融洽。当然，比较正式的谈判，谈判桌有其好处，便于双方查阅自己需保密的资料。

对于谈判人员的食宿安排，必须尊重双方的风俗习惯，尽可能提供满意的服务。

对于需要准备样品的，要提早做好样品的收集、整理和布置，分门别类标注详细品名、规格、质量等级、产地以及生产供货能力等状况。可问题是如何才能取得便于成交和履约的样品呢？这就要对商品的生产流程、生产工艺、质量评定标准有较高的熟悉程度，才能科学地取样，应注意样品的代表性、实际生产的可能性和保存期的质量。

〔**启发思考**〕*谈判前是否可以允许对方谈判代表到我方生产单位不加选择地实际考察一番呢?会有风险存在吗?*

四、谈判信息的传递和保密

有时在谈判过程中，出于了解某些事实、听取本单位主管领导的决策意见等需要，有必要与国内本企业联系；有时国内本企业需要了解国际市场行情，也有必要与国外的谈判人员联系，因而谈判信息如何传递便成为谈判前必须认真做好安排的一个重要问题。

但是要看到，过多的信息传递有可能给谈判带来不利的影响。因为如果我方谈判人员事事要与本单位联系才能作出决定，会使外商产生谈判人员缺乏自主权的不良印象；同时本单位主管难以及时完全了解情况而无法作出适当的决策；再者联系越多，保密性越差。所以，在谈判前作准备时，应尽量把一些能确定的事情确定下来，减少和本单位的联系，可以事先约定：“没有消息就是好消息。”

谈判过程保密的一般守则有：

1.不要在公共场所，如机舱、车厢、出租汽车以及旅馆过道等场合谈论业务问题。

2.不要给对方造成窃听的机会。在谈判间隙，不要将谈判文件资料留在谈判房间里。尽可能不要叫对方复印文件，如不得不复印，应有人在旁监督。不要将谈判资料，包括数字资料，随便摊开放在谈判桌上，以防对方受过训练的倒读能手窃看。

3.不要轻信旅馆服务人员，让他们帮助发函电，这往往会酿成“出卖情报”的危险。也不过分信任本公司在当地的代理，他们同外商的本族关系，往往胜于同本公司的雇佣关系。

4.对一些机密性强的重要谈判资料，在谈判前就可考虑明确暗语，在谈判过程中，有必要和国内本单位联系时使用暗语操作。

第四节　价格谈判

价格谈判是外贸业务谈判的核心问题。成功的价格谈判，必须充分了解谈判项目的市场行情，研究供求关系、价格动态、竞争情况，预测今后的变化趋势，否则，在价格谈判中，不仅会陷于被动，而且会蒙受不必要的经济损失。

掌握谈判项目的市场行情是谈判双方报价或还价的参考依据。对于某一商品的市场价格，可以从市场行情信息中获得。卖方的报价或买方的还价是否合理，则可以通过产品的比价进行分析判断。例如，与国外不同厂家的同类产品比较；与国内的同类产品比较；把不同厂家生产的类似组配件的价格作比较等等。

一、选定报价

在掌握市场行情及其动态的基础上，谈判人员应参照近期的进出口成交价格、市场竞争情况，结合我方的经营意图，拟定出价格掌握幅度。应该考虑两个效果：既对我方最为有利，成功的可能性又最大。

下面从出口方的角度进行分析。

出口方报出的价格必须是“最高的”，原因为：

1.初次报价给出口方要价定了一个最高限度。一经确定，就不能再提出更高的要价。即使发生特殊的情况，硬要提高要价，对方一般是不会接受的。

2.初次报价会影响进口方对出口方提供的商品或服务的印象和评价。越高，会给对方以“优质优价”的初步感受。

3.初次报价高，能为以后的价格磋商留下充分的余地。特别在讨价和还价阶段，谈判双方常常会出现相持不下的局面。开价高些，可以为让步多留出一些筹码。

4.初次报价高对最终成交价的高低有实质性影响。出口方合理开价越高，最终得到的好处越多。特别对一些“厚利少销”的商品（如高级工艺品等），开价就应报得高些。

初次报价通常还包括与报价有关的交货条件、支付条件、质量标准和其他一系列内容。因此，开价的最高可行价并不是绝对数，而是相对数。例如，如果对方自持某些有利条件，一味想让我方迁就其提出的要求，如果有很多竞争对手，那么开价就可以相对低些，以使对方愿意同我们进行谈判。如果对方是我方具有诚挚关系的老客户，我方的开价还可以再压低些。总之，在一笔交易中，每一个交易单项的开价都应当是最高可行价。因为在谈判磋商中，对方肯定会要求我方在一两个项目甚至更多的项目上让步。所以，开价中把所有项目都报出高价，便可为磋商留有余地。

下面从进口方的角度进行分析。

如果我方作为进口方，除了还价应是最低可行价以外，应注意在向外商洽谈订货时，不要赞扬这些货物的品质如何好，该货物在我方市场上如何好销等等。对外商货物的良好评价，会使外商将价格开得很高，对我方还价造成困难。所以，精明的进口商开始谈判时，非但不能赞扬外商的商品，而且还要对这些商品加以挑剔，并告诉对方只有通过很大的促销努力，花费很多的促销费用，才能在市场上为消费者或用户所接受。

〔**启发思考**〕*拟定报价应考虑哪些因素？如何拟定？*

二、提出报价

开价选定以后，接着就是在谈判中提出报价。由于出口方提出的开价是最高可行价，往往会吞吞吐吐，怯于向对方提出来，这种心理状态被称为“价格恐惧症”。谈判人员一定要克服价格恐惧症，提出开价应坚定明确，不应有丝毫犹豫，报价的表达也应准确明白，有现成的报价单当然更好，如果是口头表达，最好用纸把数字写下来交给对方，这样就可使报价单明确无误，让对方准确地了解我方所报的数字。

谈判人员在提出报价时，不必对所报的价格作解释或说明。因为对方肯定会对不清楚的问题进行提问。如果我方主动作解释或说明，会使对方摸清我方关心的问题所在，而这些问题可能对方原先一点也未曾意识到。报价的表达方式一般应遵循坚定、清楚、不加解释和说明三条原则。

如果谈判对方是同我方有过合作关系的老客户，作为出口方可把最高可行价定在“保本利少”的基础上，在报价时向对方说明：“我们这一价格是很优惠的价格，很少有还价余地了。”直接提出我方所要求的成交价格，是一种有效的报价方式，可以缩短谈判的进程，较快达成交易。

一般而言，如果我方希望最终成交价在我方所报最高可行价格以下的限度范围内达成交易，那就宜于我方先报价。但我方先报价也有不利之处，如报价低于对方预测的价格，无疑使对方获得本来得不到的利润，而且对方听了我方的报价比他们原先设想的要低以后，还会相应地还价，使他们获得更多的利润。总之，双方谁先报价，最终还是要视实际情况而定，如果双方在曾经业务交往中合作得很不错的话，谁先报价都无所谓。

三、讨价还价

在谈判一方作了报价后，谈判的另一方通常是不会全盘接受的，随之而来的便是双方的讨价还价。在讨价还价阶段，对于对方的报价，不只是明确报价的内容，而是要了解对方作此报价的依据和原因，要求对方对价格构成作出解释。因此，在这个阶段，需要追根问底，从对方的解释和回答中判断对方的意图，使我方在获利的同时，也不断给对方以满足。

这时怎么做较好呢？可从以下几个方面来做：

1.检查、核对对方报价的每个项目以及各项交易条件的内容和细节，掌握报价依据，了解各项交易条件有多大的通融余地。

2.在对话中，不要主观臆测对方的观点和动机，要注意倾听对方的解释和答复。可以不断询问，但不要加以评论。

3.要把谈判面铺得广些，避免过早过深地陷入一个问题的讨论。对对方所作的答复要做好记录。

4.在向对方询问时，要注意不能泄露我方的意图。当对方要了解我方的立场并向我方提问时，应尽力把回答的内容限制在较小范围内，只告诉对方一些基本的方面，不要过多加以说明和解释，掌握好哪些可以说、哪些不宜说。

向对方询问以后，应结合我方掌握的市场行情和有关动态，对谈判形势作出判断。这时要弄清几点：

1.对双方的分歧所在作出判断。这种分歧大致可分为三类：第一类，主观认定的分歧。这是由于一方没有很好理解和领会对方的真正要求而产生的，可以通过双方的进一步相互沟通得到解决。第二类，人为制造的分歧。如一方故意摆出某些姿态或故意提高要价等等。这种人为制造的分歧，可以通过延长磋商时间，深入讨论并相互让步得到解决。第三类，真正的分歧。这是谈判双方的真正期望之间的差距。因为一开始，我方掌握的情况有限，难于准确地知道对方的真正期望，但随着对方解释报价（或递价）的依据和原因，以及双方在讨价还价中的进一步沟通，逐渐互相大致了解双方的真正分歧所在。

2.分析对方的真正期望和要求。在对双方的分歧所在作出判断以后，要进一步分析以下方面：

（1）哪些是对方所必须做到的。

（2）哪些是对方希望得到的，但并不是非得到不可的。

（3）对方报价中哪些方面的利益，对方认为是次要的，而这些正是对方可以让步的。

（4）我方向对方提出的要求中，哪些是对方可以接受的，哪些是对方不会接受的。

3.在分析的基础上，再对进一步谈判作出大致的安排。基本上可能面临三种情况：

（1）双方的分歧不大，略加磋商即可成交。

（2）双方的分歧较大，但经过讨价还价，相互让步，可能成交。

（3）双方的分歧太大，没有成交的可能性。

在继续谈判的过程中，可以采取以下步骤：

（1）对所要进行谈判的一揽子问题一一加以分析。哪些问题和交易条件，我方不能让步；哪些问题和交易条件，我方可以考虑让步，分别用书面列出，便于明确掌握。对价格的让步，应标明数字，以明确让步的幅度和范围。

（2）在双方分歧虽大，但通过继续磋商，仍有可能成交的情况下，把对方的报价放在最后磋商，先研究对方报盘中的其他一些交易条件，如数量、品质、档次、付款条件、交货期限等，看看能否作出有利于我方的变动。如能取得对方同意，在价格磋商时，我方让步的弹性就可大些。

（3）在双方分歧太大，没有成交可能性的情况下，一种选择是拒绝对方的报盘，终止谈判；一种选择是建议对方撤回原盘，重新考虑一个比较切合实际的报盘，作为继续洽谈的基础。

四、让步

在谈判双方有分歧的情况下，双方都应作出适当的让步，以弥合分歧，是交易取得成功的途径。让步，不仅指价格上的让步，还包括以价格为核心的其他交易条件的让步。具体的原则和策略可以概括为以下几条：

1.为了达成交易，应做出适当的让步，但让步的最终目的是换取我方的利益。每次让步必须换取对方在其他方面的相应让步。

2.让步要双方同步进行。如果我方作了一些让步，而对方没有做出让步，我方就不能再作让步。

3.让步要让在刀口上，让得恰到好处。

4.每一个让步都要慎重考虑，绝不能轻率马虎，因为每一个让步都包含我方的利益。

5.如果让步觉得考虑欠周，完全可以推倒重来，因为这还不是最后协定。

6.让步应该缓慢进行，使对方觉得从我方得到的让步不是轻而易举的，因而就会珍惜所得到的让步。

7.一次让步的幅度不宜过大，因为让步过大，会使对方认为我方软弱，从而增强对方的自信心，而不给我方回报相应的让步。当然，让步的幅度太小也不好，会使对方认为我方缺欠诚意。

8.在一般情况下，进口方处于比出口方略微有利的地位，进口方的让步幅度可较出口方的小些。

第五节 外贸函电

外贸函电是国际贸易中沟通信息、磋商交易的重要工具，是被普遍采用的、不可缺少的通讯手段，因为它不仅经济简便，而且起着阐明政策、推销产品、增进了解、发展关系等的重要作用。外贸函电亦反映了一个外贸工作者的政策水平、业务能力、外贸和商品知识、法律常识等。当前国际市场上贸易竞争日趋激烈，贸易方式层出不穷，我们要挤入国际市场去取得应有的地位，必须作出努力，充分利用函电这一重要通讯工具宣传我出口商品的优点，促使交易顺利达成，从而扩大贸易，提高经济效益。在磋商交易条款，发生延期交货、异议、索赔、争执等情况时，都需要通过函电婉言解释，充分说理。

一、英语书信

（一）外贸书信的基本要求

每封信，不论什么内容，必须具有吸引力或说服力，把要陈述的内容或意图简练扼要、条理清楚、层次分明、文词流畅地表达出来，从而产生最好的效果。现在经营国际贸易的都分秒必争，时间就是金钱，因此现代的外贸书信一定要避免咬文嚼字、泛泛而谈、陈词滥调或词意生僻、单调枯燥。当然，关于拒赔、无货供应、要求展证改证之类的书信应适当说明原因，不宜轻描淡写一笔带过。答复询价或介绍商品，要做到内容丰富而不繁琐。书信处理方法，最好一信一事，避免一信数事，更忌数信拼复或拖延不复。

（二）外贸书信的结构

外贸英语书信，在结构上不尽相同，但整封信必须平衡、大方、整齐，不可擦抹涂改。它通常由八个部分组成：信头、日期、封内地址、称呼、事由、信的正文、结尾客套和签名。此外，视实际需要，尚有发文编号或查号、对方经办人姓名、附件、主办人姓名开头字母、再启（P.S.）、抄送（c.c.）等。图1-2是常见格式之一。

信头（Letterhead）

发文编号（Ref. No.）
日期（Date）

封内地址（Inside Address）

称呼（Salutation）

事由（Subject）
信的正文（Body of the Letter）

结尾客套（Complimentary Close）
签名（Signature）

附件（Enclosure）
主办人姓名开头字母（Initial）

图1-2 外贸英语书信常见格式

（三）外贸书信应注意事项

1. 日期是指发信日期，不是指拟稿或缮打日期。凡正式函件，月份、年份一般不缩写，不可用数字代替。例如，2014年3月5日，英国写法是5th March，1984，美国写法是March 5，2014，但不要缩写成Mar.5，2014，切不可写成5/3/2014或3-5-2014，以避免误解。

2.现代英语书信，收信人的名称无论是人还是非人名，前面一般不加“Messrs”字样。外贸书信不要写给个人；如确有必要，可将个人名字写在收信公司名称上面。例如：

Mr.×××，Manager

The ××× Company Ltd.

如希望收信单位迅速将信交经办人办理，可在封内地址下面加“Attention Mr. ×××”（请某某先生亲收）字样。

3.外贸书信称呼最常用的有两种：“Dear Sirs”和“Gentlemen”。美国、加拿大等国家习惯用后面一种。如对方是女性，可用“Madam”或“Dear Madam”，复数用“Mesdames”。

4.每封信最好有一个简明扼要的标题或“事由”，使人一看而知信的基本内容或目的，这样可迅速交给有关部门处理。

5.凡有附件，必须在信的左下角注明“Enclosure”或“Encls.as stated”，或列明附件名称及件数。

6.外贸书信一般须由负责人亲笔签字。盖橡皮图章表示该信属通函性质，可能未经负责人过目。

7.如信件是转交的，应在收信人名称下面写上“c/o”，后接转交人名称。此类信件，转交人不得拆封，应交给收信人亲收。

〔**启发思考**〕*撰写英文书信主要需要注意哪几方面？*

（四）书信示例

1.开展业务关系。

（1）自我介绍。

Dear Sirs,

We are given to understand that you are manufactures of textiles as well as leading importers and exporters of general merchandise in London.

May we introduce ourselves as a state-run import & export corporation of long standing, dealing exclusively in silk and silk products of all descriptions including:

Spun silk yarn

Silk noil yarn

Cocoon stripping

All items are available in first grade quality and at reasonable prices.

Terms: by irrevocable letter of credit by Al bank in our favour.

We also act as agents signing contracts on behalf of our principals—the inland enterprises and organizations. Our services include acknowledging indents, arranging insurance and shipment, and sending shipping documents for them.

If you have interest in any items, please write to us for future details.

（2）初次联系，探询交易可能。

Dear Sirs,

Your name and address have been given to us by the Japan Chamber of Commerce & Industry, Tokyo as important buyers of silk garments.As silk falls within the range of our business activities, we shall be pleased to enter into business relations with you .

The silk garments we handle are so numerous in variety that we are unable to enumerate them fully here, so we, to begin with, are sending you herewith a comprehensive catalogue and three folders to give you an idea of the items we have for export.

We shall of course highly appreciate hearing from you as to business prospects and possibilities in this line.

Quotations with further information will be sent upon request.

（3）经推荐后，去信联系。

Dear Sirs,

On the recommendation of the Commercial Councillor of your Embassy in Beijing, we take pleasure in addressing this letter to you in the hope of establishing business relations with your company.

We specialize in the export of Chinese Silk and Silk Piece Goods, which, as you know, have enjoyed great popularity in the international market. Meanwhile, we serve as agents for some leading manufacturers and enterprises in China. This being the initial letter, we enclose a copy of our illustrated catalogue for your reference, and we trust that you will contact us directly if any items listed therein are found of interest.

We are also interested in introducing new techniques into China and acquiring advanced machinery and equipment for manufacturing silk fabrics, and, therefore, shall appreciate hearing from you about feasible ways of business cooperation in this field.

We look forward to your comments.

2.现货报盘。

Dear Sirs,

Printed Habotai for Prompt Shipment

We have noted your wish, as expressed in your letter of August 5, 2014, to buy from us 10 pieces of Printed Habotai.

As the quantity required is not important and it happens that we have a small quantity in stock just now, we are making you the following offer, subject to your reply here by August 31, our time:

10 pieces 11207 Printed Habotai, abt.36″×45/55yds, full width rolled on tubes, packed in cartons, at US$88 per yard CIF Copenhagen by sea. Shipment: prompt upon receipt of detailed order. Payment: T/T upon our advice by cable.

For this stock offer, the designs are to be at our option, and for your reference some design samples are being airmailed.

Should you need the goods urgently, we can forward the goods by air with the extra charges to be borne by you.

You would benefit by accepting this offer immediately.

3.无货，报代替品。

Dear Sirs,

We have received your letter of March 5, 2014 enclosing Order No.808, for which we thank you.

While we appreciate you order, we feel sorry to inform you that the article of interest to you is not obtainable at present and, most likely, will not be available for months to come. By the way, we have pleasure in recommending a similar quality as substitute, for which we quote for your reference as follows:

Art. No.5005 at 108 CIF New York

A sample is being airmailed to you separately. Shipment can be made within 3 months after receipt of order, and quantity as per your order No…If this offer meets your requirement, please cable us for our confirmation.

4.价格磋商。

（1）关于价格条款。

Gentlemen:

Thank you for your Order No.808.Given below are our answers.

We regret we are unable to quote on FOB basis, as our general practice to do business with our clients is on CIF terms. If, however, you prefer to trade with us on C&F basis and insure the goods yourselves, only 0.3% will be deducted from the CIF price.

Besides, you are to take care of the inland transportation from Vancourver to Calagary because our quotation is based on CIF Vancouver.

We hope you will find our explanation quite clear.

（2）关于佣金。

Dear Sirs,

Re: Commission

This is to acknowledge your order dated March 28, 2014.

We have to inform you that for our pure silk piece goods business, we usually pay 3% commission but never 5% nor any percentage of discount which you ask for. In other words, all our offers to commission agents include a 3% commission to be paid on FOB basis after proceeds are collected. Please confirm by return so that we may send you our sales contract.

Thank for your order.

（3）说明价格适当。

Dear Sirs,

Silk Ties

Today we have received your letter of August 28, 2014 remarking that the price we quote seems to be relatively high by comparison.

What we would say is that the quality of ours is among the best, because ours is cut and tailored by hand, thus ensuring the patterns on the fabric to be complete, smart and elegant. The silk ties made in this way are not loose, but are firm and full of resilience. The samples in your possession must have testified all these features.

We trust that with our explanation you will not complain of the price. Please review the matter and let us hear from you immediately.

（4）同意降价。

Gentlemen:

After discussing the matter with our manager, we decide to comply with your request for a reduction in the prices of some articles. Attached is the revised price list for your reference.

（5）支付——催开信用证、要求付款等。

Dear Sirs,

S/C No.81220

The time of delivery stipulated in the captioned Sales Confirmation is approaching, but we have not yet received the covering L/C to date. It is hoped that you will expedite this matter so that your order can be executed smoothly.

In order to avoid possible subsequent amendment, please see to it that the L/C stipulations are in exact accordance with those of the Sales Confirmation.

We hope to hear favourably from you soon.

（6）装运。

①复告装运情况。

Dear Sirs,

Sales Confirmation No.8008

We are in receipt of your letter Ref. No.8 dated August 8, 2014.

First of all, we feel sorry for not having given you earlier news about your present order, the reason being that we were urging the manufacturers to give us a definite delivery date, and we thought it would be of no use writing you before any definite information was obtained.

We are now glad to inform you that our manufacturers have just promised to deliver the goods within two weeks and arrangements are being made to ship the goods per "Jinan", which is scheduled to sail for your port early next month . We shall advise you as soon as the goods are on board the vessel.

We hope that our delay in communicating with you on the matter has caused you no inconvenience and that the shipment will turn out to your entire satisfaction.

②装运通知。

Dear Sirs,

Re: L/C No.88

S/C No.8008

We have pleasure in information you that we have completed the shipment in accordance with the stipulations of the captioned Letter of Credit. Under this cover, we are sending you one set of copies of the following shipping documents:

Non-negotiable B/L No.55

Invoice No.5005

Packing List No.66

Insurance Policy No.6006

Inspection Certificate No.9009.

Which we trust you will find in order.

二、传真(Fax)

作为一种成熟的通信手段,传真在商务交往中将继续扮演重要的角色。传真的最大优势在于简便,即使是传送一份文字、图片和图表兼具的文件,也不需要任何其他的硬件或者软件,只需把传真原件置入传真机中,拨通对方号码,发送传即可。

使用传真,通常有以下几点需要注意:

1.尽量在工作时间发送传真,并且在发送前尽可能提前通知对方。

2.传真原件的字体要稍大些,因为很多时候,接收文件收到的传真文本的字体都会被缩小。

3.尽管传真的页数并不受限制,但是如果页数过多,就会长时间占用对方的线路,这在惜时如金的商界是很糟糕的现象。

4.传真的文本内容尽量不要分布在纸张边缘,因为在传输时,纸张边缘的信息很可能会模糊不清。

(一)标题(Heading)

1.传真格式。

传真的格式并不固定,许多公司都有自己专门的传真格式(见图1-3)。传真的顶端一般会有显眼的字样,例如,"TELEFAX"、"TELEFAX MESSAGE"或者"FAX MESSAGE"。公司的传真一般都含有本公司名称和标志,并在传真的显眼位置以大字体突出。传真的标题一般包含以下信息:

FAX MESSAGE

TO:Shanxi Textile Imp.& Exp. Corp.

ATTN:Mr.Wu Wanlong, Manager 160a Oak Avenue, New York, USA

FAX NO:0086-29-×××××××× Tel: ×××××××× Fax: ××××××××

FROM:Trendstetters Inc.

DATE:Sep.23,2014

FAX NO: ×××××××× Page 1 of 3

PAGE:1/3

……

Fax Body

……

图1-3 传真格式

TO：接收方信息，可以是注明地址的公司名，也可以指定具体接收人。传真中所给出的公司地址一般不如商业信函中那么详细。

ATTN：指定接收人。如果在TO栏中只给出了公司名，那么可以在此注明特定接收人；如果TO栏中已明确了指定接收人，则不必加入此项。

FAX NO：接收方的传真号码。

FROM：发送方信息，可以是公司名，也可以是具体的发送人。

DATE：传真的发送日期，也可以改用TIME来标出具体的发送时间。

FAX NO：发送方传真号码。

PAGE：传真的页码信息，包含总页数和当前页数。传真的每一页必须清楚标出传真的总页数和当前页数，以确保接收方接收传真的完整性。

2.传真封面。

通过传真发送的可以是一段信息，如商品报价等，也可以是一份文件。如果所发送的信息内容简短，那么这些信息会出现在传真的首页上；如果发送的是一份文件，那么还要在文件前发送一份封面（Cover Sheet），在封面上注明标题信息及“FAX COVER SHEET”字样（见图1-4）。

Trendsetters Inc.

160a Oak Avenue, New York, USA
Tel：×××××××× Fax：××××××××

FAX COVER SHEET

TO：Shanxi Textile Imp.& Exp. Corp.
ATTN：Mr.Wu Wanlong，Manager
FAX NO：0086-29-××××××××

FROM：Trendsetters Inc.
DATE：Sep.23,2014
FAX NO：××××××××
PAGE：4 INCLUDING COVER SHEET

图1-4 传真封面

（二）正文（Text）

和商业信函相比，传真正文内容显得非正式一些，总体而言，与常用商业信函没有太大的区别。传真正文前也要用称呼语，比如“Dear Mr.…”等，结束时也有“Best Regards”等，也使用商业信函中经常出现的程式化语句，如“Many thanks for your… of…”等。

必须注意传真所提供的信息，如价格、装运期等细节，要避免发生差错。其实，传真信息的法律重要性并不亚于普通商业信函。

在传真结尾，通常有发送方负责人的签名。通常普通传真机发送传真时，签名必须采用完整形式，而不用缩写形式。通过调制解调器发送的传真则不包含签名。

传真原件可以是打印机输出稿，也可以采用手写稿。

（三）样函（Samples）

传真样函如图1-5、图1-6所示。

F.Lynch & Co.Ltd.(Head Office)
Nesson House，Newell Street,Birmingham B3 3EL
Tel：02-×××××××× FAX：02-×××××××× Telex：××××××××

FAX MESSAGE Page 1/1

Message for：D.Causio
From：L.Crane
Address：Satex S.P.A., Via di pietra,0016 Roma
Date：19th September 2014
Fax Number：（06）××××××××

Dear Mr.Causio,

This is an urgent request for a consignment to replace the damaged delivery that we received, and of which you have already been informed.

Please airfreight the following items:

Cat.No.:	Quantity:
RN30	50
Ag20	70
L26	100

The damaged consignment will be returned to you on receipt of the replacement.

Yours sincerely,
L.Crane

图1-5 传真样函一

FAXMESSAGE

To:Joseph Zhang	Mayflowers Inc.
Sales Director	868a New Texas Avenue,New York,USA
Island Silks	Tel: ×××××××× Fax: ××××××××
18,York Road	Page 1/1
Kowloon	July 17,2014
Hongkong	
Tel：（852）××××××××	
Fax：（852）××××××××	

First of all, I would like to thank you for your hosipitality during my stay in Hongkong, and I am pleased to confirm our order for 9000 Collection Silk Scarves. The details, as agreed in our discussion last week , are as follows:

Unit price	USD 50,inclusive of insurance and shipping
Delivery date	November 28, 2014
No.of different patterns 15	（your “Cool Bear” selection）
No.of colour 10	
（beige,peach,yellow,cream,white,rose,burgundy,russet,stone and azure）	
Terms of payment	30days presentation(irrevocable L/C)
Discount	3%

We look forward to doing more business with you in the future.

Best regards.
John Fagurson
Chief Buyer

图1-6 传真样函二

三、电子邮件（E-mail）

在20世纪的最后几年里，整个世界见证了一场由计算机网络在通信领域的应用所引起的革命。电子邮件服务作为最方便快捷的通信手段而迅速崛起，在商务领域也起到越来越重要的作用。由于电子邮件作为通信媒体处于不断发展之中，因此它的格式和用法也在不断变化中。当不知道所联系的具体公司所使用的电子邮件格式时，以下建议可作为撰写电子邮件的基本指导。

（一）标题（Heading）

由于使用的软件和邮件服务提供商的不同，电子邮件的标题格式也各不相同。不过，一般而言，电子邮件的标题部分常常包含以下内容（参见图1-7）：

> To: Ricardo@hotmail.com
>
> Cc:
>
> Bcc:
>
> Subject: Meeting to Discuss 2015 Schedules
>
> Attachments:

图1-7　电子邮件标题格式

To：收件人地址栏，在此输入收件人的电子邮件地址。输入多个地址时，各电子邮件地址间用逗号隔开。

Cc：副本收件人（Carbon Copy）地址栏。如果有多个副本收件人地址，就要用逗号隔开。副本收件人可收到这封邮件的副本，并且还可以知道有哪些人收到了相同的副本。

Bcc：匿名副本收件人（Blind Carbon Copy）地址栏。这些收件人同样会收到邮件副本，但是他们无法知道还有谁收到了副本。

Subject：邮件的主题栏。主题栏应当简明扼要地给出这封邮件的主旨，以使收件人一目了然并根据轻重缓急加以处理。

Priority：优先度，即本邮件的紧急程度。如果设为高优先度，那么会在收件端有所反映，比如在邮件主题行前以“!”表明；如没有注明优先度，则系统默认为普通邮件。有的邮件服务并没有这项功能。

Attachments：附件栏。附件栏能显示出随邮件发送的附件的文件名、文件类型和文件大小，由电脑根据附件情况自动载入。

Date：日期栏。一般由服务器端根据发送时间自动载入。

在上述这些栏目中，“To”栏和“Subject”栏必不可少，其余栏则为可选项，或者可以由系统自动载入。

（二）正文（Text）

电子邮件的正文部分通常分为开头敬语（Salutation）、邮件主题（Body）、结尾敬语（Complementary Close）及署名（Signature）四个部分。

1.开头敬语。电子邮件的行文风格较为随意，没有商业信函正式。一般而言，当只有单一收件人时，常常使用“Dear Mr./Mrs / Mrs+姓”或者直接称呼对方全名或名字的形式，有时甚至会采用“Hi”、“Hi+名字”等较为随意的方法。当邮件发送给多人时，开头敬语通常使用“Hello all/folks”、“Hello everybody”或者“Greetings”等形式，较少使用“Sirs”之类的正式称呼。此外，要尽量避免使用过时的或者有明显性别取向的称呼，如“Dear Sirs”、“Gentlemen”等。最后，在书写开头敬语时，还要注意到文化之间的差异性。例如，“Dear Mr.”是比较符合中国和日本礼仪的称呼法，而“Hi”则是典型的西方式开头敬语。

2.邮件主体。电子邮件的主体即邮件的主要内容，通常只涉及一个主题，写作时应尽量简明一些，不要超过两个屏幕的长度。邮件主体一般由开头（Opening）、内文（Main Body）和结束语（Closing）三部分构成。开头部分应该重申邮件的主旨，以便收件人在一开始就了解到邮件的大致内容或者用意。这里应该开门见山地说明来函的目的，不要绕弯子。内文部分则为开头的主旨提供更为细节性的内容。结束语部分可以对上文进行总结，在此提出要求、观点等。一般而言，电子邮件的结束语可以给出一些实质性的要求或者说法，以求给对方留下深刻印象，例如：

Please submit your order by June 16 so that sufficient labels will be in stock for your peak sale season.

We will deliver the goods ASAP.

3.结尾敬语。商业信函的结尾一般用“Yours sincerely”、“Yours faithfully”等敬语，较为正式。电子邮件的结尾敬语则可以用“Best wishes（Best）”等。

（三）写作要领（Writting Guidelines）

1.邮件主题要精练。你的邮件只是对方邮箱中众多邮件中的一封，所以要避免使用冗长的、含糊的主题，要使对方一眼就能看明白你的邮件主旨以便正确处理你的邮件。如果邮件内容紧急，可以提高优先度，或者在主题前加上“URGENT!”字样；如果是回信，加上“RE:”字样。

2.邮件的主题要简明。要做到：内容简短，一般4～7行为佳；措辞要直接，避免客套话和废话；主题要突出；段落层次要分明。不过，不要把电子邮件写成电报那样，否则就太矫枉过正了。

3.慎用强调符号、大写字母等，因为这样会影响对方的阅读流畅程度，并且有咄咄逼人的意味。

4.注意邮件安全，不要在其中加入隐私的内容。

5.附件文件不宜过大，否则会大幅增加传输时间，从而浪费对方时间。

6.电子邮件在格式上不要太离谱，因为收件人的系统可能不支持不同的字体和颜色。

（四）首字母缩写词（Acronyms）

为了使内容简短，电子邮件中经常使用一些首字母缩写词来代表特定的含义，一些常见的缩写词见表1-1。

表 1-1　　常见缩写词

首字母缩写词	含 义	首字母缩写词	含 义
GTG	Got to go	TTYL	Talk to you later
UR	You are	WRT	With respect to
VR	We are	MGR	Manager
B/cuz	Because	IOW	In other words
HV	Have	INFO	Information
HVB	Have been	IMM, IMMD	Immediate
PLS	Please	TKS, THKS	Thanks
TDY	Today	BTW	By the way
OIC	Oh, I see	SPEC	Specification
A/O	At once	ASAP	As soon as possible
MKT	Market	TIA	Thanks in advance
BIZ	Business	FYR	For your reference
F2F	Face to face	VG	Very good
NBD	No big deal	FAQ	Frequently asked questions

〔**启发思考**〕电子邮件如何醒目和便于对方关注？

（五）样函（Samples）

电子邮件样函见图 1-8、图 1-9。

To:Isimeon@hotmail.com
Subject:Recommendation
Cc:rochina@hotmail.com
Bcc:peace@usa.net
Dear Mr. Leung,

I have been a salesman for our company for quite a few years and have been to many countries in European, America and Asia. Our blankets have been selling very well in those areas.

This is the first time I have been to Africa as a salesman. During my dealings here I find that our blankets are welcome for their acceptable prices, fine workmanship and first class materials. However the turnover of our sales over the past few months was far satisfactory. After my investigations I find out the reason. Many African customers don't like our dragon and moon pattern because snakes(very much like the dragon) are the taboo of some African nations, while the moon is worshiped as goddess by others. Australian blankets, much inferior to ours, have sold better here simply because of their pattern.

Therefore, I propose here that our company soon design some other patterns for sales in Africa while our old patterns can still be used for sales elsewhere.

The new patterns that might be welcomed here are:

deer hunting
corn fields
pyramids
camels and the desert

With all good wishes.
Yours sincerely,
G. Jones
Salesman of our company in Africa

图 1-8　电子邮件样函一

From:beth39903@aat.co.jp

To:Jackson，Jackson@usa.net

Date: Thursday, January 28,2015 4:53 PM

Subject:Inovoice received, goods missing

Dear Jackson,

Thank you for your original invoice for 15 Bella Handbags under our order No.123. But we haven't yet received the goods. Would you please let us know whether it has been shipped or not?

Best regards,

Beth， J.

图1-9　电子邮件样函二

〔**启发思考**〕实际业务操作中，一般都要妥善保管好双方依据《公约》及合同等往来的函电，这么做对今后的工作会有什么影响？

案例分析

1.A公司与非洲南部的某国洽谈一种农产品贸易。谈判前A公司通过商务部门了解到该国和我国签有贸易协议，同时发挥各种信息渠道的作用，提早得知该国协议项下进口商品的详情，研究历年来该国接受的价格水平及商品的特殊规格，初步落实国内厂家的供货能力，掌握了基本资料。A公司还了解到这次谈判对方的目的是要购进该国约一年的用量。另外，针对该国政府习惯先派出谈判人员洽谈可行价格，再由高层人员出面拍板，先报可行价格，再作出适当的让步，结果使双方愉快地签订了净收汇达××万美元的合同，使A公司在这高价市场上获利甚丰。

提示：

保证谈判成功有哪些需要准备的基础工作？资料、对方的目的、政策和法规、习俗和语言技巧与谈判成功的关系如何？

2.陈先生是一位外贸公司的业务经理，有一次因工作的需要而设宴招待一位来自韩国的客商。有意思的是那一顿饭吃下来，对方极为赞赏，倒不是陈先生专门为其准备的可口菜肴，而是陈先生在陪同用餐时的处处细小举止表现。用那位韩国客商的原话讲就是："陈先生，你在用餐时一点儿响声都没有，使我感到你的确具有良好的教养。"

提示：

韩国客商为什么欣赏陈先生的举止表现？从中说明在对外业务交往中的一个什么问题？

实训练习

1.作为一位外贸业务人员去参加进出口交易会，需要做哪几个方面的工作准备？

2.拟一份纺织服装进出口公司（经营商品：纺织原料、纺织面料、纺织服装）自我介绍的外贸业务联系英文函电。

第二章

成本核算和签订合同

第一节　出口商品价格

一、价格表示方法

出口商品单价由计价的数量、金额、计价货币和成交的贸易术语四个部分组成。例如，每公吨100美元FOB上海（USD 100 Per Mertric Ton FOB Shanghai）。

（一）计价货币

计价货币（Money of Account ）是指合同中规定用来计算价格的货币。在一般的国际货物买卖合同中，价格都表现为一定量的特定货币，通常不再规定支付货币。在国际货物贸易实践中，用来计价的货币，可以是出口国的货币，也可以是进口国的货币，还可以是交易双方同意的第三国货币或某一种记账单位。

1.合理利用汇率的买入价和卖出价。本币折外币时应该用买入价，外币折本币时应该用卖出价，以一种外币折另外一种外币，按国际外汇市场牌价折算。

2.把握“出口选硬币，进口选软币”的原则。

（二）计价金额

计价金额是构成国际贸易单位价格的组成部分，也常常是买卖双方进行价格谈判的核心。

（三）计量单位

国际贸易中常用的计量单位主要包括：

1.重量单位（Weight），如公吨（Metric Ton）、千克（Kilogram）等。

2.件数单位（Number），如个（Piece）、打（Dozen）等。

3.长度单位（Length），如米（Meter）、英尺（Foot）等。

4.面积单位（Area），如平方米（Square Meter）、平方英尺（Square Foot）等。

5.体积单位（Volume），如立方米（Cubit Meter）等。

6.容积单位（Capacity），如升（Liter）、加仑（Gallon）等。

注意在使用计量单位时，一定要和度量衡制联系起来，国际上通用的度量衡制有公制、英制、美制和国际单位制。

（四）贸易术语

贸易术语（Trade Terms）又称贸易条件、价格条件，它是用一个简短的概念（例如

"Free on Board"）或三个英文字母的缩写（例如"FOB"）来表示商品的价格构成，说明买卖双方责任、费用和风险划分等方面的专门术语。

2010年版的《国际贸易术语解释通则》（International Ruel for the Internation of Trade Term，INCOTERMS）包括的11种贸易术语对比见表2-1。

表2-1　**贸易术语对比**

贸易术语	交货地点	风险转移界限	出口报关的责任、费用承担者	进口报关的责任、费用承担者	适用的运输方式
EXW	出口方所在地	货交买方处置时起	买方	买方	任何方式
FCA	出口国内地、港口	货交承运人处置时起	卖方	买方	任何方式
FAS	装运港口	货交船边后	卖方	买方	水上运输
FOB	装运港口	货物装上船时起	卖方	买方	水上运输
CFR	装运港口	货物装上船时起	卖方	买方	水上运输
CIF	装运港口	货物装上船时起	卖方	买方	水上运输
CPT	出口国内地、港口	货交承运人处置时起	卖方	买方	任何方式
CIP	出口国内地、港口	货交承运人处置时起	卖方	买方	任何方式
DAT	运输终端	货交买方处置时起	卖方	买方	任何方式
DAP	目的地	货交买方处置时起	卖方	买方	任何方式
DDP	进口国内	货交买方处置时起	卖方	卖方	任何方式

其中使用最为广泛的有6种：FOB、CFR、CIF、FCA、CPT、CIP。

〔**启发思考**〕出口商品单价由哪些要素构成？

二、成本核算

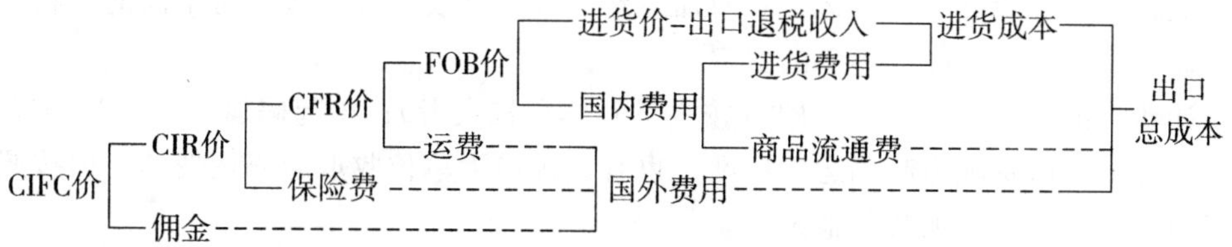

图2-1　出口商品成本、价格因素构成示意图

出口商品价格由成本和费用（如图2-1所示）构成，同时考虑一定的预期利润。

（一）成本

成本指出口货物的实际成本，为收购成本、生产成本或加工成本减去出口退税。具体计算方法如下：

1. 购货成本=货价+增值税税额=货价+货价×增值税税率
　　=货价（1+增值税税率）

2. 出口退税额=货价×出口退税率

$$=\frac{购货成本}{1+增值税税率}\times 出口退税率$$

3. 实际成本=购货成本-出口退税额

=货价（1+增值税税率）-货价×出口退税率

=货价（1+增值税税率-出口退税率）

$$=\frac{购货成本}{1+增值税税率}\times（1+增值税税率-出口退税率）$$

【例2-1】某纺织服装进出口公司购进服装单价为100元人民币，含17%的增值税，若服装的出口退税率为11%，问该服装的单位实际成本是多少？

解：按公式代入相关数据：

$$单位实际成本=\frac{购货成本}{1+增值税税率}\times（1+增值税税率-出口退税率）$$

$$=\frac{100}{1+17\%}\times（1+17\%-11\%）$$

=90.60（元）

（二）费用

1. 国内费用。

国内费用含包装费、仓储费、认证费、国内运输费、国内保险费、商检费、港口杂费、相关捐税、购货利息、经营管理费、银行费用等。实际业务中，按财务统计的某期内经验数据以一定的百分比来估算，即费用占含税购货成本的比例，通常在5%～10%，但要根据实际业务量的金额大小调整，业务金额越大，该比率越小，反之越大。

〔**启发思考**〕国内业务费用的占比与业务量有关吗？

2. 国外费用。

（1）海运运费。

国际贸易中的大部分进出口海运货物，一般都交船公司班轮承运。在班轮运输中，依据托运货物是否装入集装箱运输又将运费分为件杂货物运费和集装箱运费两种。

①件杂货物运费。

班轮运费一般分为基本运费和附加运费，按运价表核计，该表对不同的货物规定了不同的运费计算标准和高低不等的费率。

计费标准：A.运费吨——FT（按重量和体积较大者）；B.起码运费——起码提单。

一般以1运费吨为起码运费标准，也有以提单为单位收取起码运费的，但按照提单收取起码运费的，不再加收其他附加费。

【例2-2】某贸易公司委托货代公司出口一批杂货到新加坡，用圆桶包装，货物重量为0.9公吨，桶直径为0.8米，桶高1米。查船公司运价本：该货物的基本运价是每运费吨支付150美元，燃油附加费按照基本运费征收10%，货币贬值附加费按照基本运费征收10%，计费标准是“W/M”；起码提单按照1运费吨计算。

试计算：

（1）该批货物的计费公吨是多少？

（2）该批货物的基本运费是多少？

（3）该批货物的附加费是多少？总运费是多少？

解：（1）单位体积 $=\pi\times r^2\times h=0.5024m^3$

单位重量=0.9M/T

起码运费为1运费吨，故该批货计费吨为1个运费公吨。

（2）根据题意可知：

基本运费=150美元

（3）由于按照提单为标准收取起码运费后不再加收其他附加费，故没有附加费。

总运费=150美元

该批货物计费公吨为1个运费吨，基本运费150美元，总运费150美元。

有些运价表还规定对某些货物选择其收费高的标准计收运费，或按FOB价的一定比例，或综合两种计算标准计收运费；而对某些特种货物，以件数、头数等个数单位作为计收运费标准；还有些特种货物的运费，可由船、货双方临时议定。

在运价表上，一般把重量吨和体积的尺码吨合称为“运费吨”（FT），规定每运费吨收取运费若干金额。“运费吨”的几个不同单位、数值归纳如图2-2所示。

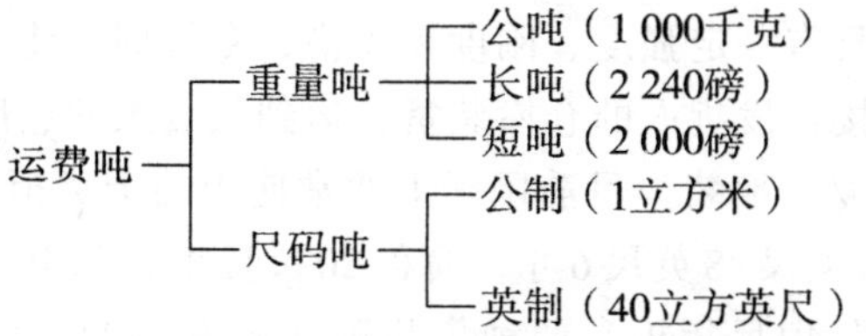

图2-2 “运费吨”的几个不同单位、数值归纳

运价表是船公司制定、公布的班轮运费计收标准，也是托运人与承运人交、收运费的标准依据。查表的方法是：先按商品英文名的字母次序查找出有关商品按什么标准计费和属于哪一等级，再按航线、港口找出该等级货物的运费费率以及有关的附加费。

有些货物计算运费标准在运价表中不作明确的规定，而是采用从两种或三种方法中选择一种收费最高的计费标准计算运费。对于一般价值不是很高，而重量和体积相当的货物，通常规定采用W/M选择计费，在实际海运配载业务中常用到“积载因素”，表示每公吨（毛重）货物占多少立方米体积，判别该货物是属于“重货”或“轻货”，写成公式为：

$$积载因素=\frac{体积}{毛重}（立方米/公吨）$$

班轮运输附加费主要有燃油附加费、货币贬值附加费、港口拥挤费、港口附加费、转船附加费等，是各船公司维护其正常营运而采取的措施和办法。附加费按基本运费的一定百分比计收，一般计算时将其累加，计算公式为：

件杂货物运费=基本运费+各种附加费

=基本运费×（1+各种附加费率）

但在有货币贬值附加费、转船附加费时，计算不应累加，公式为：

件杂货物运费=基本运费×（1+其他各种附加费率）×（1+货币贬值附加费率）

或 件杂货物运费=基本运费×（1+其他各种附加费率）×（1+转船附加费率）

或 件杂货物运费=基本运费×（1+其他各种附加费率）×（1+转船附加费率）×（1+货币贬值附加费率）

【例2-3】上海运往肯尼亚蒙巴萨港口“门锁”一批计100箱，每箱体积为20cm×

30cm×40cm，毛重为25KGS。当时燃油附加费率为30%，蒙巴萨港口拥挤附加费率为10%，门锁属小五金，计费标准为W/M，等级10级，查运费表知基本运费为每运费吨443.00港元。试计算运费为多少。

解：根据计算公式：

件杂货物运费=计费数量×基本运费×（1+附加费率）

积载因素=$\frac{体积}{毛重}$（大于1，按M；小于1，按W）

每箱体积=0.2×0.3×0.4=0.024m^3

毛重=0.025T

积载因素=0.024÷0.025=0.96＜1　（按W计算）

商品总重量=25×100=2 500KGS =2.5T

运费=2.5×443.00×（1+30%+10%）=1 550.50 HK$

该批货物的运费为1 550.50港元。

②集装箱运费。

A.集装箱基本知识。

所谓集装箱，是指具有一定强度、刚度和规格，专供周转使用的大型装货容器。使用集装箱转运货物，可直接在发货人的仓库装货，运到收货人的仓库卸货，中途更换车、船时，无需将货物从箱内取出换装。目前国际上通常使用的干货柜（Dry Container）为20英尺（外尺寸为20英尺×8英尺×8英尺6寸，简称20尺货柜）和40英尺（外尺寸为40英尺×8英尺×8英尺6寸，简称40尺货柜）两种集装箱（见表2-2）。为使集装箱箱数计算统一化，在海运中常以一个20英尺货柜为一个标箱TEU（Twenty Foot Equivalent Units），铁路运输中以10英尺货柜为标箱，空运中体积更小，以利统一计算集装箱的营运量。

表2-2　**常用普通集装箱规格**

	最大体积（m^3）	长×宽×高	一般可装体积（m^3）	装载重量（MT）
1×20′	31	6m×2.38m×2.38m	25	17.5
1×40′	67	12m×2.35m×2.38m	55	24.5

集装箱运输可分为整箱货（Full Container Load，FCL）和拼箱货（Less than Container Load，LCL）。若为整箱货，直接按运价表中所列的单箱运费计算；若为拼箱货，应先计算出所装箱的货物数量，再按件杂货物的计算方法计算；若部分整箱货、部分拼箱货，应混合两种计算方法计算。

〔**启发思考**〕选择集装箱时是否应同时考虑货物体积与重量？

B.集装箱运费计算。

目前海运集装箱运输几乎都是班轮运输（Liner Transport），即船舶在固定的航线和港口间按公布的船期表航行，并按实际公布的费率收取运费。集装箱海运运费是以每个集装箱作为计费单位，即包箱费率，规定的方法有三种：

第一，FAK包箱费率（Freight for All Kinds），即不分货物种类、货量，统一规定每个集装箱收取的费率。其形式如表2-3所示。

表2-3 **中国—澳大利亚航线集装箱费率** 单位：USD

基本港：Brisbane、Melbourne、Sydney、Fremantle				
等级	计算标准	20′（CY/CY）	40′（CY/CY）	LCL(PER F/T)
1～7	W/M	1 700.00	3 230.00	95.00
8～13	W/M	1 800.00	3 420.00	100.00
14～20	W/M	1 900.00	3 510.00	105.00

第二，FCS包箱费率（Freight for Class），即按不同等级制定包箱费率。其形式如表2-4所示。

表2-4 **中国—新加坡航线集装箱费率** 单位：USD

装运港	货物种类	CFS/CFS	CY/CY	
		PER F/T	20′FCL	40′FCL
大连	杂货	78.50	1 250.00	2 310.00
新港	杂货	70.00	1 150.00	2 035.00
上海	杂货	70.00	1 150.00	2 035.00
黄浦	杂货	63.00	950.00	1 750.00

第三，FCB包箱费率（Freight for Class+Basis）。其形式如表2-5所示。

表2-5 **中国—地中海航线集装箱费率** 单位：USD

基本港：Algiers、Genoa、Marseilles				
等级	LCL PER W	LCL PER M	FCL20′（CY/CY）	FCL40′（CY/CY）
1～7	131.00	100.00	2 250.00	4 200.00
8～13	133.00	102.00	2 330.00	4 412.00
14～20	136.00	110.00	2 450.00	4 640.00

在实践中，班轮公司根据自己的需要定出不同的包箱费率，即使是同一公司的不同航线也采用不同的包箱费率。

计算公式：

集装箱运费=包箱费率×集装箱的数量

集装箱的数量按货物的重量或总体积除以集装箱的有效容积取整得出。

【例2-4】某商品的包装单位是Carton（箱），销售单位是PC（只），每箱体积为20×30×40立方厘米，毛重为25KGS。试分别计算该商品用20英尺、40英尺集装箱运输出口时的最大包装数量。

解：（1）每20英尺集装箱：

按体积计算：包装数量=25÷0.024m^3=1041.66（箱） 取整1 041箱

按重量计算：包装数量=17.5÷0.025MT=700（箱） 取整700箱

（2）每40英尺集装箱：

按体积计算：包装数量=55÷0.024m^3=2291.66（箱） 取整2 291箱

按重量计算：包装数量=24.5÷0.025MT=980（箱） 取整980箱

综上所述，使用20英尺集装箱可装700箱；使用40英尺集装箱可装980箱。

【例2-5】一批货物，毛重582公吨，总体积1 000立方米，如果用20英尺集装箱和40英尺集装箱，其最大载重量、容积、装运该货物的亏箱率和单位运费分别为17.5公吨和24.5公吨、30和67、20%和18%、400美元和750美元，请问应选用哪种集装箱进行装运合算？

解：（1）选用20英尺集装箱。

①按体积计算：1 000÷30÷80%=42（箱）

②按重量计算：582÷17.5=34（箱）

运费=42×400=16 800（美元）

（2）选用40英尺集装箱。

①按体积计算：1 000÷67÷82%=18.2（箱）　取整19箱

②按重量计算：582÷24.5=23.7（箱）　取整24箱

运费=24×750=18 000（美元）

两者比较，应选用20英尺集装箱进行装运合算。

（2）保险费核算。

保险金额的计算公式是：

保险金额=CIF（CIP）价×（1+投保加成率）

保险费的计算公式是：

保险费=保险金额×保险费率

=CIF（CIP）价×（1+投保加成率）×保险费率

【例2-6】我出口CIF合同规定按发票金额110%投保一切险和战争险，如出口金额为15 000美元，一切险保险费率为0.6%，战争险保险费率为0.03%，试问：投保金额是多少？应付保险费几何？

解：保险金额 =CIF价×（1+投保加成率）

=15 000×（1+10%）

=16 500（美元）

保险费=保险金额×保险费率

=16 500 ×（0.6%+0.03%）

=103.95（美元）

（3）佣金核算。

佣金（Commission）是中间商因介绍买卖而取得的报酬。在进出口业务中，如交易对象是中间商，就涉及佣金问题。

①含佣价的表示方法。

一是在价格条件后加上代表佣金的大写字母“C”和佣金率。

例如，每公吨200美元CIF C2%伦敦（USD 250 Per Metric Ton CIF C2% London）。

二是用文字说明。

例如，每公吨250美元CIF伦敦包括佣金3%（USD 250 Per Metric Ton CIF London including 3% Commission）。

②佣金的计算方法。

在我国进出口业务中，一般是以发票金额（即含佣价）为基数计算佣金的，即发票金额乘以佣金率。例如，每公吨200美元CIFC2%伦敦，发票金额为每公吨200美元，佣金即为每公吨4美元。

在国际贸易中，也有按FOB净价为基数计算佣金的。如按CIF买卖合同成交，双方洽定以FOB净价为基数计算佣金，就必须将CIF价换算成FOB价再计算应付的佣金数。

计算公式：

佣金=含佣价×佣金率

净价=含佣价-含佣价×佣金率=含佣价×（1-佣金率）

【例2-7】原报价USD500 Per M/T CIF上海，现要求改报为CIFC2%价。

解：净价=含佣价-含佣价×佣金率=含佣价×（1-佣金率）

含佣价=500÷（1-2%）=510.20（美元）

（三）常用的几种术语的报价核算

FOB价格=购货成本价+国内费用+净利润

CFR价格=购货成本价+国内费用+国外运费+净利润

CIF价格=购货成本价+国内费用+国外运费+国外保险费+净利润

FCA价格=购货成本价+国内费用+净利润

CPT价格=购货成本价+国内费用+国外运费+净利润

CIP价格=购货成本价+国内费用+国外运费+国外保险费+净利润

（四）常见贸易术语的报价计算公式

$$出口报价=\frac{货物实际成本+出口各项费用额之和}{1-出口各项费用率之和-利润率}$$

（五）常用的几种贸易术语的换算

CFR=FOB+F

FOB=CFRC×（1-佣金率）-F

FOB=CIF×[1-保险费率×（1+投保加成）-F]

FOB=CIFC×[1-保险费率×（1+投保加成）-佣金率]-F

关键点：CFR（CPT）价与CIF（CIP）价之间的换算。

〔**启发思考**〕报价计算的价格高低变化时银行结算费用、预期利润是否一定不变呢？

【例2-8】某公司出口一个20英尺集装箱陶瓷制品，报价资料如下：陶瓷制品每200纸箱装一个20英尺集装箱，每纸箱采购单价为500元（供货单价中均包括17%的增值税，出口陶瓷制品的退税率为9%）。出口一个20英尺集装箱发生的国内费用有：运杂费800元；商检费150元；报关费50元；港区港杂费650元；公司业务费用1 200元;其他费用900元。此外还有：

海洋运费：从深圳出口陶瓷餐具至加拿大多伦多，一个20英尺集装箱的包箱费率为1 750美元。

货运保险：CIF成交金额的基础上加10%投保中国人民保险公司海运货物保险条款中的水渍险、碰损破碎险和战争险，费率分别为0.5%、0.3%和0.16%。

客户佣金：成交价格的5%。

报价利润：报价的10%。

报价汇率：100美元兑换630元人民币。

请报FOB深圳净价及含佣价、CFR多伦多净价及含佣价和CIF多伦多净价及含佣价。

解：

$$实际成本=\frac{购货成本}{1+增值税税率}\times（1+增值税税率-出口退税率）$$

$$=\frac{500\times（1+17\%-9\%）}{1+17\%}$$

$$=461.54（元人民币）$$

$$国内费用=\frac{800+150+50+650+1\ 200+900}{200}$$

$$=18.75（元人民币）$$

$$国外运费=\frac{1\ 750\times 6.3}{200}=55.13（元人民币）$$

$$FOB=\frac{实际采购成本+国内费用}{1-利润率}$$

$$=\frac{461.54+18.75}{1-10\%}=533.66（元人民币）\quad 折84.71美元$$

$$FOBC5\%=\frac{实际采购成本+国内费用}{1-佣金率-利润率}$$

$$=\frac{461.54+18.75}{1-5\%-10\%}=565.05（元人民币）\quad 折89.69美元$$

$$CFR=\frac{实际采购成本+国内费用+国外费用}{1-利润率}$$

$$=\frac{461.54+18.75+55.13}{1-10\%}=594.91（元人民币）\quad 折94.43美元$$

$$CFRC5\%=\frac{实际采购成本+国内费用+国外费用}{1-佣金率-利润率}$$

$$=\frac{461.54+18.75+55.13}{1-5\%-10\%}=629.91（元人民币）\quad 折99.99美元$$

$$CIF=\frac{实际采购成本+国内费用+国外费用}{1-（1+投保加成）\times保险费率-利润率}$$

$$=\frac{461.54+18.75+55.13}{1-1.1\times（0.5\%+0.3\%+0.16\%）-10\%}=601.97（元人民币）\quad 折95.55美元$$

$$CIFC5\%=\frac{实际采购成本+国内费用+国外费用}{1-（1+投保加成）\times保险费率-佣金率-利润率}$$

$$=\frac{461.54+18.75+55.13}{1-1.1\times（0.5\%+0.3\%+0.16\%）-5\%-10\%}=637.83（元人民币）折101.24美元$$

该出口商品报价为：每箱FOB深圳和每箱FOBC5%深圳分别为84.71美元和89.69美元；每箱CFR多伦多和每箱CFRC5%多伦多分别为94.43美元和99.99美元;每箱CIF多伦多和每箱CIFC5%多伦多分别为95.55美元和101.24美元。

〔**启发思考**〕如果客商提出还价，那又该如何核算呢？这实际上是给定买价，是否可以采用倒推法来计算？

三、填写《出口成本预算表》

实际业务中通常要填写《出口成本预算表》完成报价核算，见表2-6。

表 2-6　　**出口成本预算表**

编号：____________　　日期：________

商品名称及规格：________________　　供货单位：______________________

买方：___________________________　　出口国家/地区：_________

成交数量：_________　　当日汇率：________出口报价：________

装卸口岸/地点：从______________至______________经由_____________

收入栏	J 合同金额:(外币) V 汇率: S 成交金额:(本币)
成本栏	收购价(含税进价货款):　　增值税税率:　% 扣除出口退税收入:　　退税率:　% A 实际采购成本:(本币)
费用栏	进货费用: 仓储费用: 国内运杂费: 包装费: 港口费: 商检费: 报关费: 其他费用: B 国内费用总计(本币):
	C 出口总成本（本币）：（=A+B）
	F 出口运费：（外币）　　（本币） 计算标准和费率：
	CFR 成本（本币）：（=C+F）
	I 出口保费：（外币/本币） 投保险别及相应保费率： 总保费率： 加　成投保金额:
	CIF 成本(本币):(=C+F+I)
	c 佣金(本币): 佣金率: 计佣基数:
	CIF 成本(外币/本币)：(=C+F+I+c)
利润栏	L 成交利润额：（=S+C+F+I+c） 成交利润率：（=L/J/V）
主管部门意见：	
财务部门意见：	
总经理批示：	

业务负责人：

四、经济效益核算

（一）出口商品盈亏率的核算

$$出口商品盈亏率=\frac{出口盈亏额}{出口总成本}\times100\%$$

$$=\frac{出口销售人民币净收入-出口总成本}{出口总成本}\times100\%$$

1.出口销售人民币净收入是根据出口商品的FOB价格按外汇牌价折成人民币的数额。

2.出口盈亏额是指出口销售人民币净收入与出口总成本的差额。正数为盈利额，负数为亏损额。

【例2-9】某出口商品总成本48 000元人民币，出口后外汇净收入为10 000美元。设中国银行外汇牌价为每100美元合6.30元人民币，则出口盈亏率是多少？

解：出口盈亏额=（10 000×6.30−48 000）=15 000（元人民币）（为盈利额）

$$出口商品盈亏率=\frac{出口盈亏额}{出口总成本}\times100\%=\frac{15\ 000}{48\ 000}\times100\%=31.25\%$$

（二）出口换汇成本的核算

出口商品的换汇成本是指商品出口净收入1单位外币所需要的人民币成本，也就是说用多少人民币才能换回1单位外币。其公式为：

$$换汇成本=\frac{出口总成本（本币）}{出口外汇净收入（外币）}$$

换汇成本常用于考核出口商品的经营成本，主要方法为：

1.比较不同类出口商品的换汇成本以便调整出口商品的结构。

2.对同类商品比较出口到不同国家或地区的换汇成本，以作为选择市场的依据。

3.对同类商品比较不同时期的换汇成本的变化，以利于改善经营管理和采取扭亏为盈的有效措施。

【例2-10】某公司出口棉针制品每打出口总成本105元人民币，出口价格为每打18美元FOB某港，则该商品的换汇成本为多少？

解：每打总成本为105元人民币。

出口外汇净收入为18美元。

$$换汇成本=\frac{出口总成本（本币）}{出口外汇净收入（外币）}=\frac{105}{18}=5.83（元人民币/美元）$$

和结汇当日银行牌价比较可判定出口商品是否盈利。

〔**启发思考**〕换汇成本的计算有何实际意义？

（三）外汇增值率的计算

外汇增值率又叫“创汇率”。它是指成品出口后的外汇净收入与原料外汇成本之间的比率。其计算公式为：

$$外汇增值率=\frac{成品出口外汇净收入-进口原材料外汇成本}{进口原材料外汇成本}\times100\%$$

注意要点：

1.进口原料不论按何种价格成交，一律应折合成CIF价格计算。

2.成品出口时，不论按何种价格成交，一律应按FOB价格作为成品出口外汇净收入。

3.如果原辅料全系国产的或出口成品中部分辅料是国产的，其外汇成本应比照出口该原辅料的FOB价格计算。

第二节　签订合同

一、合同的商订

（一）交易磋商

1.含义。

交易磋商（Business Negotiation）是指买卖双方就某种商品的各项交易条件进行洽商，以期取得一致意见，达成协议的过程。

2.交易磋商的形式与内容。

交易磋商可以采用口头形式、书面形式，也可采用口头与书面相结合的形式。

3.交易磋商的程序。

交易磋商的程序一般包括询盘（Inquiry，Enquiry）、发盘（Offer）、还盘（Counter Offer）和接受（Acceptance）四个环节，其中发盘和接受是达成交易、订立合同必不可少的两个基本环节和必经的法律步骤。

（1）询盘。

询盘是指买方主动发出的询问价格、商品品质、数量、交货期等或向对方提出的发盘要求。

（2）发盘。

发盘是指买或卖方向对方提出各种交易条件，并愿意按照所提条件达成交易、订立合同的一种肯定的表达。

①构成发盘的必要条件：

A.发盘必须向一个或一个以上特定的人提出；

B.发盘内容十分确定；

C.表明订约的意旨；

D.发盘必须送达受盘人。

②发盘的有效期：

A.规定最迟接受的期限；

B.规定一段接受的期间。

③发盘的撤回、撤销和失效。

〔**启发思考**〕撤回和撤销是两个根本不同的概念，在通讯方式日益发达的今天，这仅仅是理论上的问题。实际业务中已不存在发盘撤回的问题了，这是为什么呢？

发盘的失效（Lapse of Offer）或终止（Termination）是指发盘失去法律效力。造成发盘失效的原因有下列几种：

A.在有效期内未被接受；

B.受盘人拒绝或还盘；

C.发盘人对发盘做出了有效的撤销；

D.政府禁令等其他原因。

（3）还盘。

还盘是指受盘人不同意或不完全同意发盘提出的各项条件，并提出修改意见。实质上是一项新的发盘。

（4）接受。

接受是指受盘人在发盘规定的期限内，以声明或其他行为表示同意发盘提出的条件。

构成有效接受的条件有：

①必须由特定的受盘人做出；

②接受必须是无条件的；

③必须在发盘的有效期内传达到发盘人；

④必须以某种形式表示出来。

（二）合同的成立

1.合同成立的时间。

根据《联合国国际货物销售合同公约》的规定，接受生效的时间实际上就是合同成立的时间。在实际业务中，进出口双方往往在交易磋商时约定，合同成立的时间以双方订约时合同上写明的日期为准，或收到对方确认合同的日期为准，在这两种情况下，双方的合同关系在签订正式或书面合同时成立。另依法规定应由国家批准的合同，在获得批准时才能成立。

2.合同生效的条件。

（1）当事人必须具有法律行为的能力；

（2）合同的标的和内容必须合法；

（3）合同必须有对价和约因；

（4）合同必须是在自愿和真实的基础达成的；

（5）合同的形式必须合法。

（三）签订合同

合同的订立，是进出口双方意思表示一致的结果。双方在磋商过程中的往返函电，均是合同的书面证明，根据国际惯例和我国的《合同法》规定，涉外贸易必须签订书面合同，进出口双方要签订书面合同或成交确认书作为合同成立的证据，进一步确定双方权利和义务。

1.书面合同的形式。

在我国进出口业务中主要使用的是合同和确认书两种形式，分别根据不同的需要而被采用，在法律上具有同等的效力。一般货物贸易中以成交确认书（Sales Confirmation）最为常见。

2.书面合同的内容。

书面合同主要包括三部分：约首、本文、约尾。

（1）约首。

约首（Preamble）是合同的序言部分，包括合同的名称、订约双方当事人的名称地址以及双方订立合同的意愿和执行合同的保证，如“The sellers agree to sell and buyers agree to buy the under mentioned goods on the terms and conditions stated below…”。

（2）本文。

本文（Body）是合同的主体部分，具体列明各项交易的条件或条款，用以规定当事人的权利和义务，如品名、品质、规格、数量、单价、总价、包装、唛头、装运期限、装运口岸、目的口岸、保险、支付方式、单据以及检验、异议索赔、不可抗力和仲裁等。在合同签订中讨论比较多的条款有以下几项：

①运输条款（Transportation Clause）。根据价格条件订明运输方式、装运地与目的地、装卸时间、装卸费用的计算和负担等.

②保险条款（Insurance Clause）。订明由买方或卖方负责投保，如果订为卖方投保，需具体订明险别和加成。

③支付条款（Payment Clause ）。订明付款时间、付款方式、付款所使用的货币或票据。

④商检条款（Inspection Clause）。订明进出口货物检验的时间、地点、方法和标准以及检验机构。声明商检机构签发的品质数量证明是结算货款的重要依据，并在商检条款中写明以哪一方的商检证书为最后依据，订约时最好争取以我方的商检证书为准。

⑤免责条款（Exemption Clause），又称不可抗力条款。为避免日后发生不必要的纠纷，合同中应订明不可抗力的范围和后果处理条款，可分为概括式、列举式和综合式（同时采用概括和列举方式）。我国目前进出口合同的不可抗力条款大多采用最后一种方式。

⑥索赔条款（Claim Clause）。在国际贸易中经常发生货物的品质、规格、数量、重量、包装、运输、保险与合同规定不符的情况，从而导致索赔和理赔的问题。因此，合同中应订明索赔的依据、期限、赔偿方式和金额等。

⑦法律适用条款（Applicable Law Clause），也叫准据法条款。根据国际私法通行的自主原则（Autonomy of Will），合同双方当事人可以选择合同所使用的法律，我国对外贸易在拟订合同时多采用中国法律。

⑧仲裁条款（Arbitraition Clause）。规定仲裁地点、机构、程序、裁决的效力以及仲裁费用等方面的内容。

以上条款只是国际货物买卖合同的基本内容，条款的多寡繁简，当事人可根据货物性质、交易量的大小等因素自由协商而定。

〔**启发思考**〕实际业务中如果外商在其起草的合同中约定双方若有争议时，需通过友好协商解决，解决不了时将在该国法院诉讼并适用该国法律。出口商应该如何应对?是否可考虑适用中立的《联合国国际货物销售合同公约》？

（3）约尾

约尾（End）是合同的结尾部分，一般列明合同的份数、是否为正本（Original）、使用的文字以及生效的时间（有时这一部分也在约首订明），最后双方签字盖章（Signature）。

二、书面合同填写

（一）合同名称

合同应醒目注明售货确认书或销售合同等字样。一般来说，出口合同的格式都是由我方（出口公司）事先印制好的，因此有时在售货确认书（见表2-7、表2-8）或销售合同之前加上出口公司的名称或公司的标志等。

表2-7　　　　**售货确认书样本一**

售货确认书

SALES CONFIRMATION

编号 No: 13JXK006

日期 Date: Oct.20, 2013

The Sellers:

中国江西省凯达进出口有限公司
JIANGXI KAI DA IMPORT AND EXPORT CO., LTD.
FOREIGN TRADING BLDG,
NANCHANG, CHINA

The Buyers:

LIFENG CO., LTD.
UNIT 408 TOWER 11, SOUTH SEAS CTR.75 MODY RD, TST EAST,
KOWLOON, HONGKONG

Dear Sirs,

兹确认售予你方下列货品，成交条款如下：

We hereby confirm having sold to you the following goods on terms and conditions as specified below.

(1) 货物名称、规格、唛头 Name of Commodities, Specifications and Shipping Mark	(2) 数量 Quantity	(3) 单价 Unit Price	(4) 总价 Total Amount
ART.NO.11206 45˝×45/55　8m/m　HABOTAI	20 000 YDS	USD4.00 PER YDS CIFHK	USD80 000.00
ART.NO.14101 45˝×45/55　16.5m/m SATIN	10 000 YDS	USD7.00 PER YDS CIFHK	USD70 000.00
（数量和总值允许有10%增减。） (With 10 % more or less in amount and quantity allowed)			

Total USD150 000.00

（5）包装：卷筒包装

Packing: Roller Paking

（6）装运期限：2013年12月31日前

Time of Shipment: Lastst 31 Dec., 2013

（7）装运口岸及目的港：上海至香港

Loading Port & Destination: From Shanghai to Hongkong

（8）付款条件：L/C at sight

Terms of Payment: By 100% confirmed & irrevocable L/C to be available by sight draft, reaching the Sellers 30 days before the month of shipment, remaining valid for negotiation in China for further 15 days after the prescribed time of shipment, allowing transshipment & partial shipments.

（9）保险：由卖方按发票金额110%按中国人民保险公司保险条款投保：√一切险；水渍险；平安险；√战争险；陆上运输险；陆上运输一切险。

Insurance: CIF to be effected by the Sellers for 110% invoice value against: √All Risks;W.A.;F.P.A.;√War Risks;Overland Transportation Risks;Overland Transportation All Risks as per China Insurance Clauses (C.I.C.). CFR to be effected by the Buyer.

买方确认签署

Buyer Confirmed by

卖方确认签署

Seller Confirmed by

江西省凯达进出口有限公司
JIANGXI KAIDA IMPORT&EXPORT CO.LTD.
东平

表 2-8 售货确认书样本二

JIANGXI [redacted] FOODS COMPANY LIMITED
江西省[redacted]食品有限公司销售合同

SALES CONTRACT

S/C NO: 2007JXCSF108
DATE: 30/09/2007
AT: BY FAX

This is to confirm that **JIANGXI [redacted] FOODS COMPANY LIMITED** (herein after called the Seller)
and **T[redacted]TRA LTD.** (herein after called the Buyer)
have agreed to close the following transactions to the terms and conditions stipulated below:

1. Name of Commodity & Specifications 品名、规格	2. Quantity 数量	3. Unit Price 单价@kg	4. Amount 金额
NOODLES 300G*48	18432KGS	USD1.022	USD18841.00
TOTAL: 1280CTNS	**18432KGS**	**CIF ST.PETERSBURG**	**USD18841.00**

With 5% more or less both in amount and quantity allowed at the Sellers' option.

5. Total Value: USD18841.00

6. Packing: Packed in cartons with inner plastic bags

7. Shipping Marks: N/M

8. Time of shipment: During 10/2007

9. Loading Port & Destination: From Chinese port to St.Petersburg, Russia By Vessel.

10. Consignee: OOO "SKY FRUIT"

Add:190000, SAINT-PETERSBURG, UL.DEKABRISTOV, 6, POM.10N

11. Insurance: To be effected by the seller for 110% of invoice value against ALL RISKS as per PICC.

12. Terms of Payment: T/T

13. Best Before: 2years

THE SELLER	THE BUYER
FAX: 0086-791-66[redacted]	FAX: 007-495-728 [redacted]
Address: No. 01[redacted] Road, [redacted] City, Jiangxi, China	Address: [redacted], Moscow, Profsouznaia str., 84/32,Russia

（二）编号

此栏填合同的编号。一般来说，每个公司都有自己的系列编号，以便存储归档管理。如合同的编号为 14JXFZ-0105CK。

（三）签约日期

如合同的签约日期为 March 22nd，2014。

（四）签约地点

在何处签约关系到如果发生争议本合同适用哪一国法律的问题，因此须准确填写。如合同签约地点是中国（China）。

（五）卖方（Sellers）

此栏填写卖方的全称。注意通常此栏内容已由公司印制好，如果公司名称已更改，则需要采用新名称，重新印制。地址（Address）和电话/传真（Tel/Fax）也一样。

（六）买方（Buyers）

此栏填写买方的全称、地址（Address）和电话/传真（Tel/Fax）。

（七）买卖双方订立合同的意愿和执行合同的保证

如合同中写明：若买卖双方同意，成交下列商品，订立条款如下：

The undersigned buyers and sellers have agree to close the following transactions according to the terms and conditions stipulated below.

（八）货物名称及规格（Name of Commodity and Specifications）

此栏应详细填明各项商品的名称和规格。如果是根据往来函电签订的成交确定书，可只写商品的名称，其后加注“specification as per quotations”。

（九）单价（Unit Price）

单价一般由计价货币、单价金额、计价数量、贸易术语四个部分构成，此栏应与第（八）的每一项商品相对应。

（十）数量（Quantity）

此栏为计价的数量。如合同中填10 000 Dozs。以重量计量的货物一般填净重。

（十一）金额（Amount）

此栏目为每一项商品的累计金额及贸易术语。

（十二）溢短装条款（Amount Total % more or less Allowed）

一般内容是：“溢短装货物的单价以合同价计算，数量及总值均允许增加或减少_______%，由卖方决定。”（With _______percent more or less both in the amount and quantity of S/C allowed，decide by the seller.）如果没有列出“Amount”，则只允许数量增减，无金额增减，为有名无实的虚条款。在订立合同和审核信用证时，须慎重考虑。

（十三）总值（Total Value）

列明币种及各项商品累计金额之和。它是发票及信用证金额的依据。

（十四）包装（Packing）

此栏填写包装的种类、材料、包装及其费用由谁负担（通常由卖方负担）。

（十五）装运唛头（Shipping Mark）

装运唛头一般由卖方确定后告知买方，个别情况卖方结合买方的要求设计，也可在合同中另行约定。

（十六）装运期限（Time of Shipment）

通常结合信用证开出或到达卖方的时间约定，如信用证开出或到达卖方后30天装运；也可规定具体的装运时间段，如4月或3月底前。值得注意的是，一般信用证的有效期要比装运期晚15天，需要有足够时间办理结汇手续，防止“双到期”。

（十七）是否允许分批装运或转船

按UCP 600规定，如未列明是否允许分批装运或转船，则视为允许；如有特别要求可在备注栏中补充说明。

（十八）装运港和目的港（Ports of Loading & Destination）

此栏列明具体港口名称，如有同名港后加注国名。

（十九）保险（Insurance）

如使用FOB、CFR价格术语成交，则选择to be effected by the buyers；如为CIF价格术语成交合同，一般由卖方按中国人民保险公司条款按照发票总值110%投保最低险别PPA。根据国际商会规定，一般按行业惯例替买方把险保足。如买方需另增加其他险别，须征得卖方同意，所增加的保险费由买方负担。

（二十）付款条件（Terms of Payment）

当今国际贸易中一般用信用证付款方式，通常要求买方在装运期前30天，向卖方可接受的银行申请开具以卖方为受益人的不可撤销的即期信用证。

其他及一般条款主要涉及商检、索赔、仲裁、不可抗力等内容，通常在合同中已印制完毕，如双方有异议可以提出修改。最后，双方分别由公司法人签字、盖上合同印章。

实际业务中，签订合同要注意内容的完整性，任何一个条款没有订好都可能造成以后的纠纷。同时更加要注意逻辑性，例如某家公司出口一批货物，合同约定D/P即期，买方在货物到达目的港后5天内必须验货，如果合格，必须在10天内到银行赎单。这个合同约定有实际可操作性吗?货物到目的港后，买方只要强调不能验货的种种理由，就可推脱掉银行赎单的责任。所以，该类合同的条款根本就不合逻辑性。

案例分析

合同因当事人无缔约能力而无效

一、基本案情

某年5月，中国香港甲公司就出口棉坯布事宜和深圳乙公司协商，约定由乙公司向甲公司出售棉坯布12万米，价格术语采用FOB深圳，目的地香港，双方约定了单价和总价款，同时确定买方须不迟于货物出口前将全部货款用即期汇票送至卖方，美元结算，先结后出，9月底前分两批装运。甲公司先行支付定金2万美元，乙公司收到定金后合同则生效。在具体签订合同时，乙公司表示，由于自身没有进出口经营权，无法对外签订外贸合同，需以深圳丙公司的名义对外签约，甲公司表示同意。8月5日，乙公司使用丙公司空白合同，甲公司和乙公司法定代表人及业务员在该货物买卖合同上签字并盖章。

合同订立后，甲公司于8月6日向乙公司支付作为定金的2万美元汇票。其后，甲公司又与丁公司签订委托漂白加工的合同，并指示乙公司将用于定金的2万美元折合成人民币以支付委托漂白加工的货款。乙公司支付后，因国内棉花价格上升，棉坯布成本陡增，乙公司资金紧张，无法完成合同所要求的加工任务。甲公司在乙公司多次催促后，仍未按照合同支付定金，履行自身义务，至合同期满，乙公司未能交货。甲公司为履行与下家的合同，从他处购买了相同数量的棉坯布，但为此多支付货款12 000美元。

甲公司为此以乙公司和丙公司为被申述人提出仲裁，要求乙公司双倍返还定金，支付已支付的定金的利息并要求乙公司和丙公司赔偿甲公司的经济损失，包括按照原合同应得的利润。乙公司辩称，货物买卖合同尚未成立，对各方当事人没有约束力；在实际履行中，甲公司将定金另行使用的行为，违反自身义务，导致乙公司未能履行合约，两公司之间不再存在货物购销合同，乙公司的交货义务应当免除。丙公司辩称，乙公司系独立法人，未经丙公司授权擅自使用丙公司空白合同对外签约，乙公司的签约行为因为丙公司未加盖公章而并未予以确认，丙公司不是合同主体，也不应成为本案的主体。

二、法律评析

本案的核心问题是甲公司和乙公司签订的货物买卖合同是否有效成立。

（一）关于适用法律的问题

双方当事人未在合同中选定解决争议适用的法律，由于合同签订地、合同履行地和合同约定的仲裁地均在中国，因此根据最密切联系原则，本案应当适用中国的法律解决争议和纠纷。

（二）棉坯布买卖合同未有效成立，系无效合同

深圳乙公司没有外贸经营权，其不具有签订货物出口合同的民事权利能力，除非有外贸经营权的深圳丙公司授权其代表丙公司签订合同，方为有效。而实际上，合同的签字主体是香港甲公司和没有签约能力亦未经授权的深圳乙公司，因此，乙公司由于在缔约时没有具有法定的缔结合同的权利能力和行为能力，其对外签约行为因违反了国家有关法律的规定而无效。

（三）合同无效的法律后果

香港甲公司明知深圳乙公司没有进出口经营权，而且乙公司只有得到丙公司的授权后，才能代表丙公司签字盖章，但甲公司仍然与乙公司签订合同；合同签订后，仍未要求乙公司确认其合法的签约资格；作为乙公司，自己本身无签约能力，但擅自使用丙公司授权自行对外签约，并承诺在收到甲公司的定金后，合同即生效。上述情况表明，对于导致合同无效的发生，合同的两签字方均有过错，应当共同承担合同无效的责任，其中乙公司应负主要的过错责任。由于丙公司非合同签字方，并且未授权乙公司签约，并未在甲乙双方签订的合同上盖章进行确认，甲公司也明知丙公司并未实际参与该民事关系的发生，因此，丙公司不应当成为被诉主体。

在实际的履行过程中，由于甲公司将支付给乙公司的定金挪作他用，其自身首先违反合同义务，且其挪用行为导致乙公司无法进行合同的履行，甲公司的行为实际上免除了乙公司的交货义务，双方的无效合同项下实际上未能产生任何民事义务，因而不存在返还财产和赔偿损失的问题。

关于甲公司另行购买棉坯布的行为，与本案中货物买卖合同的履行没有关系，因此，甲公司所称的预期利润的损失和其他要求赔偿损失的请求与本案无涉，不应予以支持。

（四）关于定金的法律问题

甲公司虽给付定金作为合同履行的担保，但是在实际履行中，甲公司指示乙公司将定金汇出以支付加工漂白棉坯布的费用，乙公司已将定金款汇出，而且合同本身并未有效成立，系无效合同，因此，甲公司实际上无权要求返还定金，更没有权利主张双倍返还定金。乙公司由于并未具体执行合同，且依照甲公司的指示将定金汇出，实际上并未占有或

使用此项资金，因此，乙公司不承担任何定金返还的责任。（引自《荣民.国际商报》有删节）

资料来源　荣民.合同因当事人无缔约能力而无效[J].世界机电经贸信息，2001（7）.经过改写。

实训练习

1.加拿大某公司准备进口我某公司一款电力纺真丝衬衫，订量为一个20′集装箱，现要求向其报价。查询已知有关资料：衬衫含税采购成本每打720元人民币，每纸箱装12打，200个纸箱装入一个20′集装箱；出口退税率11%，增值税税率17%，参考汇率1美元：6.30元人民币，国内费用为出口包装16元/纸箱，仓储费4元/纸箱，出口运费每个20′集装箱2 400美元，其他费率按采购成本的5%计算；保险按发票加成10%投保一切险和战争险，费率分别为0.6%和0.3%；预期利润率为报价的10%。请报出CIFC5%。

提示：

（1）实际成本和采购成本的联系。

（2）单价的构成。

（3）成本、费用和利润的计算依据。

2.某公司从上海口岸出口一批门锁，每箱体积为20厘米×30厘米×40厘米，毛重为25千克，燃油附加费为30%，计算标准W/M，基本运费为每运费吨50美元。每箱进货成本100元人民币，商品流通费5%，成交价为每箱USD15 CIFC2某目的港，保险费率0.5%，计算其换汇成本。

提示：

（1）判定计费标准。

（2）列出价格换算关系。

第三章

信用证的审核与修改

信用证对出口企业至关重要，如果在合同中规定按信用证结算，买方按合同规定正确、及时地开立信用证，不仅是卖方能否安全收汇的保障，同时也是买方应履行的义务，这一环节和备货工作要配合进行，主要包括催证、审证与改证。

第一节 跟单信用证

一、跟单信用证的含义、特点和作用

（一）含义

信用证简称L/C，港台商人也叫信用状，是一种银行有条件的付款承诺。

信用证是开证银行根据开证申请人（进口人）的要求和指示向受益人（出口人）开立的一定金额，在一定期限内凭规定单据支付货款的书面保证。实际业务中常使用的是要求随附运输单据的信用证，即跟单信用证。

（二）特点

1.信用证是一种银行信用，开证行承担第一性付款责任。

2.信用证是一种自足文件，以贸易合同为开立依据，但不依附于贸易合同，开立后彼此独立。

3.信用证业务有关各方处理的是单据，只管表面合格，不管单据真伪、合同是否实际执行，除非能举证确系恶意行为。信用证要求单据相符，单单相符。

（三）作用

1.保证作用。对进口商而言，保证取得代表货物的单据，通过信用证条款，控制出口商装运期，保证装运前的品质、重量、数量。对出口商而言，只要严格按信用证条款办，就可凭单取得货款。

2.融资作用。进口商开证时可不付或只付部分押金，可用少量资金做较大交易。出口商装运前凭信用证可以向银行做打包贷款，装运后向议付银行做押汇取得贷款，也可用少量资金做较大买卖。

二、信用证的基本内容

（一）对信用证本身的说明

包括信用证的种类、性质、最大金额及其有效期和到期地点等。开证行对受益人及汇票持有人保证付款的责任文句，条件是单证严格一致。

（二）对货物的要求

货物的名称、品种、规格、数量、包装、金额、价格等。

（三）对单据的要求

包括要不要汇票，列明汇票付款期限、付款人姓名，跟单种类及份数。货物单据（以商业发票为中心，包括装箱单、重量单、产地证、商检证明书等）、运输单据名称及内容要求，不同运输方式使用不同运输单据和不同签发人。保险单据或投保通知，按不同价格条件而定。其他有关单证，如寄样证明、装船通知电报副本等详细描述商品名称、品质、规格、包装、单价。

（四）对运输条件的规定

包括运输方式、起运地和目的地、装运期限、是否允许分批、如何分批、是否允许转运。若信用证对是否允许分批、是否允许转运这两项空白，就意味着允许分批、允许转运。

（五）对通知行和议付行的指示

要求通知行及时通知收益人，要不要保兑，对议付行明确索偿办法及寄单对象和如何寄法。

（六）特殊要求

根据进口国政治经济贸易情况的变化或每一笔具体业务的需要，可以做出不同规定。

三、信用证的当事人及其关系

（一）基本的有六个

1.开证行（Issuing Bank，Opening Bank，Establishing Bank）。

（1）开证行的权利。

①单证不符或单单不符时，开证行有权拒付。

②开证行付款后，如进口商无力付款赎单，开证行有权处理单据和货物。

③开证行应按开证申请书的规定开出合格的信用证。

（2）开证行的义务。

①审核单据。

②通知不符点。

③第一性付款责任。

2.开证申请人（Applicant，Opener，Accreditor，Importer，Buyer）。

（1）权利。

①进口商有验单退单的权利。

②如开证行错将符合信用证的单据当作不符而对外拒付，则进口商有权对开证行提出异议和索赔。

（2）义务。

①开出信用证。

②交付押金。

③及时付款赎单。

3.通知行（Advising Bank）。

它与开证行是代理关系，互换控制文件，包括电开密码、信开签样和交流暗号。

（1）验证。

（2）及时澄清疑点。

（3）收取手续费。

4.受益人（Beneficiary，Drawer，Shipper）。

（1）权利。

①受益人拥有凭单取款的权利。

②受益人交单后，如遇开证行倒闭或无理拒付，有权向进口商提出付款要求。

（2）义务。

①审核信用证内容是否与合同内容一致。

②接受信用证后，即有装货交单的义务。

5.议付行（Negotiating Bank）。

向受益人买单做押汇或提交的跟单汇票议付后，对开证行或偿付行有权请求其偿付，如遭拒付，可向受益人进行追索。

6.付款行（Paying Bank）。

可以是开证行或通知行或第三家承担付款责任的银行，付款后没有追索的权利。

（二）派生的有四个

1.偿付行（Reimbursing Bank）。

凭开证指示或授权偿付货款给议付行或付款行的银行，它不审核单据。

2.承兑行（Accepting Bank）。

承兑远期汇票的银行，承兑后单据与汇票分离，远期汇票可贴现。

3.保兑行（Confirming Bank）。

可以是第三家银行或通知行，保兑行与开证行承担同一责任。

4.转证行（Transferring Bank）。

由受益人通过银行转给受让人。

（三）信用证当事人之间的关系

1.开证申请人和受益人之间依据双方签订的贸易合同。

2.开证行和开证申请人之间依据开证申请书。

3.开证行和受益人之间完全依据信用证。

4.开证行和通知行之间属委托代理关系。

5.开证行和议付行之间属委托代理关系。

6.通知行与开证申请人、受益人之间无任何法律关系。

四、信用证支付的一般程序

1.进出口人在贸易合同中规定使用信用证方式支付。

2.进口人向当地银行提出申请，填写开证申请书，依照合同填写各项规定和要求，并缴纳押金或提供其他保证，请银行（开证行）开证。

3.开证行根据申请书内容，向出口人（受益人）开出信用证，并寄交出口人所在地分行或代理行（统称通知行）。

4.通知行核对印鉴无误后，将信用证交与出口人。

5.出口人审核信用证与合同相符后，按信用证规定装运货物，并备齐各项货运单据，开出汇票，在信用证有效期内，送请当地银行（议付行）议付。议付行按信用证条款审核单据无误后，按照汇票金额扣除利息，把货款垫付给出口人。

6.议付行将汇票和货运单据寄开证行（或其指定的付款行）索偿。

7.开证行（或其指定的付款行）核对单据无误后，付款给议付行。

8.开证行通知进口人付款赎单、提货。

不可撤销即期跟单议付信用证流程如图3-1所示。

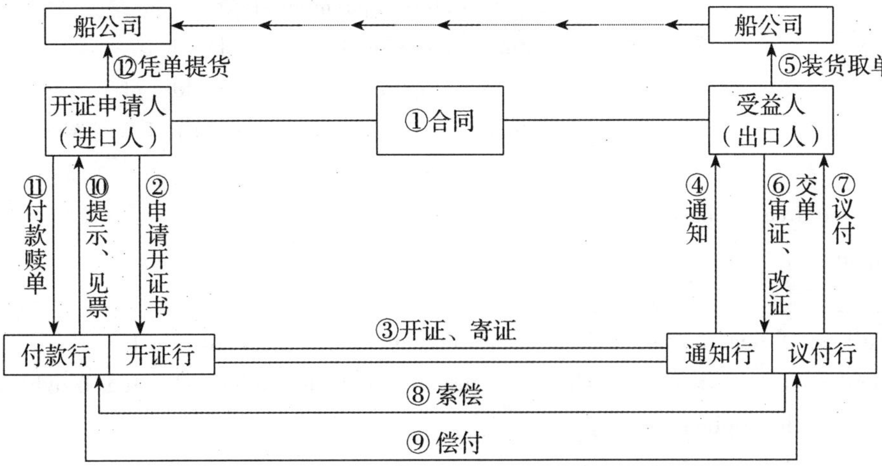

图3-1　不可撤销即期跟单议付信用证流程

第二节　信用证的开证方式

一、填写开证申请书

进口商按贸易合同向进口地银行开立信用证时，应填制开证申请书（Application for Irrevocable Documentary Credit）。开证申请书是银行开具信用证的依据，规定了开证申请人和开证行之间有关开立信用证的权利和义务。

开证申请书样本如下：

IRREVOCABLE DOCUMENTARY CREDIT APPLICATION

To:　　　　L/C No.　　　　Date:

Application		Beneficiary (full name, address and tel etc.)
Partial shipments	Transshipment	Issued by
( ) allowed	( ) allowed	( ) teletranmission
( ) not allowed	( ) not allowed	( ) express delivery
Loading on board/dispatch/taking in charge at/from		Contract No.:
		Credit Amount (both in figures and words):
		Trade Term:

( ) FOB
( ) CFR
( ) CIF
( ) Others:

Description of goods

Date and place of expiry:
Credit available with
( ) by sight payment
( ) by acceptation
( ) by negotiation
( ) by deferred payment at
Against the document detailed herein
( ) and beneficiary's draft for 100% of
Invoice value at 90 DAYS AFTER B/L DATE on issuing bank

Documents required: (marked with √)

1. ( ) Signed commercial invoice in 3 copies indicating L/C No.and Contract No.
____
2. ( ) Full set of clean on board Bills of Lading made out [ ] to order/ [ ] to the order of and blank endorsed, marked "freight [ ] prepaid/ [ ] to collect showing freight amount" notifying [ ] the applicant/ [ ]
3. ( ) Air Waybills showing "freight [ ] prepaid/ [ ] to collect indicating freight amount" and consigned to
4. ( ) Insurance Policy/Certificate in 3 copies for 110% of the invoice value showing claims payable in China in currency of the draft, blank endorsed, covering[[ ] Ocean Marine Transportation/ [ ] Air Transportation/ [ ] Over Land Transportation]All Risks, War Risks/ [ ]
5. ( ) Packing list/Weight Memo in 3 copies indicating
6. ( ) Certificate of Quantity/ Weight in 3 copies issued by [ ] manufacturer/ [ ] Seller/ [ ] indpendent surveyor at the loading port, indication the actual surveyed quantity/ weight of shipped goods as well as the packing condition.
7. ( ) Certificate of Quality in 3 copies issued by [ ] manufacturer/public recognized surveyor/ [ ]
8. ( ) Beneficiary's Certified copy of fax dispatched to the applicant within 2 days after shipment advising the contract number, name of commodity, quantity, invoice value, bill of loading, bill of loading date, the ETA date and shipping Co.
9. ( ) Beneficiary's Certified certifying that extra copies of the documents have been dispatched to the [ ] applicant/ [ ]
10. ( ) Certificate of Origin in copies certifying

11. ( ) Other document, if any

Addition instruction: (marked with X)

1. ( ) All banking charges outside the opening bank is for beneficiary's account.
2. ( ) Documents must be presented within 21 days after thee date of issuance of the transport documents but within the validity of this credit.
3. ( ) Third party as shipper is not acceptable, Short Form/Blank B/L is not acceptable.
4. ( ) Both quantity and amount_% more or less are allowed.
5. ( ) All documents to be forwarded in one lot by express unless otherwise stated above.
6. ( ) Other terms, if any:

For banks use only		我公司承担本申请书背面所列责任
Seal and/or Signature	checked by ( )	及承诺，并保证按照办理。
L/C Margin %	checked by ( )	
Credit Facility	checked by ( )	(申请人名称及印签章)

Ent (   ) Ver (   ) App (   )

RMB A/C No.

USD or (   ) A/C No.

联系人：

电话：

This L/C is subject to the Uniform Customs and Practice for Document Credit (2007 Revision) ICC Publication No.600.

ATTACHMENT

NAME OF COMMODITY	QUANTITY	UNIT PRICE	TOTAL AMOUNT

TOTAL:

注：开证申请书一式三联，第一联受理回单；第二联开证依据；第三联开证存查。

二、信用证的传递

（一）开立方式

1.先发简电再寄证实书，凭证实书议付，在证实书上银行往往注明“本证已今日以简电开立”。

2.直接航寄正本，这是传统的信开方式。如经通知行密押核符，条款无问题，可使用。

3.电开全文。目前广泛使用，只要在电文中不加注“详情航寄”，就是不表明“有效文件”，也可当做有效文件对待。如再寄证实书，则在证实书中必须注明“此系我行今天电传的证实书”，要凭证实书才能交银行议付。

（二）传递方式

1.一般均由开证行经通知行交受益人，因为通知行能辨别信用证的真伪，除了信用证有通知行的通知号印戳外，还有“印鉴核符”的小印，证明真实。

2.开证行直寄受益人，必须经银行验证后才能使用。

3.开证行交开证申请人寄给受益人，也必须经银行验证。

目前，西北欧、美洲和亚洲等地区的银行广泛使用SWIFT开证，我国银行在电开信用证或收到的信用证电开本中，SWIFT信用证已占很大的比重。采用SWIFT，使信用证标准化、固定化和统一格式化，且传递速度快捷，成本低，因此银行广泛使用SWIFT信用证。

〔**启发思考**〕信用证不经过通知行传递交受益人就可启用吗？

三、信用证的其他事项

1.信用证是否属跟单信用证，以是否要求跟随运输单据为准。信用证中关于航空运单，出现语句“NOT NEGOTIABLE”不是不可议付，实际上可理解为不可转让，因为航空运单不是物权凭证。

2.“担保出运”在实务中比较普遍，常见有货名不符、数量不符、装期已过、效期已过、与单证不符等。这里的担保是指出口公司向银行交单的联系单，是不符点出单，实际上由银行信用转变为商业信用。

3.“不生效条款”等隐性条款要注意，如客户签名后方能议付交单，凭通知生效等。如有交货时数量超出信用证规定额，可采用L/C和D/P结合方法收汇，避免单证不符。信用证即使不准分批装运，按惯例数量上也允许5%的伸缩，但规定按包装单位或个数计数时除外，如箱、码、打、件等。

4.收到信用证修改后，受益人对是否接受信用证的修改有最终的决定权，而且并不一定要发出接受或拒绝的明确通知（当然最好如此），可通过事后提交的单据与修改是否相符来判断受益人的意图。不利条款要注意，如限制运输船只、船龄或航线，分时间间隔限制，正本提单直寄申请人，交单地点不在受益人当地或国内。

5.不得议付信用证，指下列情况出现：（1）指定收款人；（2）指定付款行；（3）指定用途。

与其他信用证的区别在于：（1）责任条款明确规定开证行仅对受益人担保承付；（2）有效期和议付地在国外，只能由开证行议付；（3）无追索权；（4）只能一次寄单；（5）汇票付款人只能是银行，而其他可以是开证申请人或买主。

6.议付时交单，提单签发日期应在规定装运期内，交单日应在议付有效期内，为了达到要求常有提单倒签的情况。提单日期和发票日期可以不是同一天，但汇票日期不应早于发票和提单日期，保险单日期也不能迟于提单日期，同时按惯例应在提单签发日后21天交单。

7.如果受益人要求开证申请人延长信用证有效期1个月，在未规定装运期时，同一信用证上的装运期也可顺延1个月。

8.常见符号“/”的用法，货物描述时不仅有选择的意思而且有以及的意思。选择目的港时，如信用证无选港意思，一般可认为任意选择其一。单据抬头中形式上应和信用证条款相符，不清楚之处应尽早和买方或开证行联系加以明确。

第三节 催证、审证与改证

信用证是进出口业务卖方收回货款的保障，但在实际业务过程中，由于市场变化或进口方资金问题往往会出现故意拖延开证，给卖方出运和收款带来困难，甚至造成库存积压损失。此外，由于国际贸易的复杂性，买方往往利用虚假信用证或设置信用证软条款给卖方带来不可估量的损失。所以，催证、审证与改证以及保证单证严格符合是卖方履行出口合同的重要环节。

一、催证

（一）概念

催证是指卖方通知或催促国外买方按照合同规定迅速通过开证银行开出信用证，以便卖方能按时交货。

在实际业务中，因种种原因买方不按合同规定及时开证的情况时有发生，这就需要卖方及时予以催促。在开证银行开出信用证后，买方才有要求卖方履行其交货义务的权利，所以，买方按时开立信用证是卖方履行合同的前提条件。如果买方未按合同规定申请开立信用证，一般的处理方法是去函指出其违约行为，催促立即开证或展延开证期限，要求再勿逾期。或提出其他相应措施，如适当调整数量、价格、装运期等。但对一再拖延催而不复者，经过慎重考虑，可及时作出处理，或宣告撤约，或提出索赔。对逾期来证，多数是通融接受的，但根据货源供应等情况，也可以有条件地接受或不予接受，需要双方协商。

（二）催证函

催证函样本如下：

Gentlemen:

Re: Order No. …

S/C No. …

We refer to our Fax dated … requesting you to establish the L/C covering the above-mentioned contract, but regret having received no news from you up to the time of writing.

We have to remind you that it was agreed at the time of conclusion of the transaction that you would open the L/C upon receipt of our Confirmation.Needless to say, we are now placed in a very embarrassing situation as two months have elapsed and nothing whatsoever has been heard from you.As the goods have been ready for quite some time, it behoves you to take immediate action, particularly since we cannot think of any valid reason for further delay in opening the credit.

二、审证

（一）概念

卖方收到信用证后，与通知行一起根据买卖合同并参照跟单信用证统一惯例UCP600的规定进行认真审核。

审核信用证是银行和外贸企业的共同责任，但审核的内容各有侧重。银行着重审核开证行的政治背景、资信能力、付款责任及索汇路线等方面的问题，进出口公司着重审核信用证与买卖合同是否一致和信用证的一些要求我方能否照办等。

（二）重点审证项目

1.信用证的类别。

2.开证行的资质。

3.信用证开证申请人、受益人名称和地址。

4.信用证的到期日、交单期和最迟装运期。

5.信用证的到期地点——出口商所在地。

6.关于装运货物与金额的审核。

（1）单价、总金额以及数量条款。

（2）支付货币。

（3）价格条款——贸易术语。

7.对保险条款的审核。

8.对运输条款的审核。

9.关于“软条款”的审核——交易主动权在进口方。

10.开证行的保证条款。

11.其他主要事项。

（三）审核信用证

信用证实际业务中，许多不符点单据的产生以及提交后被银行退回，多数是对收到的信用证审核不及时以及错误没能及时修改所造成的。特别是随着国际贸易发展，电传开证有迅速快捷的优点，在实际业务中全电开证越来越多，由于是电传机打印，不如印刷的清楚，条款较多，各部分顺序有不同变化，给审核信用证增添不少难度，所以，掌握一定的审核技巧，就可以及早发现错误，及时采取相应的补救措施。

1.抓住成交合同这一中心。

只有充分了解和熟悉合同的各项内容，才能掌握信用证的条款内容，迅速地审核信用证。一般而言，信用证是属于买卖合同的“支付条款”，买方开立的信用证是以成交合同为基础和前提的，但又独立于成交合同，开立的信用证在内容上应与合同一致，如有不同，受益人有权要求按合同修改信用证。然而信用证一旦接受就成为独立于合同之外的一个法律契约，受益人必须按信用证的规定履行义务，才能得到银行的付款。

2.关注两个基本点。

第一，审核信用证内容是否完整和正确。

第二，审核信用证的内容是否可以完全做到。

3.内容审核要全面。

严格按下列几项内容审核，信用证的条款就不容易遗漏了：

（1）信用证的关系人及性质。

常见信用证有开证人、开证行、通知行、受益人四个关系人。受益人应特别注意信用证上贸易双方的公司名称和地址书写是否正确，否则会给今后的收汇带来不便。另外，确定信用证的性质，是指是否为跟单和可撤销信用证。如果明确表明是可撤销的，此证由于无需通知受益人或未经受益人同意可以随时撤销或变更，对受益人没有付款保证，一般不予接受。如果未表明该信用证是否可以撤销，按UCP600的规定，应理解为不可撤销的。特别对电讯传递的信用证要注意有否有“详情后告”词语，若无则为有效文件，若有则为无效文件，应催开证行立即将有效信用证径寄通知行。

（2）信用证的金额和发货数量。

信用证的金额总数应和合同相同并包括该合同的全部应付费用，其中单价与总值要准确，大小写并用内容要一致，币制要统一。由于价格条款不同涉及具体费用如运费、保费由谁分担不同，所以要和合同规定相一致。如果在金额、单价和数量前有规定“大约”为10%增减幅度，它放在哪一项，只适用哪一项，不能依次类推。一般而言，在数量上可以有一定幅度的伸缩，这就要求在信用证上也应相应规定在支付金额时允许有一定幅度增减，除非信用证规定数量不得增减，那么在付款金额不超过信用证金额情况下，对无“大约”的非固定包装单位下的商品有5%的上下伸缩，固定包装单位计量时不适用。

（3）用证的单据条款。

要审查信用证所要求的单据是否可以出具，是否与有关规定相抵触以及交单时的必要条件等。如一些需要认证的单据特别是需要到使领馆认证办理的，还有其他机构或部门出具的有关文件如出口许可证、运费收据、检验证书，以及信用证中指定船龄、船籍、船公司或不准在某港口转船等条款的证明文件能否及时提供。在交单条件上，实际装期与交单期时间间隔是否太短，如果信用证没有规定交单时间，那么按惯例（UCP600）向银行交单的日期不得迟于提单日期后21天。在这方面应充分考虑办理下列有关事项对交单期的影响：

①生产及包装所需的时间；

②内陆运输或集装箱港运输所需要的时间；

③进行必要的检验所需要的时间；

④申领必要的出口许可证或产地证所需要的时间；

⑤报关查验的时间；

⑥船期安排情况；

⑦必要时到商会或领事馆办理认证或出具有关证明所需要的时间；

⑧申领检验证明书如SGS验货报告或其他验货报告所需要的时间；

⑨制单、整理、审核信用证规定的文件所需要的时间；

⑩单据送交银行所需要的时间。

除此之外，还要关注交单地点的限制，所有信用证必须规定一个付款、承兑的交单地点，或在议付信用证的情况下必须规定一个交单议付的地点，但自由议付信用证除外。如果交单地点在国内，向国内银行交单的时间就可以控制，处理比较方便。而对于自由议付信用证就无关紧要，它可以向开证行、保兑行、国内外任何银行办理交单议付。

（4）信用证项下应发货物。

审核时要注意合约号、货名、规格以至包装要求等，这是信用证的重要内容之一。信用证上货物表述的方法基本有两种：一种将货名、数量、单价逐项列在信用证上，并说明符合有关合同的规定，根据信用证“单证相符”的原则，银行只要求各种单据在字面上相符，不问实际成交合同的规定和货物的实际情况如何；另一种是在信用证上提到货物要求按某合同，那么只要我方所议付的一切单据与信用证相符，即使有不符合有关合同的部分，银行也不予理会，其原因是合同为买卖双方的契约，并未交银行认可，银行自然不受其约束。反之，如果信用证的货物与合同不符，但未经修改，而我方出单完全与合同规定相符，即使我方提交合同，银行同样不予理会，这种情况下必须通知客户做必要的信用证修改。

（5）信用证的运输条款。

信用证的有关运输条款中含有装船期限、装运港、目的港、运输方式及分运、转运等项目。日常操作中时常遇到L/C规定集装箱拼箱货运输不接受货运代理的提单，而船公司一般不接受集装箱拼箱货的订舱，船公司的海运提单是出具给货代的，由货代再签发HOUSE B/L给发货人，如果L/C规定不接受货代B/L，那实际运输就无选择空间，会造成L/C的不符，因此需要和客户详细磋商确定。在信用证上规定的装运期原则上是按合同规定而规定的，但在实际中受到各种运输条件的限制，尤其是海上运输受船期和繁杂的报载定舱手续所限，要考虑有充足的时间来做装运前的准备工作。在业务进行过程中，经常有这样的情况发生，买方按合同规定及时开来信用证，而我方因为生产或船期的变化等原因未能按期装运，这时除应综合考虑各种因素以后加以改进外，还应通知客户说明迟发的原因，请客户展证。

对于装运港，一般为受益人所在地的港口，在海运中常写为“中国口岸”，方便我方发运时选择装运港。而目的港的选择作为一项交易条件，已列入买卖合同中，信用证应按合同规定开出，对于改变了的目的港，我方要根据具体情况来决定接受与否。涉及运输方式问题，信用证上应有明确规定，对照原合同如有变更，要考虑能否接受，费用有否增加，增加的费用如何负担，所涉及条款和其他条款是否相适应等。

另外，一般信用证是规定允许分批和转运的，按惯例如果信用证中规定了分批装运的时间和数量，应注意可否办到，否则任何一批未按期装运，则该批及以后各批均失效。如果未注明不准分批和转运，可视为允许分批和转运。审核中对于运输条款中有不明之处，要立即和运输配载部门进行联系，以决定下一步做法。

（6）信用证的议付条款。

关注信用证的有效期及开证人对受益人的支付保证条款，对于规定有效期和装运期为同一天的信用证要特别注意。在实际操作中，应将装运期提前10～15天的时间，以便有合理时间制单议付。若在运输单据签发日期后若干天交单（若未规定，一般为21天），则不能超过信用证的有效期；装运期不能使用“迅速、立即、尽快”及类似语句，一旦使用，银行将不予理会；信用证有效期或交单期如遇收单银行的法定假日，则可顺延，而装运期则不能。

信用证付款的一个主要特征是典型的单据买卖，各个业务环节实际上是按信用证条款要求的单据买卖活动，不问实际货物如何，银行只在买方的授权范围内进行单据买卖，以保证自身的利益。提交银行的议付单据基本有三种：①汇票和发票；②运输单据及信用证要求在单据上所显示的内容；③保险单据。

有的信用证根据不同的交易方法，会有许多其他的要求，比如装箱单、出口许可证、装船证书、产地证、普惠产地证、发货通知书副本以及其他各种条款。对于含义不清的条款绝不能轻易放过，一定要搞清楚，再根据合同要求以及可能决定是否修改，同时必须注意所有信用证都须清楚表明该证是否适用即期付款、延期付款、承兑汇票到期付款或议付。

（7）信用证的特殊条款。

在实际业务中，根据不同业务需要而在信用证中制定的特殊条款，内容往往比较复杂，审核时应特别重视。常见的有涉及付款条件、货物品质等的软条款，主要指开证行在信用证内列有使我方不易办到或即使办到也会被开证行及客户借故拒付的条款，如规定检验证必须由国外某客户签字，并与开证行留存的字样相同，由于我方并不知留存在开证行的签字是何样，主动权很大程度上掌握在对方手里，影响安全收汇。有的信用证规定条款和实际操作有冲突，比如信用证规定提交一份商检检验证书，并同时规定一份受益人证明，证明正本商检检验证书已直接寄给开证申请人，而我国商检机构往往只出具一份正本，若将正本寄交申请人则无法在信用证项下提交正本，若寄送副本而提交正本和符合信用证要求的受益人证明，则形成对开证行和开证申请人的欺诈。还有的信用证要求1/3正本海运提单由受益人自行寄交申请人，信用证只保证偿付一定比例货款等，如果接受这类条款将产生极大风险。另外，还要注意来证条款是否自相矛盾，比如明确是空运，却要求提供海运提单。此外，韩国银行还有装运后60天受益人才能议付交单的来证要求。最后关注信用证是否受UCP 600约束，这样可以避免因对某一规定的不同理解产生的争议。

为保证安全及时收汇，对信用证条款要仔细审核，遇到对我方不利的条款，一定要去函修改或删除。

〔**启发思考**〕审核信用证有哪些技巧方法？

三、改证

（一）概念

出口方在审核信用证后，如发现有和合同不符或有不利于出口方安全收汇的条款，应及时联系进口商通过开证行对信用证进行修改。

修改信用证直接关系到有关当事人的权利和义务的改变，对于不可撤销信用证的修改，必须得到各有关当事人的同意，修改方能有效。

（二）信用证修改的程序

1.申请修改。出口商根据合同规定并结合UCP 600规定审核信用证，如有不符合要求，受益人先向申请人提出异议，由L/C申请人向开证行提交信用证修改申请书。

2.履行修证。进口商如同意修改，可向原开证银行递交修改申请书。开证行审核同意后，向信用证通知行发出信用证修改书，修改一经发出就不能撤销。

3.通知修证。开证银行修改信用证并将信用证修改书发送给原通知行，通知行收到修改书后，验核修改书的表面真实性并将其转达给受益人。

4.修证生效。通知行向出口商通知该信用证修改书。修改书的通知程序和信用证的通知程序大致相同。受益人同意接受后，则信用证项下修改正式生效。如受益人拒绝接受修改，将修改通知书退回通知行，并附表示拒绝接受修改的文件，则此项修改不能成立，视为无效。受益人对修改拒绝或接受的表态，也可推迟至交单时。

（三）修改信用证应掌握的原则和注意的问题

1.是否修改信用证应根据实际情况酌情处理。

2.不可撤销信用证的修改，必须经开证行、保兑行及受益人同意，否则既不能修改也不能撤销，只有所有当事人同意后方能生效。

3.开证行提出修改信用证，自发出修改之日起，开证行受该修改内容的约束，而且对已发出的修改不得撤销。直至受益人将接受修改的意见告知通知修改银行为止，原信用证的条款对受益人依然有效。受益人对修改拒绝或接受的表态，也可推迟至交单时。

4.如果信用证经另一银行保兑，保兑行可对修改内容扩展保兑，并自通知修改之时起受其约束。也可以不对修改保兑，但它必须不延误地将该情况通知开证行和受益人。

5.同一信用证中的多处修改，必须一次性提出，修改的内容必须全部接受或全部拒绝，不能接受其中的一部分而拒绝其余部分。

6.受益人可以用实际行动表示是否接受。

7.受益人提出修改信用证，应用电报或传真通知开证申请人或开证行，同时规定一个修改书到达的时限。

〔**启发思考**〕有时因货物生产等原因，赶不上装运期，需要装运期延期。在提出对信用证的装运期延期修改时，是否也需要同时要求有效期随之延期？

（四）修改函

修改函样本如下：

Dear Sirs,

Letter of Credit No.CH1234

We acknowledge with thanks receipt of your L/C No.CH1234 for the amount of Stg.2，960 to cover your Order No.808.

The said credit stipulates shipment on or before the 31st of Deceber.As the steamer sailing earliest for your port is the “PEACE” scheduled to leave Guangzhou on or about the 5th January，it is，therefore，impossible for us to effect shipment before the date you named.

This being the case，we have to ask you to be so kind as to extend the date of shipment and validity to the 15th of January，under fax advice to us.We understand that fax amendment is costly，but this is a matter over which we can exercise no control.

SWIFT信用证样本如下：

Mensaje SWIFT emitido

Oficina

0533 EL PRAT DE LLOBREGAT-MAS BLAU

Referencia operación Fecha de emisión

0533314588100 17/12/2012

Secuencial Swift OSN
000000
Emisor Receptor
BSABESBBXXX ABOCCNBJ410
BANCO DE SABADELL， S.A. AGRICULTURAL BANK OF CHINA， THE
Texto
MT： 700 ISSUE OF A DOCUMENTARY CREDIT
： 27/ SEQUENCE OF TOTAL： 1/1
： 40A/ FORM OF DOCUMENTARY CREDIT： IRREVOCABLE
： 20/ DOCUMENTARY CREDIT NUMBER： 0533314588100
： 31C/ DATE OF ISSUE： 071217
： 40E/ APPLICABLE RULES： UCP LATEST VERSION
： 31D/ DATE AND PLACE OF EXPIRY： 080205 BARCELONA （SPAIN）
： 50/ APPLICANT： XXXXX S.A
PASAJE ARAL， XXXXX.
08040 BARCELONA
SPAIN
： 59/ BENEFICIARY： /ACC. 635 840 048 210 010 071
XXXXXXXXXXXXXX ELECTRONICS
CO.， LTD. -3RD INDUSTRIAL DISTRICT
LUO TIAN VILLAGE， SONG GANG TOWN， XXXXX
DISTRICT， XXXXXX， CHINA
： 32B/ CURRENCY CODE， AMOUNT： USD9750，
： 39A/ PERCENTAGE CREDIT AMOUNT TOLER： 00/00
： 41A/ AVAILABLE WITH...BY...： BSABESBBXXX
BY PAYMENT
： 43P/ PARTIAL SHIPMENTS： NOT ALLOWED
： 43T/ TRANSSHIPMENT： NOT ALLOWED
： 44E/ PORT OF LOADING/AIRPORT OF DEP： SHENZHEN， CHINA
： 44F/ PORT OF DISCHARGE/AIRPORT OF D： BARCELONA， SPAIN
： 44C/ LATEST DATE OF SHIPMENT： 130120
： 45A/ DESCRIPTION OF GOODS AND/OR SE： 5000 PCS OF UNIVERSAL REMOTE CONTROL PC-1355/1526 AT USD1.95/PC
ACCORDING TO PROFORMA INVOICE NO. T071126A DATED NOV 26， 2012
DELIVERY TERMS： FOB SHENZHEN， CHINA （INCOTERMS 2000）
： 46A/ DOCUMENTS REQUIRED： 1.-COMMERCIAL INVOICE IN FIVE FOLDS DULY ISSUED AN SIGNED BY THE
BENEFICIARY

2.-PACKING LIST IN FIVE FOLDS
3.-OCEAN BILL OF LADING， FORWARDING AGENT BOFILL AND ARNAN WORLWIDE LOGISTICS， MADE OUT TO THE ORDER OF APPLICANT （FULL NAME AND ADDRESS） MARKED FREIGHT COLLECT AND NOTIFY APPLICANT
4.-COPY OF APPLICANT'S E-MAIL SENT TO THE BENEFICIARY， BEFORE SHIPMENT， AS THEIR CONFORMITY OF SAMPLES RECEIVED， STATING RELATED REFERENCES OF GOODS
5.-COPY OF ROHS CONFORMITY DECLARATION
：47A/ ADDITIONAL CONDITIONS： + PLS. DO NOT SEND ANY DRAFT
+ PLS. SENT DOCUMENTS BY COURIER AT BENEFICIARY'S ACCOUNT TO：
XNC0101
www.sabadellatlantico.com
SabadellAtlántico es una marca registrada de Banco de Sabadell， S.A.Banco de Sabadell， S.A.-Pl. de Sant Roc， 20 （Sabadell）-Ins. R. M. Barcelona， Tomo 20093， Folio 1， Hoja B-1561-CIF A08000143
Pag. 1
Continuación
BANCO DE SABADELL， CANUDES 5-7 POL. IND. "MAS BLAU"
08820 EL PRAT DE LLOBREGAT， BARCELONA， SPAIN
+ A CHARGE OF EUR 95.00 （IN THE CURRENCY OF THE CREDIT） WILL BE DEDUCTED FOR EACH PRESENTATION BEARING DISCREPANCIES.
：71B/ CHARGES： ALL BANKING CHARGES
OUTSIDE THE ISSUING BANK，
INCLUDING REIMBURSEMENT CHARGES
ARE FOR BENEFICIARY'S ACCOUNT.
：48/ PERIOD FOR PRESENTATION （IN DA： DOCUMENTS TO BE PRESENTED NOT LATER
THAN 0021 DAYS FROM SHIPMENT DATE，
BUT WHITHIN VALIDITY OF THE
DOCUMENTARY CREDIT.
：49/ CONFIRMATION INSTRUCTIONS： WITHOUT
：78/ INSTRUCTIONS TO THE PAYING/ACC： UPON RECEPTION OF DOCUMENTS STRICTLY IN ACCORDANCE WITH CREDIT
TERMS WE SHALL CREDIT YOU AS PER YOUR INSTRUCTIONS.
：72/ SENDER TO RECEIVER INFORMATION： PLEASE ADVISE URGENTLY TO BEN.
Pag. 2
信开信用证样本如下：

鹽業銀行 香港分行
THE YIEN YIEH COMMERCIAL BANK LTD.,
HONG KONG BRANCH
242 DES VOEUX ROAD, CENTRAL, HONG KONG.
CABLE ADDRESS: "SALTBANK" TELEX: 83542 YCB HX

ORIGINAL

PAGE 1

IRREVOCABLE DOCUMENTARY CREDIT

NUMBER
B-01-F-05262

DATE AND PLACE OF ISSUE:
[illegible]/09/06 HONG KONG

DATE AND PLACE OF EXPIRY:
[illegible]/11/20 IN CHINA

APPLICANT
[illegible] TRDG CO.
4[illegible] JERVOIS ST., 2/F.,
HONGKONG.

BENEFICIARY:
[illegible] I/E CORP.,
JIANGXI BRANCH,
NANCHANG,
CHINA

ADVISING BANK:
BANK OF CHINA,
NANCHANG BRANCH.
NANCHANG

13 SEP
No

R [illegible]3571

AMOUNT: USD12,998.00
(SAY, UNITED STATES DOLLARS TWELVE THOUSAND NINE HUNDRED AND NINETY EIGHT ONLY)

PARTIAL SHIPMENTS ARE ALLOWED
TRANSHIPMENT IS NOT ALLOWED

SHIPMENT FROM GUANGZHOU/SHANGHAI
TO HONG KONG
LATEST [illegible]/11/05

CREDIT AVAILABLE BY NEGOTIATION AGAINST PRESENTATION OF THE DOC. DETAILED HEREIN AND OF YOUR DRAFT(S) AT 45 DAY(S) SIGHT DRAWN ON US FOR FULL INVOICE VALUE

请查对合同!

ADVICE FOR BENEFICIARY

LIST OF DOCUMENTS TO BE PRESENTED:
--SIGNED COMMERCIAL INVOICE IN TRIPLICATE SHOWING DEDUCTION OF 3% BEING DISCOUNT ON C.I.F. VALUE.
--PACKING LIST IN TRIPLICATE.
--FULL SET OF CLEAN ON BOARD OCEAN BILLS OF LADING/FORWARDING AGENT'S CARGO RECEIPT MADE OUT TO OUR ORDER MARKED FREIGHT PREPAID AND NOTIFY APPLICANT.
--INSURANCE POLICY OR CERTIFICATE IN DUPLICATE ENDORSED IN BLANK FOR 110 PERCENT OF INVOICE VALUE COVERING CARGO CLAUSES (ALL RISKS), WAR CLAUSES FOR SHIPMENT BY SEA &/OR OVERLAND TRANSPORTATION RISKS WITH R.F.W.D. AS PER OVERLAND TRANSPORTATION CARGO INSURANCE CLAUSES (TRAIN, MOTOR TRUCKS) FOR SHIPMENT BY LAND OF P.I.C.C. BOTH INCLUDING T.P.N.D. AND F.R.E.C. WITH CLAIMS, IF ANY, PAYABLE IN HONG KONG IN CURRENCY OF THE DRAFTS.

EVIDENCING SHIPMENT OF:
--UNDER CONTRACT NO.88AJS104:

10,000 YDS OF 53206 [illegible]
AT USD1.34/YD

C.I.F. HONG KONG

CONTINUE TO NEXT PAGE

We hereby issue this Documentary Credit in your favour. It is subject to the Uniform Customs and Practice for Documentary Credits (1983 Revision, International Chamber of Commerce, Paris, France, Publication No. 400) and engages us in accordance with the terms thereof, and especially in accordance with the terms of Article 10 thereof. The number and the date of the credit and the name of our bank must be quoted on all drafts required. If the credit is available by negotiation, each presentation must be noted on the reverse of this advice by the bank where the credit is available.

Instructions to Negotiating Bank: All documents must be despatched to us in one lot. In reimbursement,

- [x] We will credit your USD a/c with Beijing Head Office at maturity
- [ ] We will credit your a/c with us at maturity
- [ ] Please debit our RENMINBI A/C with you at maturity.

Yours faithfully,
For **THE YIEN YIEH COMMERCIAL BANK LTD.**
HONG KONG BRANCH

Authorized Signatures
BARRY P.W. LO (450)

鹽業銀行 香港分行
THE YIEN YIEH COMMERCIAL BANK LTD.,
HONG KONG BRANCH
242 DES VOEUX ROAD, CENTRAL, HONG KONG.
CABLE ADDRESS: "SALTBANK" TELEX: 83542 YCB HX

ORIGINAL

PAGE 2

CONTINUATION OF IRREVOCABLE DOCUMENTARY CREDIT NUMBER

NUMBER B-01-F-05262

ADVICE FOR BENEFICIARY

SPECIAL TERMS AND CONDITIONS:
--CREDIT AMOUNT AND QUANTITY OF GOODS MORE OR LESS UPTO 10% ARE ALLOWED.
--MARINE INSURANCE SHOULD NOT COVER WAR RISKS IF SHIPMENT EFFECTED FROM AREA OF GUANGDONG OR GUANGXI.
--LAND TRANSHIPMENT IS ALLOWED.
--LAND SHIPMENT MUST BE EFFECTED BY TRAIN ONLY.
--ALL BANKING CHARGES OUTSIDE HONGKONG ARE FOR A/C OF BENEFICIARY.

向中行交单可享受减免银行费用优惠

*** END OF L/C ***

Yours faithfully,
For THE YIEN YIEH COMMERCIAL BANK LTD.
HONG KONG BRANCH

Authorized Signature

①

案例分析

1.出口商A与进口商B签订贸易合同，A随即收到B开来的信用证。该信用证中有两条特殊规定：

（1）出口商在单据中应提交特定人签字的“Cargo Receipt”。同时该特定人已在开证行留下了签字样本，以检验签名真伪。

（2）信用证受益人须提供由中国商检局出具的品质、数量和价格检验证明。

分析：

从表面上看，以上两个条款言之凿凿，仔细研究却发现陷阱颇多。首先，特定人的签名样本留在了开证行，使得国内通知行在审单过程中无法帮助企业判断所提交签名的真伪，以及是否与开证行留存样本相符。最终极有可能以签名不符作为拒付的不符点。其次，检验证明的要求属于“不可能完成的任务”。到目前为止，中国商检机构从未也不具有出具任何价格检验证明的权利。这个条款的设定，使得出口商无论如何也不能达到“单单相符，单证相符”的要求，最终陷入软条款拒付的陷阱中。

资料来源　李亮萱.“信用证”等于“安全收汇”？[J].进出口经理人，2007（1）.

2.国内出口商A公司通过自己以前客户甲与中国香港B公司缔约，合同金额将近100万美元。支付条件为新加坡C公司申请开立L/C，受益人为A公司。诱人的合同金额加上信用证的付款方式，使得A公司面对此票业务欣喜不已。作为对中间人——前客户甲的酬谢，A公司向甲支付佣金5万美元，并从甲指定的工厂采购进料。至于信用证，其条款中规定“A公司应于发货后通知B公司船只名称，B公司通过C公司的开证行回函签字确认船只名称”。上述两份电文原件均为信用证要求提供的单据。

分析：

第一，通过甲认识的买家B资信状况不明。但由于信用证的开证人为新加坡C公司，考虑到信用证的独立性原则，A公司调查了C公司的资信状况，却忽略了对B公司的调查。

第二，在信用证独立性的原则下，抛开贸易合同下买方的付款义务不谈，开证行具有第一性的付款义务。但是该信用证存在软条款，即如果没有提供“B公司通过C公司的开证行回函签字确认船只名称”电文的原件，开证行可以不符点为由拒绝支付。基于贸易合同，B公司具有不可推卸的付款义务，但B公司的资信状况不详。

第三，作为买方的合同缔约人为B公司，但与信用证的开证人不为同一公司。作为开证申请人的C公司与A公司不具有任何合约关系。

调查结果显示，B公司根本不存在，与前面案例如出一辙，进口商利用信用证软条款骗取我出口企业价值百余万美元货物。

资料来源　李亮萱.“信用证”等于“安全收汇”？[J].进出口经理人，2007（1）.

实训练习

1.我方某公司按CIF价格出口11207电力纺，合同约定按信用证方式结算货款，在约定的开证时间内进口方未开出信用证，而合同规定的装运期已到，我方公司是否按期装运发货?应该如何处理?

2.如何审核信用证才能尽可能防止遗漏条款?

3.某进出口公司出口一批服装到美国，信用证要求的装运期比较短，生产过程中由于各种因素的影响，使得出口公司提供的信用证项下的单据有几个不符点。经过双方磋商，进口商给出口公司出具了保证函，声明接受单据中的所有不符点，并将保证函正本寄送出口公司。出口公司是否按正常程序出运呢?

4.根据下列给出的合同审核信用证，并写出修改函。

售货确认书

SALES CONFIRMATION

编号 No：13JXK006

日期 Date：Oct.20，2013

The Sellers：

中国江西省凯达进出口有限公司

JIANGXI KAIDA IMPORT AND EXPORT CO.，LTD.

FOREIGN TRADING BLDG，

NANCHANG，CHINA

The Buyers：

LIFENG CO.， LTD.

UNIT 408 TOWER 11，SOUTH SEAS

CTR.75 MODY RD，TST EAST，

KOWLOON，HONGKONG

Dear Sirs，

兹确认售予你方下列货品，成交条款如下：

We hereby confirm having sold to you the following goods on terms and conditions as specified below.

（1）货物名称、规格、唛头 Name of Commodities，Specifications and Shipping Mark	（2）数量 Quantity	（3）单价 Unit Price	（4）总价 Total Amount
ART.NO.11206 45″×45/55　8m/m　HABOTAI	20 000 YDS	USD4.00 PER YDS CIFHK	USD80 000.00
ART.NO.14101 45″×45/55　16.5m/m SATIN	10 000 YDS	USD7.00 PER YDS CIFHK	USD70 000.00
（数量和总值允许有10%增减。） （With 10 % more or less in amount and quantity allowed）			

Total USD150 000.00

（5）包装：卷筒包装

Packing： Roller Paking

（6）装运期限：2013年12月31日前

Time of Shipment： Latest 31 Dec.，2013

（7）装运口岸及目的港：上海至香港

Loading Port & Destination：From Shanghai to Hongkong

（8）付款条件： L/C at sight

Terms of Payment： By 100% confirmed & irrevocable L/C to be available by sight draft，reaching the Sellers 30 days before the month of shipment，remaining valid for negotiation in China for further 15 days after the preseribed time of shipment，allowing transshipment & partial shipments.

（9）保险：由卖方按发票金额110%按中国人民保险公司保险条款投保：√一切险；水渍险；平安险；√战争险；陆上运输险；陆上运输一切险。

Insurance： CIF to be effected by the Sellers for 110% invoice value against：√All Risks； W.A.； F.P.A.；√War Risks； Overland Transportation Risks； Overland Transportation All Risks as per China Insurance Clauses（C.I.C.）. CFR to be effected by the Buyer.

买方确认签署 卖方确认签署

Buyer Confirmed by Seller Confirmed by

江西省凯达进出口有限公司
JIANGXI KAIDA IMPORT&EXPORT CO.LTD.
东平

中国银行江西省分行

本行编号	R904817
信用证编号	J-09-H-12091

致……………………………………………..

……………………………………………..台鉴

通知日期…………………….

兹接到……………………………………………………………………………………

……………………………………………………………………………………

于…………………………………………发来电文一件照录如下：

POSSIBLE DUPLICATE MESSAGE
ATE654
/HKTLX 08595013 95013 BOCNC CN
BT
LATE：2013/10/30
FROM：NATIONAL COMMERCIAL BANK LTD，HK
TO ：BANK OF CHINA，JIANGXI BRANCH
TEST 34725 ON USD144，788.00 DD 29/10/2013
WE ESTABLISH IRREVOCABLE DOCUMENTARY CREDIT NUMBER J-09-H-12091
DATE AND PLACE OF ISSUE：
2013/10/28 HONG KONG
DATE AND PLACE OF EXPIRY：
2014/01/10 IN HONGKONG
APPLICANT
LIFENG CO.， LTD.
UNIT 408 TOWER 11， SOUTH SEAS
CTR .75 MODY RD
TST EAST KOWLOON

BENEFICIARY:
JIANGXI KAI DA IMPORT & EXPORT CO., LTD.
FOREIGN TRADE BUILDING,
NANCHANG, CHINA.
ADVISING BANK:
BANK OF CHINA,
NANCHANG BRANCH
THE WEST ZHAN QIAN
ROAD, NANCHANG, JIANGXI,
CHINA.
AMOUNT: USD144, 788.00
(SAY, UNITED STATES DOLLARS ONE HUNDRED FORTY FOUR THOUSAND SEVEN HUNDRED AND EIGHTY EIGHT ONLY)
PARTIAL SHIPMENTS ARE ALLOWED
TRANSHIPMENT IS ALLOWED
SHIPMENT FROM SHANGHAI TO HONG KONG
LATEST 31ST DEC., 2013
CREDIT AVAILABLE BY NEGOTIATION WITH ADVISING BANK AGAINST
PRESENTATION OF THE DOC. DETAILED HEREIN AND OF YOUR DRAFT (S) AT 45 DAYS SIGHT DRAWN ON APPLICANT FOR FULL INVOICE VALUE LIST OF DOCUMENTS TO BE PRESENTED:
- - SIGNED COMMERCIAL INVOICE IN TRIPLICATE SHOWING THIS L/C NO. AND LESS 6 PCT BEING DISCOUNT FOR ART NO, 11205
- - PACKING LIST IN TRIPLICATE
- - FULL SET OF CLEAN ON BOARD OCEAN BILLS OF LADING MADE OUT IN OUR ORDER, MARKED FREIGHT PREPAID AND NOTIFY APPLICANT WITH ADDRESS.
- - INSURANCE POLICY/CERTIFICATE, IN DUPLICATE, ENDORESD IN BLANK, COVERING ALL RISKS, WAR RISK INCLUDING F.R.E.C. FOR 10 PCT OF CIF VALUE.
- - BENEFICIARY'S CERTIFICATE CERTIFYING THAT ONE SET OF NON-NEGOTIABLE COPIES OF SHIPPING DOCUMENTS INCLUDING B/L, INVOICE AND PACKING LIST HAVE BEEN SENT TO APPLICANT BY EXPRESS AIRMAIL OR BY FAX WITHIN 2 DAYS AFTER SHIPMENT
- - BENEFICIARY'S CERTIFIED COPY OF CABLE/TELEX TO APPLICANT ADVISING SHIPMENT DETAILS INCLUDING VESSEL'S NAME, SHIPMENT DATE, QUANTITY, WEIGHT AND VALUE OF SHIPMENT WITHIN 2 DAYS AFTER SHIPMENT. (IF ADVISED BY FAX, BENEFICIARY'S CERTIFICATE TO THIS EFFECT IS REQUIRED)

－－CERTIFICATE OF ORIGIN
EVIDENCING SHIPMENT OF

10，000 YDS. OF ART NO. 11206 45″ X 45/55 8M/M HABOTAL ATUSD 4.00/YD

10，000 YDS. OF ART NO. 14101 45″X 45/55 16.5M/M SATIN AT USD 7.00 / YD

C.I.F. HONG KONG

OTHER TERMS AND CONDITIONS
－－10 PCT MORE OR LESS IN AMOUNT AND QUANTITY ALLOWED
－－DOCUMENTS MUST BE PRESENTED FOR NEGOTIATION WITHIN 15 DAYS AFTER THE ISSUANCE OF THE BILLS OF LANDING BUT WITHIN CREDIT VALIDITY DATE.
－－DISCOUNT INTEREST IS FOR ACCOUNT OF BENEFICIARY，
－－ALL BANKING CHARGES OUTSIDE HONGKONG ARE FOR ACCOUNT OF BENEFICIARY.
－－NEGOTIATING BANK MUST FORWARD THE DRAFTS AND ALL DOCUMENTS TO THE NATIONAL COMMERCIAL BANK LTD.，11/F.，CAMMER COMMERCIAL BUILDING，30－32 CAMERON ROAD，TSIMSHATSUI，KOWLOON，HONG KONG BY REGISTERED AIRMAIL，WE WILL REIMBURSE THEM AT MATURITY UPON OUR RECEIPT OF COMPLIED DOCUMENTS.
THIS CREDIT IS SUBJECT TO THE UNIFORM CUSTOMS AND PRACTICE FOR DOCUMENTARY CREDIT（2007 REVISION INTL CHAMBER OF COMMERCE PARIS FRANCE PUBLICATION NO. 600）AND ENGAGES US IN ACCORDANCE WITH THE TERMS THEREOF AND ESPECIALLY IN ACCORDANCE WITH THE TERMS OF ARTICLE 10 THEREDF. THE NUMBER AND THE DATE OF THE CREDIT AND THE NAME OF OUR BANK MUST BE QUQICO ON ALL DPAFTS REQUIRED. IF THE CREDIT IS AVAILABLE BY NEGOTIATION EACH
PRESENTATION MUST BE NOTED ON THE REVERSE OF THIS ADVICE BY THE BANK WHERE THE CREDIT IS AVAILABLE PLEASE ADVISE BENEFICIARY THIS IS THE OPERATIVE CREDIT INSTRUMENT AND NO AIRMAIL CONFIRMATION WILL FOLLOW.
NNNN
*
95013 BOCNC CN
*** MESSAGE ON DISK MSG. NO.：501 TITLE：R901219

第四章

备货和商检

备货工作是为履行交货义务准备物质基础，在备货过程中，出口方要做到货物的品名、品质、包装、数量和合同的规定一致，按照要求提供相应的商检证书，同时注意货物备妥时间和合同、信用证所规定的装运期限相适应。

第一节　订购货物

一、签订购销合同

根据外销合同的要求，和生产工厂签订“购销合同”一式两份，双方业务代表签字并盖上双方单位合同章，各自保留一份。

购销合同式样如下：

购销合同

供货单位（以下简称甲方）：　　　　　　合同编号：

订货单位（以下简称乙方）：　　　　　　签约时间：

签约地点：

经双方协商同意签订本合同以资共同信守执行。

一、成交货品。

货品名称规格	单位	数量	单价	金额	备注
TOTAL					
合计(大写人民币元)					

二、品质要求：按订货方认可的样品，若有品质异样须于3个月内提出，逾期甲方不予受理。

三、乙方必须于交货日前___天（即_月_日前）提供包装及网印说明等相关资料，否则交货期顺延。

四、交货日期：

五、交（提）货地点：

六、付款方式：

七、付款期限：出货之日起7天内一次付清。

八、其他约定事项：

九、本合同正本1页，附件无，一式两份，甲乙双方各执一份，从双方签订之日起生效。

十、违约责任：按《中华人民共和国合同法》和本合同执行。

甲方名称：	乙方名称：
甲方地址：	乙方地址：
法人代表（签字）：	法人代表（签字）：
TEL：　　FAX：	TEL：　　FAX：
开户银行：	开户银行：
账号：	账号：
日期：　（合同印章）	日期：　（合同印章）

签订时要注意几个要点：

1.工厂生产的产品和外商要求的品名、规格一致。

2.约定的结算价格是否包括包装费用，包装材料由谁提供，是否含运到交货地点的运费。

3.工厂生产的最低批量，可以完成的交货期，质量合格率情况如何。

4.最常用的习惯付款方式，是否需要预付款。

5.产品包装方式由外商确定还是按工厂的现有包装方式，或需要改进，费用如何分摊。

6.出货方式是工厂提货或运往公司指定仓库，还是直接报关出运。

二、样品确认

某些商品需要进一步确认样品，给外商寄送样品时，通常要保留复样，应分别登记外商名称和实物标示，另登录送样记录本，等待外商签章确认函回传后，根据留样款式和质量要求下达正式生产订单。

〔**启发思考**〕取样是不是要考虑一些生产中的客观因素？

（一）工厂现有款式

按照外商的具体要求，直接以目录的款式寄达外商，外商确认款式后，下达工厂样品订单，工厂按照要求生产完成后，经过质量检验部门按出口标准检验合格，以外商要求的时间紧急与否，安排样品并“样品确认单”快递或邮寄外商确认。

（二）开发新款式样品

根据外商提供的关于样品的要求资料开发新的外观，需要做技术改造，因而会产生相关费用。需要先核算出改造费用，一般按正式订单的多少，在超过一定的数量情况下，可以从货款中扣除。然后报出产品单价，传真给外商，并要求支付一定量的定金，待外商确认签章后，安排工厂更新改造，下达工厂样品订单，待生产完成并检验合格后，寄样品并“样品确认单”至外商确认。

三、开出形式发票

依据外销合同接到外商的正式订单后，对产品名称、规格、数量、单价金额、交货期、付款方式、包装要求、交货方式进行审查对照，然后开出形式发票。形式发票上一般应显示订单相关信息（收货单位、开出日期、合同号、形式发票号）、产品信息（产品名称、数量、单价、金额及总金额、工厂交货期）、合同条款（付款条件、单价条款），另须提供开形式发票的单位银行资料，以便于外商开立信用证。

开出形式发票要注意几点：

1.单价条款清晰。

2.交货期明确。

3.L/C或T/T的天数，应尽量避免D/A或D/P。

4.开立时先传真给工厂核对相关资料，避免发生错误。

5.经核对后传真给外商，及时与外商联系是否符合要求，如有要求变更应及时修改；如符合要求做信用证的话，则要求外商即时开出信用证。

形式发票式样如下：

GUANGDONG ××× FOREIGN TRADE DEVELOPMENT CORP.

NO.166 RONGQI DA DAO RONGIQ SHUNDE GUANGDONG CHINA

PROFORMA INVOICE

TO: KAMADE GMBH　　DATE: JAN.04,2014

BOSCHSTR 10　　S/C NO:12SFA01

33442 HERZEBROCH-CLARHO　　INVOICE NO:000808

MARKS & NOS & DESCRIPTIONS	QUANTITIES	UNIT PRICE	AMOUNT EX WORKS
001 1206200 00001			
NIGHT & LIGHT 3X20W SATIN	100SETS	USD	USD
002 1206260 00001			
NIGHT & LIGHT 3X20W SATIN	100SETS	USD	USD
			TOTAL:USD

AMOUNT:

ADDTION:1.PAYMENT:L/C 30DAYS AFTER SHIPMENT

2.BANK:BANK OF COMMUNICATIONS GUANGZHOU BRANCH

ADVISING THROUGH BANK:SHUNDE SUB-BRANCH

SWIFT CODE:COMMCNSHGUA TELEX:441026 COMGZ FAX:020-80000000

ADDRESS:123,JIE FANG NAN ROAD,JINHUI BUILDING,GUANGZHOU,CHINA.

3. EFFECT SHIPMENT BEFORE/ON JAN.30，2014

4.ORDER NO.:2259391/000/000

5.MEASUREMENT:10.86CBM

第二节 生产跟单

一、生产通知单

收到客户订单，外贸企业和生产工厂签订货物购销合同后，作为工厂一般不会把客户订单直接发到车间（如图4-1所示）进行生产，须把客户订单转化为工厂生产通知单（见表4-1）。在转化客户订单为生产通知单时，必须明确客户订单中的产品名称、规格型号、数量、包装要求、出货时间，并且在转化过程中不得有误，有特别的要求一定要在生产通知单上注明。只有资料明确，各相关部门才能凭此安排备料生产，做好生产计划。

图4-1 生产车间

表4-1 **生产通知单** NO：

<table>
<tr><td colspan="2">订单编号</td><td colspan="2"></td><td colspan="2">品牌</td><td colspan="1"></td><td colspan="2">数量</td><td colspan="1"></td></tr>
<tr><td colspan="2">验货日期</td><td colspan="2"></td><td colspan="2">交货日期</td><td colspan="4"></td></tr>
<tr><td colspan="10">一、生产项目总览表</td></tr>
<tr><td>序号</td><td>规格名称</td><td>颜色</td><td>REF</td><td>条形码</td><td>配件1</td><td>配件2</td><td>数量（套）</td><td>箱数</td><td>包装要求</td></tr>
<tr><td></td><td></td><td></td><td></td><td></td><td></td><td></td><td></td><td></td><td></td></tr>
<tr><td></td><td></td><td></td><td></td><td></td><td></td><td></td><td></td><td></td><td></td></tr>
<tr><td></td><td></td><td></td><td></td><td></td><td></td><td></td><td></td><td></td><td></td></tr>
<tr><td colspan="2">合 计</td><td></td><td></td><td></td><td></td><td></td><td></td><td></td><td></td></tr>
<tr><td colspan="10">二、生产特别要求</td></tr>
<tr><td colspan="10"></td></tr>
<tr><td colspan="10">三、附件</td></tr>
<tr><td colspan="10"></td></tr>
</table>

制表： 审核： 编号：

〔**启发思考**〕如交期为12日，生产通知单可以显示为10日，留出2天的机动时间以防生产安排时有什么不测。这样是否更有利于执行订单呢？

二、材料耗用明细表

材料耗用明细表是根据订单制作的，一张订单对应一张材料耗用明细表（见表4-2）。此表上要求显示物料名称及规格型号、单位、所需用量，设仓库存量、订购数量。因此，作为制作此表的人员，对工厂的产品一定要比较熟悉，什么产品用什么材料、用多少，心中要有数，否则就只能拿着订单产品当作新产品一样把产品解剖而制作材料耗用明细表。需要注意的是，材料耗用明细表上一定要列出整张订单所用的全部材料，不得漏打、误打、多打，否则对相关部门备料、生产造成困扰，或者增加库存，严重的则造成工厂经济损失。

表4-2　　**材料耗用明细表**

订单号		生产单号		数量		
货品编码	耗用材料名称	单位	所需用量	仓库存量	订购数量	备注

制表：　　　　采购：　　　　仓库：　　　　审核：

三、仓库发料通知单

仓库发料通知单（见表4-3）制作有几项与材料耗用明细表相同，只是多了一个耗损率而已。

表4-3　　**仓库发料通知单**

生产通知单：　　　　损耗率：1.50%　　　　NO：

货品编码	耗用材料名称	单位	限制发出仓库数量	实际发出仓库数量	备注

制表：　　　　编号：

以上表单制作出来经审核后须即时发放给相关部门，发放时做好发放记录。材料耗用明细表发给仓管员后要跟踪，要求仓管员即时查库存量并填在相应栏中，排产人员收到仓管员交来的《材料耗用明细表》时须请仓管员在上面签字确认。

〔**启发思考**〕为什么需要这么做呢？

四、物料采购及物料进仓跟踪

（一）物料采购

根据材料耗用明细表上的“所需用量”及“仓库存量”栏数据，再结合平时生产或运输过程中物料的损耗情况采购适量的物料。作为外贸业务跟单员，在此环节中，可能会涉及采购单（见表4-4）的制作、传真。发出采购单时，采购物料名称、规格型号、数量、单价、交货期不得有误，金额须计算清楚，物料质量要求和检验标准要表达清楚，以便入库QC检验有凭有据。另外，采购单上涉及付款条件的，多少天付款一定要表达清楚。打印好的采购单经采购员签字和复审后发给供应商，已传的最好做好记录或在采购单上写类似“已传”的字样以便跟踪。采购单传出后还得跟踪供应商是否签字回传，如一两天内没回传的，须打个电话问清情况，是否不能生产或存在其他原因。经签字回传的采购单除采购员须保存外，还应复印给仓管和财务，便于仓管收货和财务结算参考。

表4-4 **采购单**

地址： 采购单编号： 生产单号：
电话： 传真： 纳税号：
开户行： 账号：

<table>
<tr><td colspan="5">供应商：________________ 负责人：________________
请供应以下产品：</td></tr>
<tr><td>货物名称及规格型号</td><td>单位</td><td>数量</td><td>单价（元）</td><td>小计（元）</td></tr>
<tr><td></td><td></td><td></td><td></td><td></td></tr>
<tr><td></td><td></td><td></td><td></td><td></td></tr>
<tr><td></td><td></td><td></td><td></td><td></td></tr>
<tr><td></td><td></td><td></td><td></td><td></td></tr>
<tr><td colspan="3">合计：人民币（大写）</td><td>小写：</td><td></td></tr>
<tr><td colspan="5">品质要求：</td></tr>
<tr><td colspan="5">订货时期：______________________ 交货日期：____________________
交货方式：______________________ 付款方式：____________________
交货地址：______________________</td></tr>
<tr><td colspan="5"></td></tr>
</table>

发件人（盖章）：__________________
供应商确认（盖章）：________________
20　年　月　日

审批人（盖章）：__________________
（请确认后传真给我公司，谢谢！）
年　月　日

编号：

〔**启发思考**〕财务结算只凭采购单就可以办理吗？

（二）物料进仓的跟踪

物料进仓必须清楚每一项物料采购了多少，要求的送货时间。为方便跟踪，每发出一张采购单时，要做好物料采购状况的集中记录，可采用材料进仓跟踪表（见表4-5）来记录，把采购物料名称、数量、要求送货时间记录在表，到时哪些材料进多少、欠多少，还有哪些材料没进仓，一看此表一目了然。到了供应商对应的送货时间还没有送货到厂的，一定得和供应商联系问个明白，确认供应商具体的送货时间而保证不影响生产进度，进而不误订单交期。

表4-5 **材料进仓跟踪表**

生产单号： 页次：

序	材料名称	订购量	要求送货时间	第1次进货		第2次进货			第3次进货			备注
				进仓量	所欠量	进仓量	累计进仓量	所欠量	进仓量	累计进仓量	所欠量	

备注：材料进仓完毕请在备注栏打“√” 填表人：

为方便同供应商联系，最好把所有供应商的资料整理登记在册（见表4-6）。

表4-6 **供应商名录表** NO：

供应商代码	供应商名称	地址	联系人	联系电话	联系传真	所供材料

制表：

五、生产跟踪

（一）跟踪要点

由于分发了生产通知单及仓库发料通知单，生产跟踪其实不是很难。最主要的是看生产进度是否能满足订单交货期，产品是否按订单要求进行生产。生产进度根据生产部门的最新生产排程中相应订单完工日来确定是否能按期交货（见表4-7）。如果排程中生产完工期满足订单交期，那就没问题；如果排程中完工期不能满足订单交期，那就得同生产部门协商是否能加班或采用其他方式保证订单如期交货。

生产部门开始生产后，作为外贸业务跟单员，对客户订货要求最清楚，不能只坐在办公室等待完工，须到车间看产品是否按客户订货要求进行生产。所以，最好的办法就是拿着客户订货单，检验生产部门每生产一种产品的首件是否与订货要求一致（如图4-2所示），查看包装有无用错、标签有无贴错、是否符合要求（例如布匹要求匹长45/55码，有没有短码现象）等。若发现异常，请求生产部门即刻更正。

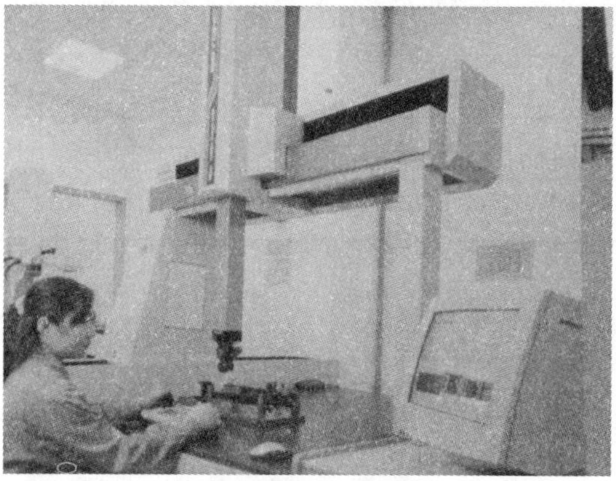

图4-2　生产跟踪

（二）订单更改的跟踪

外销客户下订单，不可避免地会发生临时订货更改的事，通常订单更改主要是数量、品种结构、包装要求的更改。收到客户的更改通知后，首先应确认更改内容是什么，工厂能否接受，工厂现有生产条件能否满足。如果是工厂难以完成的更改，则同客户协商采用其他方法或本批货不更改。如果是工厂可以完成的更改，则应在第一时间内通过书面形式把更改内容通知相关部门，特别是生产部门。该暂停生产要暂停生产，该采用其他方法生产的，应采用其他方法生产。

表4-7　生产排程表

序号	订单号	产品号	产品代码	数量（件）	日程						备注
					周一	周二	周三	周四	周五	周六	
1				100	80	20					
2				500		200	300				
3				120				120			
4				800				200	600		
5				980						400	余数排下周

六、制作装箱单

应明确每次出货产品的品名、规格、数量、箱数、净重、毛重、包装尺寸、体积、箱号、唛头（见表4-8）。

表4-8　　　　装箱单

TO：　　　　FROM：　　　　电话：

订单号：　　　　传真：　　　　装柜日期：

装箱如下：　　　　制单：　　　　收件人：

序号	品名 规格	编码	数量 （套）	箱数 （箱）	毛重（kg） 单位毛重 /总毛重		净重（kg） 单位净重 /总净重		外包装 尺寸 （cm）	总体积 （m^3）	箱号
TOTAL											

编号：

（一）品名、规格、数量的确定

品名、规格、数量的确定很简单，如出货无异常按订单数量即可；如出货数量与订单数量不同，则按实际当日能出货的品名、数量。

（二）箱数的确定

根据当时订购合同规定的某种产品每箱的装箱数量而定（如图4-3所示），若客户没给出规定则按工厂常规的装箱数量而定。例如，布匹10 000码，客户规定每400码装一箱，那么箱数即为25箱。

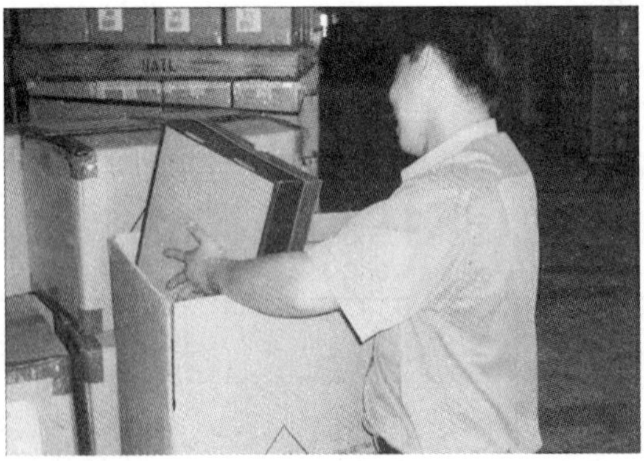

图4-3　装箱

（三）毛、净重的计算

净重是指某一产品的实际重量，毛重是指产品重量加上包装后的重量。出货装箱单上显示的净重一般是指一个外箱里所装产品的合格重量；毛重是指所装发产品的净重加上纸箱的重量。可以看出，要确认装箱单上的净重，只要把外箱里装的产品的重量称一下即可，而毛重只需在净重的基础上加上一个纸箱重量（如图4-4所示）。把每项产品的毛重相加即得出整批货的总毛重。特别要注意的是，在称重量时，千万要准确，毛、净重的准

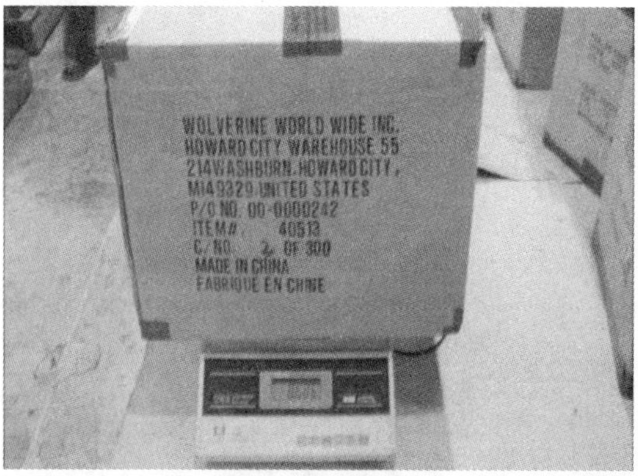

图4-4　称重

确与否涉及报关出口的顺利与否。

海关为防止走私或其他非法出口对毛、净重要求很严，对每种货柜出口时的毛、净重的误差规定有一个范围。若报关重量与报关时实际称出来的重量相差较大，货物就有可能被海关扣押。

（四）包装尺寸的确认与体积的计算

装箱单上的包装尺寸一般来说是指出口外箱的尺寸，也就是出口包装箱的长×宽×高。为计算体积准确，包装尺寸一定要准，要量包装箱的外尺寸。有了包装尺寸，要计算某批货物的体积就简单了，只需将外箱的长×宽×高×箱数即得出。然后再把每一项体积相加即得出整批货的总体积。

（五）箱号的编排

大多数情况下箱号的编排是由工厂自己决定的，有时客户也会提出要求，客户提供时按客户规定编排即可。若由工厂自己决定，最好分品种规格按一定顺序排列后再编排箱号。例如，一批货中有天花灯、走线灯，而天花灯又分几种规格，走线灯也分几种规格。为方便客户识别，最好先装天花灯或走线灯，而不是一会天花灯，一会走线灯，一会又天花灯。

（六）唛头（出口外箱上的印刷标记，有正唛与侧唛之分）的印制

出口货物的唛头多数由客户提供，装箱单上的唛头只需照订单打印就行。当然也不是按实际外箱上的印刷打印，如果一批货有几个唛头，那么必须注明哪些箱用哪个唛头（如图4-5所示）。

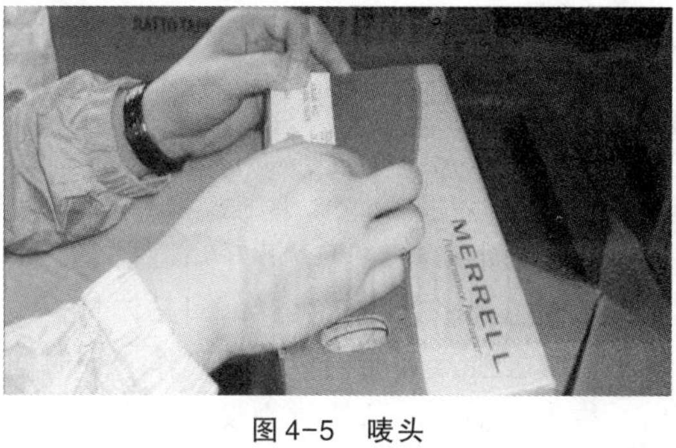

图4-5　唛头

七、货柜的选择

(一) 式样的选择

根据所装货物的不同，可以选择干货柜、冷冻柜、框架柜、罐式柜、吊挂式柜（如图4-6所示）。

图4-6 货柜

(二) 货柜规格的选择

普遍使用的有6米柜（20′）、12米柜（40′），还有加高12米柜，它们的容积分别为33立方米、67立方米、76立方米。但实际装货时，因纸箱与纸箱之间有缝隙，且纸箱放进货柜时不是那么恰当，长、宽、高都会剩一些空间没法装货。所以，以上三种规格的货柜在装箱时一般可以接纳的体积分别为29～30立方米、58～61立方米、68～71立方米。每次出货时，把本次出货的产品的总体积计算清楚后，根据体积去订货柜。例如，体积超过30立方米最好选用12米柜。有时不同的货物可能会有不同，最好的方法就是根据货柜的内尺寸，结合纸箱的尺寸，构想货物放在货柜里的不同摆放方式，看一个货柜到底能装多少箱货物。

八、出货联系

(一) 直接出口

1.直接出口的同船公司联系，出货前三四天就应该确定具体出货时间，同时备齐准确的出口货物装箱单并联系运输部门，告知拖柜装货的具体地址、电话、联系人，有时为了方便司机顺利到厂，可以传真一张路线图给他们。

2.查最近的一班客户同意的航线的船期（船期涉及结关时间和装船时间），船公司查清船期传真到厂并传真订仓单给工厂或外贸公司订仓。船公司的船期有时会与订单交货期发生冲突。例如，订单交货期为1月5日，装船日期为1月6日，结关期为1月4日。为保证货物走此班船，工厂一定要在1月4日出货且报完关。这样一来，与当时订单的交货期相比提前了一天。

〔**启发思考**〕*有了这个信息，作为外贸业务跟单员怎么来协商解决这个问题呢？*

3.出货前还应同船公司联系确定报关地点，最好知道报关员是谁、联系电话，这样可以方便货柜司机与他们联系。出货前一天告知生产部门具体货柜车到厂的时间，并把装箱单分发给生产部门相关人员，方便生产部门安排出货工作。抽时间到成品仓清点数量，确认出货的数量，防止多出、少出、漏出。即使货物没完全生产完毕，也应先清点已完工的产品数量，到出货搬货前把未点数的品种先点数后搬货（如图4-7所示）。

图4-7　先点数后搬货

4.到出货日期，跟踪货柜车是否到厂。如没到厂，与船公司联系，询问情况如何，大概几时可以到厂，最好拿到货柜车司机的联系电话直接打电话给货柜车司机，询问他到了哪里，以便通知装货工厂须等到何时。货柜车到厂后，以最快的速度记下车牌号码和货柜号码，最好有司机联系电话，以传真方式给外贸公司单证部或船公司，以便它们预先填好报关单据，做好报关准备。

5.跟踪装货员工是否有人编写箱号，所装货物是否为装箱单上所列货物。是否每一规格的产品都留了一两箱放于货柜尾部用于海关查货。待货物差不多装完时，为每个货柜填制一份提货单（见表4-9），待装货完毕后要求货柜司机签名确认。告诉司机报关地点、报关员联系电话。如有报关的相关资料，请货柜司机带给报关员，并做好签收工作。

表4-9　提货单

客户：　　　　　　　　　　　　　　　　　　　　订单号：

项次	产品代码	规格名称		颜色	数量	箱数
TOTAL						
货柜公司						
提货车牌		货柜号码		提货人		

业务主管：　　　　　　　　　仓库：　　　　　　　　　制单：

6.出货手续办理完毕后，电话通知报关员装货完毕货柜车出厂。估计到了报关完成时间，打个电话给报关员，询问报关是否顺利，因为报关过程中难免会遇到一些麻烦。如有异常状况发生，协助报关员解决相关问题，使报关工作顺利完成。

7.告知客户货已出运，传真装货资料给客户。

（二）不直接出口

不直接出口的与外贸公司储运部门联系办理仓储手续，同样出货前告知确定的具体出货时间，同时备齐准确的出口货物装箱单并联系运输部门，告知拖柜装货的具体地址、电话、联系人。填写好货物进仓通知单（见表4-10），按指定时间运至指定仓库办理货物进仓手续，仓管员签收回一联由外贸业务员留存记账（如图4-8所示）

表4-10 **进仓通知单**

（ ）合约____字____号　　××××进出口公司

交货期限_____年__月_日　　商品购入或调入进仓通知单

交货单位______________

凭交货单位第__号发票开发　　字第　号

收货仓库______________　　制单：20__年__月__日

货号	货名	规格	批件或次号	每件数量	进货数量		单位	单价	金额										凭证号码	仓位
					件数	数量			千	百	十	万	千	百	十	元	角	分		
			合计					合计												

毛重　净重　长　阔　高 =　立方公尺

业务科

进货员

复核员

制单

此处备业务科记录之用　　验收货物注意事项

图4-8　货物进仓

第三节　出口许可证

出口许可证是维护国家整体利益、保证我国出口贸易健康有序发展的重要管理手段。

一、概述

（一）出口许可证的主管部门和发证机构

商务部是全国出口许可证的归口管理部门，负责制定出口许可证管理办法及规章制度，监督、检查出口许可证管理办法的执行情况，处罚违规行为。

商务部授权商务部配额许可证事务局（简称许可证局）统一管理、指导全国各发证机构的出口许可证签发工作，许可证局对商务部负责。

（二）出口许可证管理

1.出口许可证适用范围。

（1）实行出口配额许可证管理的货物。

（2）实行出口配额招标的货物。

（3）实行出口许可证管理的货物。

2.出口许可证的有效期。

《货物出口许可证管理办法》规定，出口配额的有效期为当年12月31日前（含12月31日），另有规定者除外，对外贸易经营者应当在配额有效期内向发证机构申领出口许可证。各发证机构自当年12月10日起，根据商务部或者各地方商务主管部门下发的下一年度出口配额签发下一年度的出口许可证，有效期自下一年度1月1日起。

出口许可证的有效期最长不得超过6个月，且有效期截止时间不得超过当年12月31日。使用当年出口配额领取的出口许可证办理延期，其延期最长不得超过当年12月31日。

出口许可证管理实行“一证一关”制、“一批一证”制和“非一批一证”制。“一证一关”指出口许可证只能在一个海关报关；“一批一证”指出口许可证在有效期内一次报关使用；“非一批一证”指出口许可证在有效期内可以多次报关使用，但最多不超过12次，由海关在“海关验放签注栏”内逐批签注出运数。

下列情况实行“非一批一证”制，签发出口许可证时应在备注栏内注明“非一批一证”：

（1）外商投资企业出口许可证管理的货物；

（2）补偿贸易项下出口许可证管理的货物；

（3）其他在《出口许可证管理货物目录》中规定实行“非一批一证”的出口许可证管理货物。

〔**启发思考**〕出口许可证管理方式不同，有效期有区别吗？

二、出口许可证的申领和签发

对外贸易经营者申领出口许可证时，应当提供的一般文件和资料如下：

1.认真如实填写出口许可证申请表（正本）（见表4-11）1份，并加盖单位公章。实行网上申领的，应当认真如实地在线填写电子申请表并传送给相应的发证机构。

表4-11　　**中华人民共和国出口许可证申请表**

1.出口商：　代码： 领证人姓名：　电话：			3.出口许可证号：		
2.发货人：　代码：			4.出口许可证有效截止日期： 年　月　日		
5.贸易方式：			8.进口国（地区）：		
6.合同号：			9.付款方式：		
7.报关口岸：			10.运输方式：		
11.商品名称：			商品编码：		
12.规格、等级	13.单位	14.数量	15.单价（币别）	16.总值（币别）	17.总值折美元
18.总　计					
19.备　注 申请单位盖章 申领日期：			20.签证机构审批（初审）： 经办人： 终审：		

填表说明：（1）本表应用正楷逐项填写清楚，不得涂改、遗漏，否则无效。

（2）本表内容需打印多份许可证的，请在备注栏内注明。

2.提交有关出口货物配额或者其他有关批准文件。

3.出口合同正本复印件。

4.出口商与发货人不一致的，应当提交“委托代理协议”正本复印件。

5.年度内首次申领出口许可证的企业，还应提供“企业法人营业执照”、加盖对外贸易经营者备案登记专用章的“对外贸易经营者备案登记表”或者“中华人民共和国进出口企业资格证书”；经营者为外商投资企业的，应当提交“中华人民共和国外商投资企业批准证书”。

各发证机构按照商务部制定的年度《出口许可证管理货物目录》和《出口许可证管理分级发证目录》的要求，自收到符合规定的申请之日起3个工作日内签发相关出口货物的出口许可证（见表4-12）。

表4-12 中华人民共和国出口许可证样本

中华人民共和国出口许可证

EXPORT LICENCE OF THE PEOPLE'S REPUBLIC OF CHINA No.7319986

1. 出口商：Exporter 3600705508234 江西[redacted]进出口有限责任公司	3. 出口许可证号：Export licence No. 07-14-802310
2. 发货人：Consignor 3600705508234 江西[redacted]进出口有限责任公司	4. 出口许可证有效截止日期：Export licence expiry date 2008年02月29日
5. 贸易方式：Terms of trade 一般贸易	8. 进口国（地区）：Country/Region of purchase 埃及
6. 合同号：Contract No. 2007JL271	9. 付款方式：Payment 汇付
7. 报关口岸：Place of clearance 南昌海关	10. 运输方式：Mode of transport 海上运输
11. 商品名称：Description of goods 柴油型其他中型货车(中型指5<车辆总重量<14吨)	商品编码：Code of goods 8704223000

12. 规格、等级 Specification	13. 单位 Unit	14. 数量 Quantity	15. 单价（USD）Unit price	16. 总值（USD）Amount	17. 总值折美元 Amount in USD
JX1043DL2	辆	*1.0	*10,324.0000	*10,324	$10,324
18. 总计 Total	辆	*1.0		*10,324	$10,324

19. 备注 Supplementary details	20. 发证机关签章 Issuing authority's stamp & signature 中华人民共和国商务部 出口许可证专用章 江西 21. 发证日期 Licence date 2007年10月17日

第一联（正本）发货人办理海关手续 海关验放签注栏在背面

中华人民共和国商务部监制（2007）

三、许可证网上申领流程

进出口许可证网上申领流程如图4-9所示。

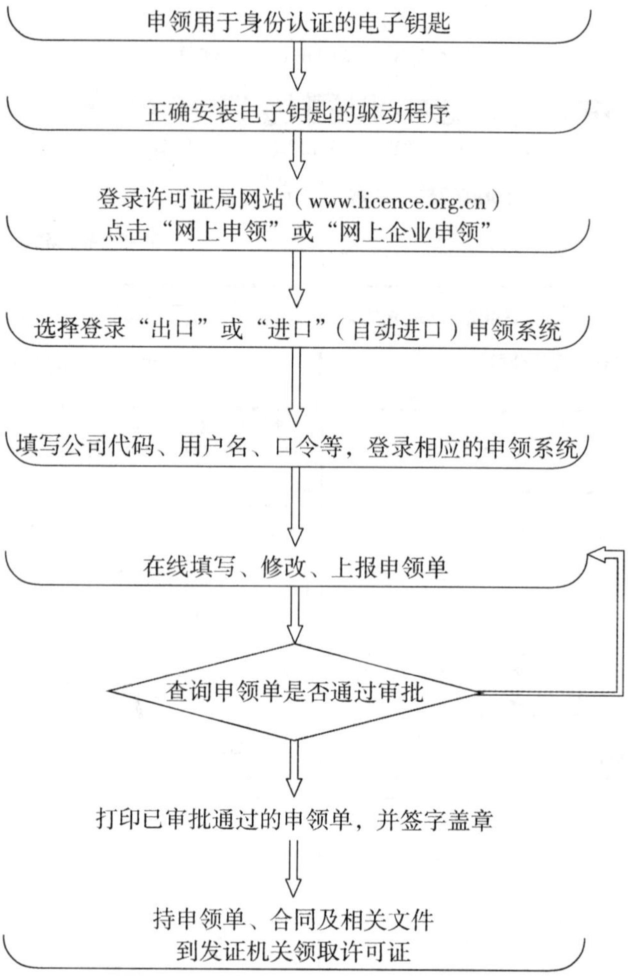

图4-9　进出口许可证网上申领流程

第四节　商品检验

一、商品检验概述

（一）进出口商品检验与检疫的作用

在国际贸易中，买卖双方交接货物一般要经过交付、察看或检验、接受或拒收三个环节。一般而言，当卖方履行交货义务后，买方有权对货物进行检验，如果发现货物与合同不符，而又确实属于卖方责任时，买方有权向卖方提出索赔。如果未经检验就接受了货物，即使以后发现货物有问题，也不能再行使拒收的权利。检验是结算货款和提出索赔、进行理赔的依据，以维护对外贸易关系中有关各方的合法权益。

（二）检验证书的种类

1.品质检验证书。

2.重量检验证书。

3.数量检验证书。

4.卫生检验证书。

5.消毒检验证书。

6.兽医检验证书。

7.产地检验证书。

8.价值检验证书。

9.残损检验证书。

10.其他检验证书。

检验证书样本见表4-13。

（三）检验的时间和地点

1.在出口国检验。

（1）产地（工厂）检验。

（2）装运港检验。

2.在进口国检验。

（1）目的港（地）检验。

（2）买方营业处所或最终用户所在地检验。

3.出口国检验、进口国复验。

4.装运港（地）检验重量、目的港（地）检验品质。

（四）检验机构

在贸易实践中，买卖双方一般都选择专业的第三方检验机构。这些机构主要有三类：

1.官方机构。由国家或地方政府投资设立的检验机构，根据国家的有关法令，对进出口商品执行法定检验、委托检验和监督管理。如美国食品药物管理局（FDA），我国的质检总局。

2.非官方机构。由私人或同业公会、协会等开设的检验机构，如公证人、公证行，著名的有瑞士日内瓦通用鉴定公司（S.G.S.）。

3.半官方机构。一些由国家政府授权可以代表政府进行某类商品的检验工作或某方面的检验管理工作的民间机构。

（五）商品检验的标准

商品检验的标准很多，有生产国标准、进口国标准、国际通用标准以及买卖双方协议的标准等。一般按合同和信用证规定的标准作为检验的依据，如合同和信用证未规定或规定不明确时，进口商品首先采用生产国现行标准；没有生产国标准的，则采用国际通用标准；这两项标准都没有时，可按进口国的标准检验。出口商品以买卖双方约定标准作为检验的依据，无约定或约定不明确的，按国家标准；无国家标准，按部标准；无部标准，按企业标准。

在我国，检验方法的标准由质检总局制定。有些商品，检验方法不同，其结果完全不同，容易引起争议，为避免争议，必要时应在合同中订明检验方法。凡按样品达成的交易，合同中应对抽样检验的方法和比例作出规定。有些商品如粮食，在国际上有一些惯用的标准化取样和定级技术，运用时应明确规定采用哪一种方法。

表 4-13 **检验证书样本**

中华人民共和国出入境检验检疫

ENTRY-EXIT INSPECTION AND QUARANTINE

OF THE PEOPLE'S REPUBLIC OF CHINA

正本

ORIGINAL

编号 No. ×××××××

QUALITY CERTIFICATE

<table>
<tr><td>发货人
Consignor</td><td colspan="2">江西××进出口有限公司
JIANGXI ×× IMPORT & EXPORT CO., LTD.</td></tr>
<tr><td>收货人
Consignee</td><td colspan="2">LIFENG CO., LTD.
H LAKE AVE SUITE 535 PASADENA CA 91101 USA.</td></tr>
<tr><td>品名
Description of Goods</td><td>62103 MIXED SATIN BROADE</td><td rowspan="4">标记及号码
Mark & No.
L.F.CO.,LTD
12JXK006
HONGKONG
CTN NO.1-57</td></tr>
<tr><td>报检数量/重量
Quantity/Weight Declared</td><td>57箱 41660码
57 CARTONS 41660 yds</td></tr>
<tr><td>包装种类及数量
Number and Type of Packages</td><td>全幅卷筒
FULL WIDTH ROLLED</td></tr>
<tr><td>运输工具
Means of Conveyance</td><td>货车
BY TRUCK</td></tr>
<tr><td colspan="3">检验结果：
Result of Inspection：
从全批货物中，按×××标准抽取样品并按×××标准规定进行检验，结果如下：
From the whole lot of goods, samples were drawn according to Standard ××× and inspected according to the stipulation of the Standard ××× with the results as follows：
WIDTH：70 CM
WEIGHT （PER ㎡）：98G
DENSITY （PER 10 CM）：WARP 1370
WEFT 520
NATERIAL USED：WARP 1/20/22
WEFT 1/120
COMPOSITION：25% SILK 75% RAYON
*****
本证书印刷号：A××××××
印章 Official Stamp　签证地点 Place of Issue GUANGZHOU　签证日期 Date of Issue 05 APR，2014
授权签字人 Authorized Officer ×××　签名 Signature ____</td></tr>
</table>

我们已尽所知道和最大能力实施上述检验，不能因我们签发本证书而免除买方或其他地方根据合同和法律所承担的产品质量责任和其他责任。

All inspections are carried out conscientiously to the best of our knowledge and ability. This certificate does not in any respect absolve the seller and other related parties from his contractual and legal obligations especially when quality is concerned.

（六）复验期限、复验机构

在买方有复验权时，合同中应对复验的期限与地点以及复验机构作出明确的规定。复验期限就是复验时间，实际上就是买方就品质、数量等问题的有效索赔时间。复验期限的长短，应视商品的性质、复验地点和检验条件等情况而定。复验机构是指实施复验的检验机构。出口商品的复验机构一般要以经我方事先认可的买方提出的机构为宜。至于复验费用由何方负担的问题，也应在合同中订明。

二、报检

（一）报检依据

国家质量监督检验检疫总局令第16号发布的自2000年1月1日起施行的《出入境检验检疫报检规定》中，要求凡我国从事对外贸易活动，办理进出口商品检验检疫时，均应按照这一规定及时办理报检。

（二）报检范围

1.国家法律法规规定必须由检验检疫机构检验检疫的。

2.输入国家或地区规定必须凭检验检疫机构出具的证书方准入境的。

3.有关国际条约规定须经检验检疫的。

4.申请签发一般原产地证明书及普惠制原产地证明书的。

5.对外贸易关系人申请鉴定业务和委托检验的。

6.对外贸易合同、信用证规定由检验检疫机构或官方机构出具证书的。

7.未列入《检验检疫商品目录》的入境货物经收、用货单位验收发现质量不合格或残损、短缺，需检验检疫局出证索赔的。

8.涉及出入境检验检疫内容的司法和行政机关委托的鉴定业务。

9.报检单位对检验检疫局出具的检验检疫结果有异议的，可申请复验。

（三）报检单位与报检员

1.报检单位。

进出口商品的收货人或者发货人办理报检手续，应当依法向出入境检验检疫机构备案，须持本单位营业执照和政府批文向检验检疫局申请办理登记备案手续，取得报检单位代码后，方能向检验检疫局报检；报检单位若有变更情况（如单位名称、营业范围、法定代表人、地址等变更）或撤并等情况须迅速申办登记备案的变更。代理报检时必须提供委托人出具的“授权委托书”（见表4-14）。

（1）自理报检单位。

自理报检单位是指根据法律法规规定办理检验检疫报检手续的出入境货物收发货人以及进出口货物的生产、加工和经营单位等。

（2）代理报检单位。

代理报检单位是指获得检验检疫协会备案后，接受进出境收发货人（以下简称委托人）委托，为委托人办理报检业务的境内企业。

①代理报检行为。

进口货物的收货人可以在报关地和收货地委托代理报检单位报检，出口货物发货人可以在产地和报关地委托代理报检单位报检。代理报检单位在报检时，应当向检验检疫机构提交报检委托书。

报检委托书应当载明委托人的名称、地址、法定代表人姓名（签字）、机构性质及经营范围；代理报检单位的名称、地址、代理事项，以及双方责任、权利和代理期限等内容，并加盖双方的公章。

②监督管理。

检验检疫机构每两年对代理报检企业实行一次例行审核制度。代理报检企业应当在审

表 4-14　　**代理报检委托书样本**

出入境货物代理报检委托书

<table>
<tr><td>委托单位</td><td colspan="3">江西××食品有限公司</td><td>十位编码</td><td>360996××××</td></tr>
<tr><td>地　址</td><td colspan="3">中国江西省××××工业园区</td><td>联系电话</td><td>××××××××</td></tr>
<tr><td colspan="6">我单位将于2014 年　7 月　出口以下货物</td></tr>
<tr><td>货物名称</td><td>活河鳗</td><td>H.S.编码</td><td>03019290.90</td><td>件数/重量</td><td>500箱/10 000千克</td></tr>
<tr><td>货　值</td><td>JPY11 000 000</td><td>贸易性质</td><td>一般贸易</td><td>包装性质</td><td>纸箱</td></tr>
<tr><td>货物起运国</td><td>中国</td><td>货物产地</td><td>浙江海宁</td><td>合同号或发票号</td><td>JX2014-108M</td></tr>
<tr><td>企业性质</td><td>有限公司</td><td>运单号</td><td></td><td>信用证号</td><td>T/T</td></tr>
<tr><td>经营范围</td><td colspan="5"></td></tr>
<tr><td colspan="6">随附单据名称、份数及编号：
1.合同　1　　份　　　　6.不办、免办证明　　/　份；编号：
2.发票　1　　份　　　　7.机电证明　　/　份；编号：
3.装箱清单　1 份　　　　8.海关免单　　/　份；编号：
4.登记手册　/ 份；编号：　　9.换证凭单或电子转单　/　份；编号：
5.许可证　/ 份；编号：　　10.</td></tr>
<tr><td colspan="6">我单位郑重声明：保证遵守中华人民共和国出入境检验检疫有关法律、法规的规定和检验检疫机构的各项规章制度，如有违反行为，自愿接受检验检疫机构的处罚并负法律责任。
我单位所委托受委托人向出入境检验检疫局提交的“报检单”和随附各种单据所列内容是真实无讹的。</td></tr>
<tr><td colspan="6">（以上内容由委托单位填写）</td></tr>
<tr><td>被委托单位</td><td colspan="3">海宁市××水产有限公司</td><td>报检单位注册号</td><td>330760××××</td></tr>
<tr><td>地　址</td><td colspan="3">浙江省海宁市</td><td>联系电话</td><td>136××××××××</td></tr>
<tr><td>经 办 人</td><td colspan="3">×××</td><td>报检证号</td><td>××××××××××</td></tr>
<tr><td colspan="6">（以上内容由被委托单位填写）</td></tr>
<tr><td>代理报检企业章</td><td colspan="2"></td><td>委托单位章
及法人代表章</td><td colspan="2"></td></tr>
</table>

核年度的3月1日至3月31日向所在地检验检疫机构申请例行审核，提交上两年度的《例行审核报告书》。

《例行审核报告书》的主要内容包括：代理报检企业基本信息、遵守检验检疫法律法规规定情况、报检员信息及变更情况、代理报检业务情况及分析、报检差错及原因分析、自我评估等。代理报检企业的代理报检业务档案保存期限为4年。

〔**启发思考**〕自理报检与代理报检有何不同？

2.报检员。

报检员是指获得国家质检总局规定的资格，在国家质检总局设在各地的出入境检验检疫机构注册，办理出入境检验检疫报检业务的人员。报检人员由质检总局进行考核，合格的则发给“报检员证”，质检总局实施凭“报检员证”报检的制度。

报检员资格实行全国统一考试制度。参加报检员资格考试的人员应当符合下列条件：

（1）年满18周岁，具有完全民事行为能力；

（2）具有高中或者中等专业学校以上学历；

（3）国家质检总局规定的其他条件。

资格考试合格的人员，取得“报检员资格证”。

（四）报检程序

1.工作流程。

出境货物检验检疫流程如图4-10所示。

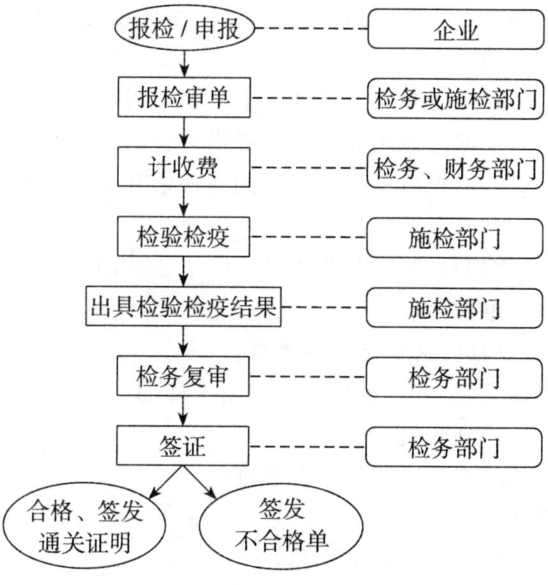

图4-10　出境货物检验检疫流程

2.报检时限和地点。

对入境货物，应在入境前或入境时向入境口岸、指定的或到达站的检验检疫机构办理报检手续；入境的运输工具及人员应在入境前或入境时申报。入境货物需对外索赔出证的，应在索赔有效期前不少于20天内向到货口岸或货物到达地的检验检疫机构报检，如预计时间不够，报检单位应向国外发货人要求延长索赔期。

出境货物最迟应于报关或装运前7天向产地检验检疫机构报检，对于个别检验检疫周期较长的货物，应留有相应的检验检疫时间；如在产地检验后，需要异地（报关地）检验检疫机构出具通关单的，还应考虑查验换单的时间。出境的运输工具和人员应在出境前向口岸检验检疫机构报检或申报。需隔离检疫的出境动物在出境前60天预报，隔离前7天报检。

3.报检办理程序。

（1）申请报检，通过网络填写并提交电子报检单，并加签电子签名和随附与出入境检验检疫有关的下列单证资料。有特殊要求的，应在报检单上注明。

出口一般报检：出境货物报检单、外贸合同、信用证、商业发票、装箱单、厂检单/动植物检疫报告，以及按规定须提交的其他单证。对于下列情况还应按要求提供有关文件：

①凡实施质量许可、卫生注册或需经审批的货物，应提供有关证明。

②出境货物须经生产者或经营者检验合格并加附检验合格证或检测报告；申请重量鉴定的，应加附重量明细单或磅码单。

③凭样成交的货物，应提供经买卖双方确认的样品。

④出境人员应向检验检疫机构申请办理国际旅行健康证明书及国际预防接种证书。

⑤报检出境运输工具、集装箱时，还应提供检疫证明，并申报有关人员健康状况。

⑥生产出境危险货物包装容器的企业，必须向检验检疫机构申请包装容器的性能鉴定。

生产出境危险货物的企业，必须向检验检疫机构申请危险货物包装容器的使用鉴定。

⑦报检出境危险货物时，必须提供危险货物包装容器性能鉴定结果单和使用鉴定结果单。

⑧申请原产地证明书和普惠制原产地证明书的，应提供商业发票等资料。

⑨出境特殊物品的，根据法律法规规定应提供有关的审批文件。

出口预检报检：出境货物报检单、内贸合同或外销合同、厂检单、装箱单，以及按规定须提交的其他单证。

换证报检：出境货物报检单、外贸合同、信用证、商业发票、装箱单、换证凭证，以及按规定须提交的其他单证。

〔**启发思考**〕*一般出口报检需提交哪些单证？*

（2）领取“报检受理凭条”，将报检资料交给施检部门，并与其约定施检时间。

（3）实施检验完毕后，到收费窗口交费。

（4）到签证窗口，凭“报检受理凭条”领证。

4.出境货物包装检验。

（1）申请报检，并按要求提供如下资料：

一般包装性能报检：包装申请检验单、包装质量许可证、厂检单。

危包性能报检：提供的资料同“一般包装性能报检”。

危包使用报检：包装申请检验单、危包性能单、危险货物说明及有关资料。

（2）领取“报检受理凭条”，将报检资料交给施检部门，并与其约定施检时间。

（3）实施检验完毕后，到收费窗口交费。

（4）到签证窗口，凭“报检受理凭条”领证。

5. 申请普惠制原产地证书的程序。

普惠制原产地证书（见表4-15）的签发，限于给惠国已公布法令并正式通知对我国实行普惠制待遇的国家所给予关税优惠的商品。这些商品必须符合给惠国原产地规则及直运规则。

表4-15　普惠制原产地证书样本

ORIGINAL

1. Goods consigned from (Exporter's business name, address, country)	Reference No. GENERALIZED SYSTEM OF PREFERENCES CERTIFICATE OF ORIGIN (Combined declaration and certificate) FORM A Issued in THE PEOPLE'S REPUBLIC OF CHINA (country) See Notes overleaf
2. Goods consigned to (Consignee's name, address, country)	
3. Means of transport and route (as far as known)	4. For official use

5. Item number	6. Marks and numbers of packages	7. Number and kind of packages; description of goods	8. Origin criterion (see Notes overleaf)	9. Gross weight or other quantity	10. Number and date of invoices

11. Certification It is hereby certified, on the basis of control carried out, that the declaration by the exporter is correct. .... Place and date, signature and stamp of certifying authority	12. Declaration by the exporter The undersigned hereby declares that the above details and statements are correct; that all the goods were produced in CHINA (country) and that they comply with the origin requirements specified for those goods in the Generalized System of Preferences for goods exported to .... (importing country) .... Place and date, signature of authorized signatory

〔**启发思考**〕办理普惠制原产地证书对出口会有哪些益处？

具体程序：

（1）申请单位应将产地证信息通过电子方式向所在地检验检疫部门申报。

（2）出入境检验检疫机构将派员对生产企业进行实地调查，核对企业提供的有关资料，查看生产企业的原材料情况、生产和加工工序，如其产品使用了进口原材料，则需核算产品中使用的进口原料的价值在制成品中所占的比例，以便确定其原产地资格。

（3）对符合原产地签证要求的产品，检验检疫部门对企业发送的电子信息进行审核，并将审核结果以电子方式反馈给申报单位。

（4）申报单位将经检验检疫部门审核正确的产地证和申请单缮制、签名、盖章后，与该批货物的商业发票一起提交检验检疫部门签发。证书一般使用英文填制，如给惠国有要求，也可以使用法文。每套证书只签发一份正本，商检机构不在副本上签字盖章。

企业应在货物出运前至少5天申请签证。

（五）签发原产地证书

1.一般原产地证书的缮制要求。

一般原产地证书简称产地证，证明中国出口货物符合《中华人民共和国原产地规则》，原产地确实是中华人民共和国的证明文件（见表4-16）。

一般原产地证书，统一由国家指定机构印制发放，有长城水印防伪花纹。出口单位需每批货物出口前5天，根据信用证、合同规定缮制好，并按要求程序随附单证向上述机构申请签发。在产地证（一正三副）正本上盖章，并留一份黄色副本备查。

缮制要求：

（1）出口商（Exporter （full name and address））：按实际填写，信用证项下为受益人。

（2）收货人（Consignee （full name and address））：ISBP745第L5段不应与运输单据中收货人信息矛盾。一般为进口商名称、地址及所在国。

（3）运输方式和路线（Means of transport and route）：按信用证或合同规定，填起运地、目的地及采用的运输方式。如显示的出口商不是受益人，可以不同于其他规定单据上注明的运输方式和路线。

（4）目的地国家或地区（Country / region of destination）：一般应与最终收货人或最终目的港国别一致，不能填中间国家的名称。

（5）供出证方使用（For certifying authority use only）：由签证机构在签发后发证书、补发证书或加注其他声明时使用，一般留空不填。

（6）标记唛码（Marks and numbers）：应按照发票上所列唛头填写完整，若没有唛头，则填写“N/M”，不得留空不填。

（7）品名及包装种类和件数（Number and kind of packages description of goods）：一般按照商业发票填写，品名要具体，不得概括；包装种类和件数要按具体单位填写总的包装件数，并在阿拉伯数字后加注英文表述，末行要打上表示结束的符号“*****”，以防添加内容。若货物为散装，则在品名后加注“IN BULK”。

（8）HS编码（H.S.Code）：按规定填写，不得留空。

表4-16　　一般原产地证书样本

ORIGINAL

1.Exporter(full name and address) ×× TEXTILES IMP. & EXP. CORP. 27 CHUNGSHAN ROAD E .1 . SHANGHAI, CHINA	CERTIFICATE NO：0897898 CERTIFICATE OF ORIGIN OF THE PEOPLE'S REPUBLIC OF CHINA
2.Consignee(full name, address, country) CRYSTAL KOBE LTD., 1410 BROADWAY,ROOM 3000 NEW YORK,N.Y. 10018 U.S.A.	
3.Means of transport and route FROM SHANGHAI TO NEW YORK BY SEA	5.For certifying authority use only
4.Country / region of destination U.S.A.	

6.Marks and numbers	7. Number and kind of packages description of goods;	8.H.S.Code	9.Quantity	10.Number and date of invoices
CRYSTAL KOBE LTD., NEW YORK STYLE NO. H32331SE ORDER NO. 21SSG-017 L-02-I-03437 CTN/NO. 1-120 MADE IN CHINA ***************	ONE HUNDRED TWENTY(120) CARTONS LADIE'S 55% ACRYLIC 45% COTTON KNITTED BLOUSE STYLE NO.H32331SE **********************	61.09 *****	500DOZS ********	STP015088 Nov.8th,2014 **********

11.Declaration by the exporter The undersigned hereby declares that the above details and statement are correct;that all the goods were produced in China and that they comply with the Rules of Origin of the People's Republic of China. SHANGHAI TEXTILES IMP. & EXP. CORP. SHANGHAI Nov.15th,2014 × × × Place and date, signature and stamp of authorized signatory	12.Certification It is hereby certified that the declaration by the exporter is correct. 中国国际贸易促进委员会 单据证明专用章 （沪） CHINA COUNCIL FOR THE PROMOTION OF INTERNATIONAL TRADE SHANGHAI Nov.18th,2014 × × × Place and date, signature and stamp of certifying authority

(9) 数量或重量(Quantity or Weight):填写出口货物的量值及商品计量单位,若无则填写重量。

(10) 发票号码及日期(Number and date of Invoices):按实际情况填写,例如,"INVOICE NO:JXO21C,INVOICE DATE:DEC 18,2014"。ISBP745第L8段如显示的出口商不是受益人,可以不同于其他规定单据上注明的发票号及日期。

(11) 出口商声明(Declaration by the exporter):已事先印好,由出口单位填写签发地点、日期并盖公章和由专人签字,且不得重合。

(12) 证明(Certification):ISBP745第L3段原产地证明由信用证规定的实体出具。一般由贸促会或商检机构填写签发地点、日期并盖章手签。

2.签发普惠制产地证表格A的缮制要求。

凡享受普惠制待遇的商品,出口单位一般应向给惠国提供原产地证书表格A(澳大利亚可使用发票加注有关声明文句代替,新西兰使用FORM 59A)。

该证书纹面为绿色扭索形图案,由出口单位在货物出运前5天自行缮制好,连同该证书申请及商业发票一份送交商检机构审核后,签发正本一份进行议付(副本由出口单位自己签章),除6、8、10、11、12栏不能更改外,其他各栏也只能改一处,并要加盖商检机构更正章。

缮制要求:

(1) 出口商名称、地址、国家(Exporter's business name, address, country):此栏是强制性的,必须填上出口单位的全称和详细地址,包括街道及门牌号码等。

(2) 收货人名称、地址、国家(Consignee's name, address, country):一般为给惠国的收货人名址,不能填写中间商名址。

(3) 运输方式和路线(Means of transport and route):按信用证或合同规定,填起运地、目的地及采用的运输方式。

(4) 供官方使用(For official use):由签证机构根据需要填写。

(5) 商品项目编号(Item number):有几种商品,就编几个号码,如1、2、3等。若只有一种商品,此栏填1。

(6) 标记唛码(Marks and numbers of packages):应按实际填写,若唛头过多可使用第7、8栏。

(7) 品名及包装种类和件数(Number and kind of packages description of goods):一般应按照商业发票填写,品名要具体,不得概括;包括种类和件数要按具体单位填写总的包装件数,并在阿拉伯数字后加注英文表述,末行要打上表示结束的符号"****",以防添加内容。若货物为散装,则在品名后加注"IN BULK"。

(8) 原产地标准(Origin criterion):此栏是证书的核心,应根据规定填写,要求如下:

①完全自产于出口国的产品:输往给惠国时,填写"P";对澳大利亚和新西兰出口时,可不必填写。

②经过出口国充分制作或加工的产品,输往下列国家和地区时,其填写要求分别为:

●加拿大:对于两个或两个以上受惠国内加工或制作且符合原产地标准的产品,填写

“G”，其他填写“F”。

●日本、挪威、瑞士和欧盟：填写“W”，其后填明出口产品HS编码的前4位税则号，例如“W9618”。

●白俄罗斯、保加利亚、捷克、匈牙利、哈萨克斯坦、波兰、俄罗斯、乌克兰和斯洛伐克：对于在出口受惠国增值的产品，填写“Y”，其后注明进口原料和部件的价值在出口产品离岸价格中所占的百分率，如“Y45%”；对于在一个受惠国生产而在另一个或数个其他受惠国制作或加工的产品，填写“PK”。

●澳大利亚和新西兰：本栏不必填写，在12栏作出适当申报即可。

●美国：对于单一国家产的货物，填写“Y”，对于被认定的国家集团产的货物填写“Z”，其后填明本国原料的成本或价值加上直接加工成本在该出口货物出厂价中所占的百分率，如“Y35%”或“Z35%”。

(9) 数量或重量（Quantity or Weight）：填写出口货物的量值及商品计量单位，若无则填写重量。

(10) 发票号码及日期（Number and date of Invoices）：按实际情况填写，例如，“INVOICE NO：JXO21C，INVOICE DATE：DEC 18，2014”。

(11) 出口商声明（Declaration by the exporter）：已事先印好，由出口单位填写签发地点、日期并盖公章和由专人签字，公章应为中英文对照章，且签字与公章不得重合。

(12) 证明（Certification）：由商检机构填写签发地点、日期并盖章手签。

（六）更改证书

报检人撤销报检，更改、补充或重新发证单的，按此程序办理：

1.填写“更改申请单”，交附有关函电等证明单据。

2.经施检部门和签证部门领导签字同意后，退回原单证并作废原电子单证。申请重发的，事先应在检验检疫机构指定的报纸或刊物上声明作废，并附加声明作废复印件。

品名、数（重）量、检验检疫结果、包装、发货人、收货人等重要项目更改后与合同、信用证不符的，或者更改后与输出输入国家或地区法律法规规定不符的，均不能更改。

3.在报检窗口计费，到收费窗口交纳改证费。

4.到签证窗口办理更改。

（七）撤销报检

报检人申请撤销报检时，应书面说明原因，经批准后方可办理撤销手续。报检后30天内未联系检验检疫事宜的，作自动撤销报检处理。

（八）重新报验

有下列情况之一的应重新报检：

1.超过检验检疫有效期限的；

2.变更输入国家或地区，并又有不同检验检疫要求的；

3.改换包装或重新拼装的；

4.已撤销报检的。

（九）商检单证与通关凭证

1.商检单证。

视具体情况，商检机构可签发不同证书，如预检结果单、出口商品检验换证单、出境货物通关单、不合格通知单、海运出口危险货物包装容器使用鉴定结果单、委托检验结果单等。

2.通关凭证。

对实施检验检疫的货物，需办理“入境货物通关单”或“出境货物通关单”（见表4-17），并在单上加盖“检验检疫专用章”，海关凭此放行货物。

表4-17　　出境货物通关单样本

印刷流水号：F5156561

中华人民共和国出入境检验检疫

出境货物通关单

编号：360000207018808

1. 发货人 江西[redacted]进出口有限责任公司			5. 标记及号码 KK/JMC
2. 收货人 *** ***			
3. 合同/信用证号 2007JL271 /***	4. 输往国家或地区 埃及		
6. 运输工具名称及号码 船舶 ***	7. 发货日期 ***		8. 集装箱规格及数量 海运40尺普通1个
9. 货物名称及规格 [redacted]轻卡 *** （以下空白）	10. H.S. 编码 8704223000 *** （以下空白）	11. 申报总值 *10324美元 *** （以下空白）	12. 数/重量、包装数量及种类 *1辆， *1裸装 （以下空白）
13. 证明 上述货物业经检验检疫，请海关予以放行。 本通关单有效期至　二〇〇七年　十二月　二十二日 签字：　　　日期：　2007年　　月23日			
14. 备注			

中华人民共和国江西出入境检验检疫局 检验检疫专用章 (2)

F 5156561　　① 货物通关　　[2-2(2000.1.1)]

3.有效期。

一般货物的商检证书自签发日起2个月内有效，鲜果蛋类为2个星期，出口单位应在规定的期限内出口。如逾期未出口应申请延期，并交回原签证，必要时检验检疫机构须重新检验。通关单有效期也是根据商品性质不同而有所不同。一般商品的有效期为60天，动植物商品为21天，鲜活商品为14天，过期作废。

三、出入境货物报检单填制要求

出入境货物报检单是由进口商按照商品检验机构要求的格式根据货物的实际情况填写，申请由检验机构据以安排检验业务操作的文件。填写出入境货物报检单是报检时必须履行的手续。

（一）报检单填制的基本要求

1.报检单必须按照所申报的货物内容填写，填写内容必须与随附单据相符，填写必须完整、准确、真实，不得涂改，且中英文内容一致。

2.报检日期按检验检疫机构受理报检日期填写。

3.填制完毕的报检单必须加盖报检单位公章或已经向检验检疫机关备案的“报检专用章”，报检人应在签名栏手签，要求必须是本人手签，不得代签。

4.原则上一批货物填写一份报检单。“一批货物”是指：同一合同，同一类货物，同一运输工具，运往同一地点。特殊情况除外。

5.报检单所列各栏必须填写完整、准确、清晰，没有内容填写的栏目应以“/”表示，不得留空。

（二）报检单的填制

出境货物报检单（见表4-18）是出口报检的重要依据之一，申请报检人必须按规定要求完整、准确、清晰地填写各项内容。应附资料要齐整，并与报检单一致。填写说明如下：

（1）发货人、收货人、商品名称及规格：应分别按合同、信用证所列卖方名称、买方名称和商品名称及规格填写。

（2）商品编码（H.S.编码）：按《商品名称及编码协调制度》中所列编码填写（H.S.编码查询可通过“中国检验检疫信息网”查询）。

（3）产地和生产厂：产地填省、市、县名；生产厂填写生产企业全称。

（4）报检数量/重量：按实际申请检验数量/重量填写。一般填写净重。

（5）商品总值：按合同或发票所列货物总值填写。

（6）包装种类：填写外包装材料的种类和包装状况是否良好。多种包装应分别填写。

（7）输往国家（地区）：指出口货物的最终销售国。

（8）卫生注册及质量许可证号：填写出入境检验检疫机构签发的卫生注册书号或质量许可证号。

（9）如合同、信用证对检验检疫条款有特殊要求的，须详细填写对检验检疫签证的特殊要求。

（10）标记及号码：填写实际货物运输包装上的标记（唛头）；裸装、散装货物应填“N/M”，并注明“裸装”或“散装”。

（11）报检日期：应在检验检疫机构受理报检日现场由报检人填写。

表4-18 **出境货物报检单样本**

中华人民共和国出入境检验检疫

出境货物报检单

报检单位（加盖公章）： *编　号 33070××××

报检单位登记号：330760×××× 联系人：××× 电话：×××××××× 报检日期：2012年7月20日

发货人	（中文）江西××食品有限公司 360400××××
	（外文）××××
收货人	（中文）××××
	（外文）×××× CO., LTD..

货物名称（中/外文）	H. S. 编码	产地	数/重量	货物总值	包装种类及数量
活河鳗	03019290.90	海宁	10 000 KGS	JPY11 000 000	500纸箱

运输工具名称号码	飞机	贸易方式	一般贸易	货物存放地点	海宁
合同号	JX2014-108M	信用证号	T/T	用途	食用
发货日期	2014.7.23	输往国家（地区）	日本	许可证/审批号	3300/HM001
启运地	上海口岸	到达口岸	东京	生产单位注册号	330760××××
集装箱规格、数量及号码	/				

合同、信用证订立的检验检疫条款或特殊要求	标记及号码	随附单据（划“√”或补填）	
电子转单	N/M	□合同 □信用证 □发票 □装箱单 □厂检单	□包装性能结果单 □许可/审批文件 □化验单

需要证单名称（划“√”或补填）		*检验检疫费	
□品质证书 _正_副 □重量证书 _正_副 □数量证书 _正_副 □兽医卫生证书 _正_副 □健康证书 _正_副 □卫生证书 _正_副 □动物卫生证书 _正_副	□植物检疫证书 _正_副 □熏蒸/消毒证书 _正_副 □出境货物换证凭单 _正_副 □恶喹酸证书 _正_副	总金额（人民币元）	
		计费人	
		收费人	

报检人郑重声明：	领取证单	
本人被授权报检。 上列填写内容正确属实，货物无伪造或冒用他人的厂名、标志、认证标志，并承担货物质量责任。	日期	
签名 ××××	签名	

注：有“*”号栏由出入境检验检疫机关填写。 ◆国家出入境检验检疫局制

案例分析

1. 某公司从国外采购一批特殊器材，该器材指定由国外某检验机构负责检验合格后才能收货。后接到此检验机构的报告，报告称质量合格，但在其报告附注内说明，此项报告的部分检验纪录由制造商提供。这种情况下，买方能否以质量合格而接受货物？

提示：

买方不能接受货物。因为买方之所以要卖方出具某检验机构签发的商检证书，目的是让商品检验机构检验货物，避免因卖方自己出具发货单而可能出现不真实问题。且商检机构对其签发的商检证书负有保证其真实性的责任。本例商检部门出具的证书，尽管说明质量合格，但又言明部分检验记录由制造商提供，这说明商检机构未尽到自己的责任，对买方来说，接受这种商检证书风险很大，买方不能凭此证书接受货物。

资料来源 佚名. 商品检验案例 [EB/OL]. [2014- 08- 24].http://wenku.baidu.com/view/03a7af3110661ed9ad51f394.html.

2.我出口公司向新加坡商人出口一批花生，CIF 新加坡。新加坡商人又将该货转卖给马来西亚商人，货到新加坡后，新加坡商人发现货物的质量有问题，但仍将原货转船至马来西亚。其后，新加坡商人在合同规定的索赔期限内凭马来西亚商检机构签发的检验证书，向我方提出退货要求。试问,我公司应如何处理？为什么？

提示：

我公司应拒绝新加坡商人的退货要求。因本批货卖到新加坡，新加坡商人提货时发现质量有问题，应即凭新加坡公证机构的商检证书向我方提出索赔。现新加坡商人已将货物转卖，即构成了对货物的接受。此外，新加坡商人持马来西亚商检机构证书向我方索赔，其索赔依据不符合规定，所以我方有权拒绝。

资料来源 佚名. 商品检验案例 [EB/OL]. [2014- 08- 24]. http://wenku. baidu. com/view/03a7af3110661ed9ad51f394.html.

实训练习

1.某公司的一位外贸业务人员在接到美国某客户的订单后，即按该客户订单的有关内容制作了一份生产通知单（见表4-19）传给了工厂，要求安排生产。试分析该生产通知单有无问题？问题出在哪？为什么？

表4-19 **生产通知单**

生产厂商	江西××纺织布业有限责任公司
订单编号	2014JA006
订货客户	HUALAISHI TRADING COMPANY P. O. BOX88，NEW YORK，USA
产品名称	14101 素皱缎 16.5M/M
数量	20 000 码
价格	USD8.00 / 码 FOB 上海

续表

包装	纸箱
交货方式	海运集装箱
交货期	2014年5月
其他	标签由客户提供

2.小陈是某家外贸公司的外贸业务员，11月10日有个老客户来了一份订单：11207电力纺3万码，12102双皱5万码，14101素皱缎6 000码，11205电力纺8 000码，出货期为11月26日。这些产品有3家工厂可以生产，备料时间为2天，在这段时间内，甲工厂可生产时间为6天，每天可生产出11207电力纺1 100码，12102双皱2 000码，14101素皱缎300码，11205电力纺500码；乙工厂可生产时间为7天，每天可生产出11207电力纺1 200码，12102双皱2 500码，14101素皱缎350码，11205电力纺450码；丙工厂可生产时间为13天，每天可生产出11207电力纺1 200码，12102双皱2 000码，14101素皱缎200码，11205电力纺400码。请核算出货时间是否有问题，并列出一份详细的生产计划。

（提示：分别按不同品种不同工厂的生产时间进行生产排程）

3.根据信用证有关内容缮制普惠制产地证一份。假设：

（1）信用证项下货物的运输方式为海运，在中国香港转船。所有货物均为中国制造。

（2）信用证项下发票号07JX18，开票日期为：MAR.12，2014。

（3）普惠制产地证签证机构的签证日期为：MAR.13，2014，地点为广州，出口商签证日期为：MAR.12，2014。

（4）信用证项下的货物包装规格及唛头如下：

①XUWANG DOCUMENTATION SYSTES：
每10套装一纸箱
唛头：BLG TREE
LONDON
CTNS#1-300
KEEP DRY

②XUWANG EDUCATION SYSTES：
每10盒装一纸箱
唛头：BLG TREE
LONDON
CTNS #1-500
KEEP DRY

信用证资料如下：

ISSUING BANK：STANDARD CHARTERED BANK，LONDON

ADVISING BANK：BANK OF CHINA GUANGZHOU

APPLICANT：PETRICO INTERNATIONAL TRADING CORP.UO SHEPPARD ARENUE EAST SUITE 406 WILLOWDALE ONTARIO CANADA M2K W2

BENEFICIARY：XUWANG BUSINESS COMPUTING CO.LTD RM.NA34.ZIJINGYUAN HOTEL OF ZHONGSHAN UNIVERSITY，GUANGZHOU.P.R.CHINA.

FORM OF L/C：IRREVOCABLE

L/C NO：001/07/16018X

ISSUE DATA：14.02.22

EXPIRY DATE/PLACE：14.04.30 IN COUNTRY OF BENEFICIARY

L/C AMOUNT：USD4 458 314.00

AMOUNT SPECIFICATION：CIF

AVAILABLE WITH/BY：FREELY AVAILABLE BY NEGOTIATION

DRAFTS：AT SIGHT DRAWN ON OURSELVES

TRANSPORT DETAILS：FROM CHINESE PORT NOT LATER THAN 15TH APRIL 2014 TO TORONTO，CANADA

DESCRIPTION OF GOODS：

XUWANG DOCUMENTTAION SYSTEMS VERSION 5.0 1 000SETS

XUWANG DOCUMENTTAION SYSTEMS VERSION 6.0 2 000SETS

XUWANG EDUCATION SYSTEMS 5 000 BOXES

DOCUMENTS REQUIRED：CERTIFICATE OF ORIGIN FORM A DULY NOTARIZED IN SIX COPIES.

CONDITIONS：CONSIGNEE-BIG TREE BUSINESS CO.LTD SUNRISE STREET EAST，TORONTO，CANADA

4.根据下列资料，填制出境货物报检单一份，要求中国出入境检验检疫机构出具品质检验证明书。

（1）THE SELLER：DALIAN ×× GARMENT CO.，LTD.中韩合资大连××服装有限公司（2115930064）

（2）THE BUYER：WAN DO APPAREL CO.LTD，550-17，YANGCHOU-GU，SEOUL，KOREA.

（3）PORT OF LOADING：DALIAN CHINA，FINAL DESTINATION：INCHON，KOREA，CARRIER：DAIN/431E

（4）TERMS OF PAYMENT：DOCUMENTS AGAINST ACCPTANCE

（5）

NO.S OF PACKAGES	DESCRIPTION	QTY/UNIT	UNIT PRICE	AMOUNT
			FOB DALIAN CHINA	
260 CTNS	LADY'S JUMPER	1 300PCS	$11.00	USD14 300.00
	MAN'S JUMPER	1 300PCS	$11.00	USD14 300.00

TOTAL：USD28 600.00

（6）B/L NO：DAINE 431227，INVOICE NO.：HT01A08

（7）NW：2 600KGS，GW：3 380KGS，1×40′CONTAINER NO.：EASU9608490.

（8）该公司在来料加工合同9911113项下出口男、女羽绒短上衣，分列手册（编号B0900093010018）第2、3项。

（9）大连××国际货运有限公司于2014年3月18日向大连海关申报出口，提单日期为2014年3月19日。

（10）该男、女羽绒短上衣的商品编码分别为6201.9310、6202.1310。

第五章

货运报关与投保

第一节 货运

一、货运概述

货运指出口企业备妥货物后，及时按合同和信用证的要求委托运输代理办理运输事宜。运输方式中使用最为广泛的、最具代表性的是集装箱海洋运输。

（一）货运代理（Freight Forwarder）

1.概念。

国际货运代理（International Freight Forwarding）是指由传统单一货运代理业务向多元化方向发展，已成为供应链的管理者、现代物流服务的组织者、多式联运的经营人的统称。

货运代理接受货主的委托，代表货主办理有关货物报关、交接、仓储、调拨、检验、包装、转运、订舱等业务，产生的一切后果直接归属于被代理人，通常也就是货主，代理人不直接对船方承担任何法律责任。这就是所谓的合同相对性，即代理公司签订的货物运输合同只约束船公司和货主，和货主是委托与被委托关系，在办理代理业务中，其是以货主的代理人身份对货主负责并按代理业务项目向货主收取代理费。

值得注意的是，当货代公司作为无船承运人出现的时候，它和货主签订的是海上货物运输合同，而不再是货代合同。这时，事实上它代替了船运公司的角色。作为货运合同的一方，在货物发生缺损、货物未按约定时间到达目的港，以及货主收不到货款时，货主都可以直接找到货运代理公司，追究其相关违约责任。

2.货运代理的业务范围。

范围包括代替发货人承担在各种不同阶段的货物运输中的任何一项业务，涵盖以最快、最省的运输方式，安排合适的货物包装，选择合理的货物运输路线；向客户建议仓储与分拨；选择可靠、效率高的承运人，并负责缔结运输合同；安排货物的计重和计量（尺码）；代办货物的保险；拼装货物；装运前或在目的地分拨货物之前，将货物存仓（如果需要的话）；安排货物到装运港的运输，办理海关和有关单证手续，并将货物交给承运人；代表托运人／收货人承付运费、关税、税收等；办理有关运输的外汇交易；取得承运人签发的各种单证，并交付发货人，监督货物运输的进程。作为海关代理，办理有关进出口商品的海关手续时，不仅代表客户，也代表海关当局。货运代理向海、陆、空承运人及时地订好足够的舱位，确认对承运人和发货人所收取的费率都是公平合理的，安排在适当的时间里交货，以及以发货人的名义解决与承运人或承运人代理的运费结算等问题。

3.货运代理的选择。

（1）意义。

出口货物海上运输不但包括业务流程和一系列单证手续办理等内容，而且涉及与运输法律有关系的各方。选择合适的货运代理，就意味着选择了熟知航运业务的适当海运人和适合贸易合同的运输方式，从而能有效地履行贸易合同约定的法律义务，从而保护出口商的合法权益。

（2）对货运代理的要求。

①熟知世界地理及航线，港口所处位置，转运地及其内陆集散地。

②熟知班轮运输、租船运输、无船承运人运输和多式联运几种不同类型运输方式对货物的适用性。

③必须了解船舶特征，如船舶登记国和吨位、总登记吨、净登记吨、总载重吨、载重线、船级等；还应了解几种货船类型，如班轮、半集装箱船、半托盘船、散货船、滚装船及全集装箱船等。

④熟练操作货物海洋运输的提单、海运单、舱单、发货单、提货单、装箱单、港站收据、大副收据等单证，并确保制作得正确、清晰和及时。

⑤懂得海关手续和港口作业流程。

（二）集装箱货运

1.概念。

集装箱（Container）又称货柜、箱柜，是一种作为运输工具的容器，能长期、反复使用，并具有足够的强度，途中转运不用移动箱内的货物，从一种运输工具到另一种运输工具可以进行整体的、直接的快速装卸。

2.集装箱的种类。

（1）杂货集装箱（Dry Container）。也就是通用的集装箱，适合装载各种干杂货。

（2）冷藏集装箱（Refrigerated Container）。这种集装箱附有冷冻机，可以调节通风度和温度（+26℃至-28℃），用以装载冷冻货物和冷藏货物。

（3）散货集装箱（Solid Bulk Container）。用以装载粮食、饲料、水泥等各种粉粒状货物。

（4）开顶集装箱（Open Top Container）。这种集装箱可以使用起重机从顶部装卸，并在箱内底板两侧埋有索环，用以穿过绳索捆绑货物。

（5）框架集装箱（Flat Rack Container）。它没有箱顶和箱壁，只留下箱底和四角柱来承受货载，主要用于超长超大的机械设备等货物。

（6）罐装集装箱（Frank Container）。适用于装载酒、油等液体货物。

（7）其他特种柜。根据货物的不同而专门设计的货柜，如成衣柜、平板柜等。

3.集装箱尺码。

常见的集装箱内径（同类型的集装箱可能会略有不同）见表5-1。

4.集装箱运输的关系人。

（1）承运人（Carrier）：经营集装箱货物运输的实际承运人，包括经营集装箱运输的

表5-1 常见的集装箱内径

规格/尺寸	20′	40′	40′HC	45′HC
长	5.9M	12.03M	12.03M	13.58M
宽	2.35M	2.35M	2.35M	2.35M
高	2.38M	2.38M	2.69M	2.69M

注：HC（High Cubic）——高箱。

船公司，联营公司，公路、铁路集装箱运输公司，航空公司等。

（2）无船承运人NOVOC（Non Vessel Operation Carrier，NOVOC）：在集装箱运输中，经营集装箱货运的揽货、装箱、拆箱、内陆运输及经营中转站或内陆站业务，但不掌握运载工具的专业机构，称为无船承运人。其是承运人和托运人之间的桥梁。

（3）集装箱出租公司（Container Leaser）：专门经营集装箱出租业务。

（4）航运公会（Freight Conference）：制定集装箱运输规则和协调运价的组织。

（5）集装箱码头（Container Yard）：是停靠集装箱船（或驳船）具体办理集装箱在码头装卸、交接、保管业务的部门。

（6）集装箱货运站（Container Freight Station，CFS）：提供集装箱中转、储存、交接及其他相关服务的专门场所。

（7）货主：货物的所有人及其代理人。

5.集装箱运输单据。

（1）托运单（Shipping Order）。

（2）港站（场站）收据（Dock Receipt）。

（3）装箱单（Container Load Plan）。

（4）设备交接单（Equipment Interchange Receipt）。

（5）提单（Bill of Lading）。

提单包括：

Master Bill of Lading（M/BL）——船东提单（主运提单）；

Marine Bill of Lading（M/BL）——海运提单；

Ocean Bill of Lading（O/BL）——海运提单；

Combined Transport Bill of Lading——联运提单；

Multimodal Trasport Bill of Lading——多式联运提单；

House Bill of Lading（H/BL）——货代提单。

（6）大副收据（Mate's Receipt）。

（7）其他单据。如运费清单、危险品清单、配载清单等。

二、货运操作流程

货运操作流程如图5-1所示。

（一）货运操作

1.出口企业填制海运出口货物订舱委托书，随附商业发票、装箱单等必要的单据及报关资料。

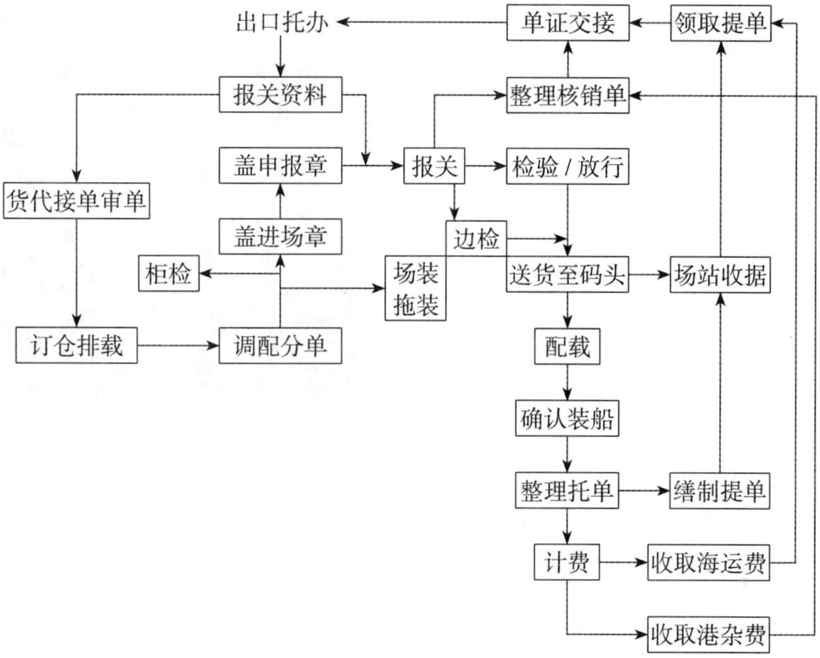

图 5-1 货运操作流程示意图

2.货运代理接受订仓委托后，缮制托运单（Booking Note，B/N），随同商业发票、装箱单等必要的单证一同向船公司办理订舱手续（一般船公司只接受整箱货物的订舱，拼箱货只有通过货代拼整后向船公司订舱）。

3.订舱排载。

（1）书面订舱。

①整理出口企业的订舱资料，根据客户委托书缮制订舱时用的一式十联的“集装箱托运单”（十联单）。

②将十联单发给船公司，书面确认舱位、运费等信息。

③将船公司确认的提单号、船名、航次等订舱信息补在十联单上，凭船东舱位确认书和全套的十联单到船代公司办理订舱手续，船代在十联单盖章确认，订舱完成。

（2）电子订舱。

①整理出口企业的订舱资料。

②登录船公司或船代的电子订舱网页，填写电子订舱申请。

③发出电子订舱申请，等待船公司确认。

④船公司如果无法接受订舱，则发回拒绝申请信息；如能接受订舱，则会确认船名、航次、提单号等信息。

4.船公司接受订舱后，在托运单上编号（该号为后来的提单号），填上船名、航次并签署。同时把配舱回单、装货单（Shipping Order，S/O）等与托运人有关的单据退还给货运代理。

5.货运代理持船公司签署的装货单与报关所需要的全套必要单证，向海关办理出口报关手续。

6.海关查验放行后在装货单上盖放行章，并将装货单退还货运代理。

7.货运代理持海关盖章并由船公司签署的装货单要求船长安排装货。

8.装货后（如图5-2所示），由船上的大副签署大副收据（Mate's Receipt，M/R），交给货运代理。然后货运代理持大副收据向船公司支付运费，换取正本已装船提单。

图5-2 装货

〔**启发思考**〕*实践中出口企业派专人在船公司现场核对提单内容并取回单据，这样做的益处有哪些呢？*

9.出口企业向货运代理支付运费等费用，取得全套已装船单据，凭以办理结汇。

（二）货运所需相关单据

1.出口货物明细单。

出口货物明细单是托运人根据外销合同和信用证的有关要求填写向外运公司或其他有权受理对外货运业务的货运代理公司办理货物托运的单证（见表5-2）。

表5-2 **出口货物明细单样本**

出口货物明细单 年 月 日				银行编号		外运编号	
				核销单号		许可证号	
开证银行				合同(合约)号			
经营单位(装船人)				信用证号			
				开证日期		收到日期	
提单或承运收据	抬头人			汇票付款人		见票 天	
				金额		收汇方式	
				货物性质		贸易国别	
	通知人			出口口岸		目的港	
				可否转运		可否分批	
	运费	预付 到付		装运期限		有效期限	
标记唛头	货名规格及货号	件数及包装样式	数量或尺码	毛重	净重	价格（成交条件）	
				KG		单价	总价
						CIF	
结汇单证				总体积 CBM			
				中间商名称及地址			
						佣金 % 另汇	
外轮公司注意事项				船名			
				保险单	险别		
					保额		
					赔款地点		
本公司注意事项				装货单号			
				海关编号			
				放行日期			
				制单员			
				储存地点			

2.订舱委托书。

出口企业委托外运公司或其他有权受理对外货运业务的货运代理公司向承运人或其代理办理出口货物运输业务时需向其提供订舱委托书，委托其代为订舱。订舱委托书是出口企业与货运代理之间委托代理关系的证明文件（见表5-3），委托时还必须向货运代理公司提供与本批货物有关的各项单证，如提货单（出仓单）、商业发票、装箱单、出口货物报关单、外汇核销单等，有的货物还需要提供出口许可证、商检证书等。

表5-3　**订舱委托书样本**

江西××进出口有限公司

出口货物托运委托书

<table>
<tr><td colspan="2">外运编号：　　日期：</td><td rowspan="7">致：

联系人：

日期：

电话：　　传真：</td></tr>
<tr><td colspan="2">出口出运单：</td></tr>
<tr><td colspan="2">SHIPPER:</td></tr>
<tr><td colspan="2">CONSIGNEE:</td></tr>
<tr><td colspan="2">NOTIFY PARTY:</td></tr>
<tr><td>PLACE OF RECEIPT:</td><td>PORT OF LOADING</td></tr>
<tr><td>PORT OF DISCHARGE:</td><td>PLACE OF DELIVERY</td></tr>
</table>

MARKS & NOS.	DESCRIPTION OF GOODS	NO.OF PACKAGES	G.W.(KGS)	MEAS.

<table>
<tr><td>运费支付方式</td><td>提单份数</td><td>可否分批（N/Y）</td><td>可否转运(N/Y)</td></tr>
<tr><td></td><td></td><td></td><td></td></tr>
<tr><td>提货地点</td><td>装期</td><td>效期</td><td rowspan="2">制单人</td></tr>
<tr><td></td><td></td><td></td></tr>
</table>

3.托运单。

海运出口托运单（Booking Note for Export Cargo）是出口企业向外运公司提供的有关出口货物的必要资料，是外运公司向船舶公司订舱配载的依据。它虽然不是出口结汇的正式单据，但却是日后制作提单的主要背景材料，由于一般使用集装箱托运，也称为集装箱托运单（见表5-4）。

表5-4　　集装箱货物托运单

Shipper(发货人)				D/R No.（编号）	
Consignee（收货人）				集装箱货物托运单	
Notify Party（通知人）					
Pre-carriage by（前程运输） Place of Receipt（收货地点）					
Ocean Vessel(船名) Voy No.(航次) Port of Loading(装货港)					
Port of Discharge（卸货港） Place of Delivery（交货地点） Final Destination（目的地）					
Container No.（集装箱号）	Seal No.（封志号）Marks & Nos.（标记与号码）	No.of Containers or P'kgs.(箱数或件数)	Kind of Packages; Description of Goods (包装种类与货名)	Gross Weight（毛重/千克）	Measurement（尺码/立方米）
Total Number of Containers or Packages（IN WORDS）集装箱数或件数合计（大写）					
Freight & Charges (运费与附加费)	Revenue Tons（运费吨）	Rate（运费率）	Per（每）	Prepaid（运费预付）	Collect（到付）
Ex Rate（兑换率）	Prepaid at（预付地点）	Payable at（到付地点）		Place of Issue（签发地点）	
	Total Prepaid（预付总额）	No. of Original B(S)/L（正本提单份数）			
Service Type on Receiving □-CY □-CFS □-DOOR	Service Type on Delivery □-CY □-CFS □-DOOR	Reefer-Temperature Required（冷藏温度）		F	C
Type of Goods（种类）	□Ordinary,□Reefer,（普通）（冷藏）□Dangerous, □Auto.（危险品）（裸装车辆） □Liquid, □Live Animal, □Bulk（液体）（活动物）（散货）	危险品	Class: Property: IMDG Code Page: UN No.		
可否转船		可否分批			
装 期		效 期			
金 额					
制单日期					

集装箱托运单一式数份，根据承运人或代理人的不同，有不同的名称和格式，但大致内容基本相同。一般有几项内容：

第一联，船运代理留底。

第二联，装货单，又称关单（见表5-5），须经船运代理盖章有效。海关放行后，在其上加盖放行章，船方才能收货装船，并在收货后留存。

表5-5 **装货单样本**

中国外轮代理公司

CHINA OCEAN SHIPPING AGENCY

装货单

SHIPPING ORDER

S/O No.______________

船名 目的港

S/S______________________________For______________________________

托运人

Shipper

兹将下列完好状态之货物装船后希签署收货单。

Receive on board the undermentioned goods apparent in good order and condition and accompany receipt for the same.

标记及号码 Marks & Nos.	件数 Quantity	货名 Description of Goods	毛重量（千克） Gross Weight in Kilos	
			净 Net	毛 Gross

共计件数（大写）

Total Number of Packages in Writing ______________________________

日期 时间

Date______________Time______________________

装入何舱

Stowed____

实收

Received____

理货员签名 经办员

Tallied by______________________________Approved by______________________________

第三联，收货单，亦称大副收据（见表5-6）。在货运单证流转过程中，它与装货单内容相同且始终相随，一直到装货完毕后才分单。收货单经船方大副签收后交货方，凭以向船代换取正式提单，并将大副批注转移至提单之上。

表5-6 **收货单样本**

中国外轮代理公司

CHINA OCEAN SHIPPING AGENCY

收货单

MATE'S RECEIPT

托运人

Shipper

编号 船名

No.______________________ S/S______________________

目的港

For______________________

下列完好状态之货物业已收妥无损：

Receive on board the following goods apparent in good order and condition:

标记及号码 Marks & Nos.	件数 Quantity	货名 Description of Goods	毛重量（千克）Gross Weight in Kilos	
			净 Net	毛 Gross

共计件数（大写）

Total Number of Packages in Writing ______________________

日期 时间

Date______________ Time______________

装入何舱

Stowed______________________

实收

Received______________________

理货员签名 大副

Tallied by______________________ Chief Officer______________________

〔**启发思考**〕大副如有不良批注会产生哪些后果呢？出口商应当如何处理？

4.商业发票。

商业发票是出口人开给进口人的载有商品名称、数量、价格等内容的清单，是一套单据的中心单据（见表5-7）。它是进出口双方交接货物和结算货款的主要单证，也是进出口报关完税必不可少的单证之一。商业发票无统一格式，但内容要符合合同的规定，文字描述又要和信用证完全一致。

表 5-7 **商业发票样本**

江西××进出口有限公司

JIANGXI ×× IMPORT & EXPORT CO., LTD.

商业发票

COMMERCIAL INVOICE

TO: LIFENG CO., LTD
UNIT 408 TOWER 11, SOUTH SEAS
CTR.75 MODY RD, TST EAST,
KOWLOON, HONGKONG.
FROM: SHANGHAI

INVOICE NO: CKJ88812
DATE: DEC.9, 2014
L/C NO: J-09-H-07091
S/C NO: 12JXK006
TO: HONGKONG

MARKS & NUMBERS	DESCRIPTIONS OF GOODS	QUANTITIES	UNIT PRICE	AMOUNT
L.F.CO.,LTD 12JXK006 HONGKONG CTN NO.	ART.NO.11206 45 ˝ ×45/55 8m/m HABOTAI ART.NO.14101 45 ˝ ×45/55 16.5m/m SATIN	20 000 YDS 10 000 YDS	USD4.00 PER YDS CIFHK USD7.00 PER YDS CIFHK	USD80 000.00 USD70 000.00 USD150 000.00

5.装箱单和重量单。

装箱单是对商业发票的补充，主要内容有货物名称、规格、数量、唛头、件数、重量和包装等（见表 5-8）。重量单也是对商业发票的补充，说明货物的重量情况，主要内容为净重、毛重。装箱单和重量单通常根据业务需要合二为一，填制参照商业发票。

表 5-8 **装箱单样本**

江 西 ×× 进 出 口 有 限 公 司

JIANGXI ×× IMPORT & EXPORT CO., LTD.

装 箱 单

PACKING LIST

INVOICE NO.: CKJ07889
L/C NO.: DC J-09-H-07283
CONSIGNEE: YUFENG TX EILE CO., LTD.
75 MODY RD, TST EAST,
KOWLOON, HONGKONG.

SHIPPING MARKS: Y.F.T.C
JKH07-89
HONGKONG
CTN NO.

50PCT NYLON/50PCT RAYON, WOVEN LADIES 2 PCE SUIT-JACKET L/S/ FULLY LINED PANT W/BELT LOOPS STYLE 167C/168C

STYLE	SIZE				TOTAL
	6P	8P	10P	12P	(SETS)
167C/168C	125	125	125	125	500

LADIES 2PCE ENSEMBLE-TAILORED WAISTCOAT/SKIRT, FULLY LINED STYLE 585A /169C

STYLE	SIZE				TOTAL
	6P	8P	10P	12P	(SETS)
585A/169C	125	125	125	125	500

（三）装箱

1.拖装。

由车队将货柜拖到客户的工厂或仓库装货（如图5-3所示）.

（1）联系客户，确定拖车的时间和地点。

（2）货代给车队拖车指令。

（3）车队凭船东的订舱确认到船代打设备交接单。

（4）车队到集装箱堆场排提箱计划。

（5）车队将货柜拖到工厂，工厂安排工人装货。

（6）装完货后车队将货柜拖进码头，卸柜。

图5-3　装货

2.场装。

由客户将货物送到堆场内装货。

图5-4　场装

（1）联系客户，确定送货时间，传真进仓图给客户。

（2）向堆场安排场装计划（如图5-4所示）。

（3）堆场凭船东的订舱确认到船代打设备交接单。

（4）堆场提箱，报箱号给货代。

（5）客户货到，安排人员接货装箱，同时理货人员会做理货记录。

（6）装完货后堆场将货柜拖进码头，卸柜。

（四）申报

1.装箱后确定货物的实际数量。

2.核对出口商业发票和清单，或帮客户制单。

3.根据报关资料的数据重新打印S/O，有更改的数据项要写开航前更改申请。

4.到码头在S/O上盖进场章。

5.到船代公司办理开航前更改，在S/O上盖申报章。

6.对需要边检的船舶，办理边检手续，在S/O上盖边检章。

7.手续完毕后将S/O送报关行。

实际业务中要注意码头截止货柜进场时间、船代截止申报时间、海关截止接单时间、码头截止放行时间等几个操作时间。

（五）检验检疫

1.柜检。对于食品类的货物，装箱前需要对货柜进行检验。拖车公司提箱时，提前一天向堆场办理柜检申请，由堆场约检验检疫机构的人对货柜进行检验。

2.熏蒸。对于出口欧盟、澳大利亚等国家和地区的货物，如有用原木材料做包装的，装箱后需要对货物进行熏蒸。

3.出口公司提供报检委托书和货物清单，由报关行向检验检疫机构申报，装后约检验检疫机构的人对货物进行熏蒸，贴上熏蒸标识，24小时后放气。

4.换通关单。对于海关监管条件中需要提供出口通关单的货物，应先向生产所在地的检验检疫机构申请检验，并取得电子换证凭单，报关行凭委托人提供的电子凭单向口岸检验检疫机构申请换单，打印出口通关单。

5.报关。

（六）提单的确认与修改

1.问明委托人“提单”的发放形式。

（1）电放：要求船公司允许收货人在目的港凭提单复印件和收货人出具给船公司的担保函先行放货，同时，收货人承诺在保函规定的时间内将正本提单交回船公司并换回担保函。需委托人提供正本“电放保函”（留底），后出具公司“保函”到船公司电放。

〔**启发思考**〕这种做法，一旦进出口双方产生贸易纠纷，对船公司会有影响吗?

（2）异地放单：须经船公司同意，并取得货主保函和异地接单之联系人、电话、传真、公司名、地址等资料方可放单。

（3）倒签（如可行）：需委托人提供正本“倒签保函”（留底），后出具公司“保函”到船公司倒签。

（4）拆单：应等船开以后3～4天（候舱单送达海关，以保证退税），再将一票关单拆成多票关单。

（5）并单：应等船开以后3～4天（候舱单送达海关，以保证退税），再将多票关单合成一票关单。

2.依据原始资料，传真给货主确认，并回传确立提单正确内容。

3.签发B/L。

（七）领单

领单流程：货物装船—船东确认运费—公司出具《借购付汇联保函》—向船东/船代借取发票的购付汇联—填写付款申请审批—财务开支票—银行转账—填写《代垫运费保函》—凭水单向船东/船代换取发票联和业务联—领取提单。

货运代理通常做法：

1.付运费交单。票结客户每票收完款后才放提单，月结客户应签署月结协议，在协议规定的时间向客户催缴运费。

2.缮制提单给委托人和船公司确认。

3.货物放行后找报关行拿回S/O中的大副收据联。

4.如S/O的数据与提单的数据不符，需要更改的数据项目，要出口公司提供提单更改保函。

5.到船代或船公司领正本提单。

6.若是办理电放，需要出口公司的电放保函。

〔**启发思考**〕如果提单的Consignee写成记名的，对出口商会产生何影响?

（八）装运通知

货物装运后（如图5-5所示），按照国际习惯做法，发货人应立即（一般在装船后3天内）发送装运通知（Shipping Advice）给进口方或其指定人，从而方便进口方办理保险和安排接货等事宜。在信用证支付方式下，若信用证有要求，则此单据成为出口交单议付的单证之一。在实际业务中，应根据信用证的要求和对客户的习惯做法，自行设计格式，采用传真或E-mail等方式发送，其主要内容有：

图5-5 装船

1.抬头：可以是进口方，或者进口方指定的人或保险公司。若抬头为进口方指定的保险公司，则应同时注明预保险单合同号（Cover Note）。

2.日期：发送装运通知的日期，一般在货物装船后3天内。

3.提单号及船名：与提单一致。

4.预计开船日期和到达日期（ETD、ETA）：按船期表所列的日期。

5.装运港、目的港、装运期：按合同或信用证的规定，一般与提单一致。

6.商品描述部分：包括品名、唛头、数量、发票总值等，可以按商业发票的内容填写。

装运通知样本如下：

SHIPPING ADVICE

Messrs:

Dear Sirs:

Re: Invoice No.　　　　　　　　　　L/C No.

We hereby inform you that the goods under the above mentioned credit have been shipped. The details of the shipment are as follows:

Commodity:

Quantity:

Amount:

Bill of Lading No.:

Ocean Vessel:

Port of Loading:

Port of Destination:

Date of Shipment:

We hereby certify that the above content is true and correct.

Company name:

Address:　　　　　　　　　　Signature:

（九）单据交接

在2～3个星期内交接委托人的核销单、报关单、退税联（保税货物、拼箱货物或内支线中转货物较慢），以及报关时的手册和其他单据，完成货运代理业务。

提单样本如表5-9、表5-10、表5-11所示。

表5-9　**提单样本一**

<table>
<tr><td colspan="2">Shipper
SHANGHAI GARMENTS IMPORT AND EXPORT CO., LTD. 309 ZHONG SHAN DONG YI ROAD, SHANGHAI,
CHINA.</td><td colspan="3" rowspan="2">B/L NO.SHLB040820

DE-WELL CONTAINER SHIPPING CO.LTD.</td></tr>
<tr><td colspan="2">Consignee
TO ORDER OF UNION BANK OF CALIFORNIA, N.A.</td></tr>
<tr><td colspan="2">Notify Party
POWER PLAY INC.
2ND FLOOR, NO. 137E, 33RD STREET,
LOS ANGELES, CA, 90011
U.S.A.</td><td colspan="3">For delivery of goods please apply to:
ABC Worldwide Logistics
5th Floor, No. 66, 999 RST Street,
Los Angeles, CA, U.S.A.
TEL: 001-946-xxxxxxx</td></tr>
<tr><td>Pre-carriage by</td><td>Place of Receipt</td><td>Port of Loading
SHANGHAI PORT</td><td colspan="2">Freight Payable at</td></tr>
<tr><td>Ocean Vessel
OOCL TRADE UNION V.803E</td><td>Port of Discharge
LIMASSOL PORT</td><td>Port of Delivery
LIMASSOL PORT</td><td colspan="2">No. of Original B/L
3/THREE</td></tr>
<tr><td>Marks and numbers</td><td>Number and kind of packages</td><td>Description of goods</td><td>Gross weight (kgs.)</td><td>Measurement (m³)</td></tr>
<tr><td>POWER PLAY
PS04E05F009
LONG BEACH
CA, USA
NO.1-285

1 x 20' FCL, CY/CY
Container No.TULU856092
Seal No.: 487092</td><td>285CTNS</td><td>MEN'S SHIRT AND PANT

L/CNO.306M086905</td><td>3420KGS

FREIGHT PREPAID</td><td>27.275M³</td></tr>
<tr><td colspan="5">According to the declaration of the merchant</td></tr>
<tr><td colspan="5">SAY TWO HUNDRED AND EIGHTY FIVE CARTONS ONLY.

According to the declaration of the merchant</td></tr>
<tr><td colspan="2">Freight details, charges, etc.</td><td colspan="3">RECEIVED apparent good order and condition except as otherwise noted the total number of containers or other packages or units enumerated below(*) for transportation from the place of receipt to the place of delivery subject to the terms hereof.</td></tr>
<tr><td colspan="2">LADEN ON BOARD THE DATE 12 FEB. 2014
BY
DE-WELL CONTAINER SHIPPING CO.LTD.
As Carrier xxx</td><td colspan="3">Place and date of issue SHANGHAI 12 FEB. 2014
Signed by
DE-WELL CONTAINER SHIPPING CO.LTD. xxx
As Carrier</td></tr>
</table>

表 5-10

提单样本二

海运提单

<table>
<tr><td colspan="2">Shipper
SHANGHAI TEXTILES IMPORT & EXPORT CORPORATION</td><td colspan="2" rowspan="6">B/L No.CSA1505
中国对外贸易运输总公司
上海 SHANGHAI
联 运 提 单
COMBINED TRANSPORT
BILL OF LADING
RECEIVED the foods in apparent good order and condition as specified below unless otherwise stated herein. THE Carrier, in accordance with the provisions contained in this document, 1) undertakes to perform or to procure the performance of the entire transport from the place at which the goods are taken in charge to the place designated for delivery in this document, and 2) assumes liability as prescribed in this document for such transport. One of the Bills of Lading must be surrendered duty indorsed in exchange for the goods or delivery order.</td></tr>
<tr><td colspan="2">Consignee or order
CRYSTAL KOBE LTD.,
1410 BROADWAY,
ROOM 300 NEW YORK, NY10018
U.S.A.</td></tr>
<tr><td colspan="2">Notify address
THE SAME AS CONSIGNEE
TEL NO.559-525-xxxxx</td></tr>
<tr><td>Pre-carriage by</td><td>Place of Receipt</td></tr>
<tr><td>Ocean Vessel
ZHELU V.031118SE</td><td>Port of Loading
SHANGHAI</td></tr>
<tr><td>Port of Discharge
NEW YORK</td><td>Place of Delivery</td><td>Freight payable at
SHANGHAI</td><td>Number of original Bs/L
THREE(3)</td></tr>
</table>

Marks and Nos.	Number and kind of packages	Description of goods	Gross weight(kgs.)	Measurement(m³)
CRYSTAL KOBE LTD.,		LADIES' 55% ACRYLIC 45% COTTON		
NEW YORK		KNITTED BLOUSE	2584KGS	11.58M³
ORDER NO.21SSG-017	IN 120 CARTONS			
STYLE NO.H32331SE				
L-02-I-03437				
CARTON/NO.1—120	ON BOARD			
MADE IN CHINA	FREIGHT PREPAID			

ABOVE PARTICULARS FURNISHED BY SHIPPER

<table>
<tr><td rowspan="3">Freight and charges</td><td>IN WITNESS whereof the number of original bills of Lading stated above have been signed, one of which being accomplished, the other(s) to be void.</td></tr>
<tr><td>Place and date of issue
SHANGHAI Nov.20TH, 2014</td></tr>
<tr><td>Signed for or on behalf of the carrier
China National Foreign Trade Transportation Corporation(SINOTRANS)</td></tr>
</table>

表 5-11 提单样本三

BILL OF LADING

<table>
<tr><td colspan="2">1)SHIPPER</td><td colspan="4" rowspan="6">10)B/L NO.
CARRIER
C O S C O
中国远洋运输（集团）总公司
CHINA OCEAN SHIPPING (GROUP) CO.
ORIGINAL
Combined Transport BILL OF LADING</td></tr>
<tr><td colspan="2">2)CONSIGNEE</td></tr>
<tr><td colspan="2">3)NOTIFY PARTY</td></tr>
<tr><td>4)PLACE OF RECEIPT</td><td>5)OCEAN VESSEL</td></tr>
<tr><td>6)VOYAGE NO.</td><td>7)PORT OF LOADING</td></tr>
<tr><td>8)PORT OF DISCHARGE</td><td>9)PLACE OF DELIVERY</td></tr>
<tr><td colspan="6">11)MARKS 12) NOS. & KINDS OF PKGS. 13)DESCRIPTION OF GOODS 14) G.W.(kg) 15) MEAS(m^3)</td></tr>
<tr><td colspan="6">Contract No.</td></tr>
<tr><td colspan="6">16)TOTAL NUMBER OF CONTAINERS
OR PACKAGES(IN WORDS)</td></tr>
<tr><td>FREIGHT & CHARGES</td><td>REVENUE TONS</td><td>RATE</td><td>PER</td><td>PREPAID</td><td>COLLECT</td></tr>
<tr><td>PREPAID AT</td><td colspan="2">PAYABLE AT</td><td colspan="3">17)PLACE AND DATE OF ISSUE</td></tr>
<tr><td>TOTAL PREPAID</td><td colspan="2">18)NUMBER OF ORIGINAL B(S)L</td><td colspan="3" rowspan="2">21)
中国外轮代理公司上海分公司
CHINA OCEAN SHIPPING AGENCY,SHANGHAI BRANCH
FOR THE CARRIER NAMED ABOVE</td></tr>
<tr><td>LOADING ON BOARD THE VESSEL
19)DATE</td><td colspan="2">20)BY
中国外轮代理公司上海分公司
CHIINA OCEAN SHIPPING AGENCY,SHANGHAI BRANCH
FOR THE CARRIER NAMED ABOVE</td></tr>
</table>

第二节 报关

一、报关概述

（一）概念

报关是指进出境运输工具负责人、进出口货物收发货人、进出境物品的所有人或者他们的代理人，向海关办理运输工具、货物或物品进出境手续及其他相关海关事务的全过程。

（二）进出境货物报关的基本内容

进出境货物的报关内容主要包括：报关单位向海关如实申报其进出境货物的情况，配合海关查验货物，对部分货物还需缴纳进出口税费，最后海关放行货物。除此以外，根据海关监管的要求，对于保税货物、特定减免税货物以及暂准进出口货物在向海关申报前和海关放行后还需办理其他海关手续。

（三）报关单位与报关员

1.报关单位。

报关单位，是指按照规定在海关注册登记的报关企业和进出口货物收发货人。

报关企业，是指按照规定经所在地直属海关或者其授权的隶属海关办理注册登记许可，接受进出口货物收发货人的委托，以进出口货物收发货人名义或者以自己的名义，向海关办理代理报关业务，从事报关服务的境内企业法人。

进出口货物收发货人，是指依法直接进口或者出口货物的中华人民共和国关境内的法人、其他组织或者个人。进出口货物收发货人可以直接到所在地海关办理注册登记。

2.报关行为。

（1）报关企业应当与委托方签订书面的委托协议，委托协议应当载明受托报关企业名称、地址、委托事项、双方责任、期限、委托人的名称、地址等内容，由双方签章确认。

（2）不得以任何形式出让名义，供他人办理报关业务。

（3）报关企业和进出口货物收发货人向海关递交的纸质进出口货物报关单必须加盖本单位的报关专用章。报关专用章应当按照海关总署统一规定的要求刻制，报关专用章启用前应当向海关备案。

（4）进出口货物收发货人不得委托未取得注册登记许可、未在海关办理注册登记的单位或者个人办理报关业务。

3.报关人员。

对报关人员不设置门槛和准入条件，由企业自主聘用，由报关协会自律管理，经报关单位向海关备案，专门负责办理所在单位报关业务。海关通过指导、督促报关企业加强内部管理实现对报关从业人员的间接管理。

二、报关程序

（一）工作流程

一般出境货物的报关工作流程如图5-6所示。

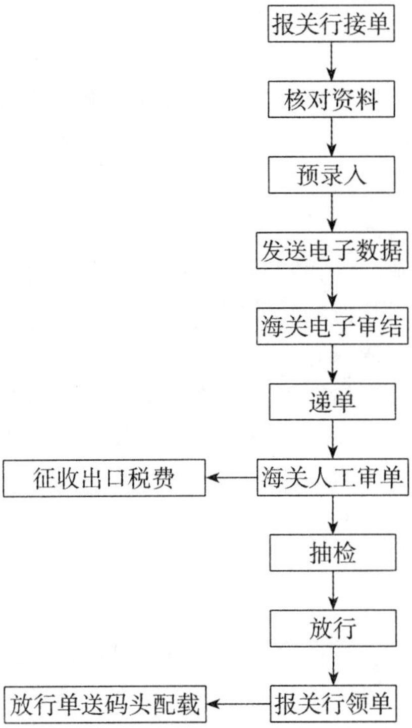

图5-6 一般出境货物的报关工作流程

（二）出口报关程序

1.申报。

一般情况下，出口货物的发货人或其代理人应当在装货前24小时内向货物的出境地海关采用电子数据报关单和纸质报关单形式申报。

进出口货物的收发货人、受委托的报关企业到海关现场办理接单审核、征收税费及验放手续时，应当递交与电子数据报关单内容相一致的纸质报关单并随附下列单据：

（1）基本单证。

主要包括与进出口货物直接相关的商业和货运单证，如由货物的收发货人或者其代理人签字的商业发票（如有厂家发票应附在内）、装箱单（单一品种且包装一致的件装和散装货物可以免交）、提货单或装货单、海关签发的减免税证明等。

（2）特殊单证。

国家有关法律法规规定实行特殊管制的证件，主要包括进出口管理的许可证件、配额许可证和其他批准文件。国家法定检验检疫的商品，应交验检验检疫机构签发的检验证书和加盖“检验检疫专用章”的“出境货物通关单”。

（3）预备单证。

海关认为必要的应检验的贸易合同、信用证副本、货物原产地证明、委托单位的工商执照证书、委托单位的账册资料和其他有关单证。

〔**启发思考**〕报关企业办理报关手续应提交哪些单据？

2.查验。

（1）概念。

查验是指海关为确定进出口货物收发货人向海关申报的内容是否与进出口货物的真实情况相符，或者为确定商品的归类、价格、原产地等，依法对进出口货物进行实际核查的执法行为。

（2）查验实施。

应当在海关监管区内实施。因货物易受温度、静电、粉尘等自然因素影响，不宜在海关监管区内实施查验，或者因其他特殊原因，需要在海关监管区外查验的，经进出口货物收发货人或者其代理人书面申请，海关可以派员到海关监管区外实施查验。

查验结束后，查验人员应当如实填写查验记录并签名，查验记录应当由在场的进出口货物收发货人或者其代理人签名确认。进出口货物收发货人或者其代理人拒不签名的，查验人员应当在查验记录中予以注明，并由货物所在监管场所的经营人签名证明。查验记录作为报关单的随附单证由海关保存。

（3）查验费用。

海关在监管区内实施查验不收取费用。对集装箱、货柜车或者其他货物加施海关封志的，按照规定收取封志工本费。因查验而产生的进出口货物搬移、开拆或者重封包装等费用，由进出口货物收发货人承担。在海关监管区外查验货物，进出口货物收发货人或者其代理人应当按照规定向海关交纳规费。

3.征收税费。

海关对进出口货物收发货人或其代理人进行申报的货物查验后，计算应缴纳的关税、进口环节增值税、消费税、滞纳金、滞报金等税费，开具关税和代征税缴款书或收费专用票据。

4.放行、结关。

对于一般出口货物而言，海关在接受出口货物的申报、审核电子数据报关单和纸质报关单及随附单证、查验货物、征收税费或接受担保以后，对出口货物作出结束海关进出境现场监管决定，在出口货物装货凭证上签盖“海关放行章”，进出口货物收发货人或其代理人签收出口装货凭证，即可凭以将出口货物装运到运输工具上离境。

结关指经口岸放行后仍需继续实施后续管理的货物，海关在规定的期限内进行核查，对需要补证、补税货物作出处理直至完全结束海关监管的行为。

三、报关委托书

报关委托书是出口企业委托专业或代理报关企业办理海关手续时填制的一种文件，以明确双方的委托代理关系（见表5-12）。

四、出口货物报关单

（一）概念

出口货物报关单是指出口货物的收发货人或其代理人，按照海关规定的格式对出口货物的实际情况作出书面申明，以此要求海关对其货物按适用的海关管理制度办理通关手续的法律文书（见表5-13）。

表5-12　　　　报关委托书样本

代理报关委托书

编号：00064971451

我单位现　　　　（A逐票、B长期）委托贵公司代理　　　　等通关事宜。（A、填单申报 B、辅助查验 C、垫缴税款 D、办理海关证明联 E、审批手册 F、核销手册 G、申办减免税手续 H、其他）详见《委托报关协议》。

我单位保证遵守《海关法》和国家有关法规，保证所提供的情况真实、完整、单货相符。否则，愿承担相关法律责任。

本委托书有效期自签字之日起至　07年 12月 　日止。

委托方（盖章）：[redacted]

法定代表人或其授权签署《代理报关委托书》的人（签字）

07年10月30日

委托报关协议

为明确委托报关具体事项和各自责任，双方经平等协商签定协议如下：

委托方	江西[redacted]进出口有限责任公司
主要货物名称	华阳牌中型货车
HS编码	8704223000
货物总价	USD 10324
进出口日期	07年 10月 30日
提单号	
贸易方式	一般贸易
原产地/货源地	南昌英雄
其他要求：	

背面所列通用条款是本协议不可分割的一部分，对本协议的签署构成了对背面通用条款的同意。

委托方业务签章：[redacted]

经办人签章：

联系电话：

07年10月30日

被委托方	[redacted]有限公司	
*报关单编码	No.	
收到单证日期	07年10月30日	
收到单证情况	合同☑	发票☑
	装箱清单☑	提（运）单☐
	加工贸易手册☐	许可证件☐
	其他	
报关收费	人民币：　　元	
承诺说明：		

背面所列通用条款是本协议不可分割的一部分，对本协议的签署构成了对背面通用条款的同意。

被委托方业务签章：[redacted]

经办报关员签章：王吉

联系电话：

07年10月30日

CCBA　（白联：海关留存、黄联：被委托方留存、红联：委托方留存）　中国报关协会监制

（二）形式

出口货物报关单可分为电子数据报关单和纸质报关单，电子数据报关单和纸质报关单均具有法律效力。

表 5-13　　出口货物报关单样本

000000000113719100

数据中心统一编号：000000000113719100　　　　企业留存联

中华人民共和国海关出口货物报关单

400120070017004859

预录入编号：017004859　　申报现场：南昌海关(4001)　　海关编号：400120070017004859

出口口岸（2248） 洋山港区	备案号	出口日期	申报日期 20071029
经营单位　（360191[redacted]） 江西[redacted]进出口有限责任公司	运输方式 江海运输	运输工具名称 @/4001TRAIN/071030	提运单号 8KHNSOU300004
发货单位　（360191[redacted]） 江西[redacted]进出口有限责任公司	贸易方式　(2600) 暂时进出货物	征免性质　(299) 其他法定	结汇方式 其他
许可证号	运抵国（地区）（303） 英国	指运港　（0303） 英国	境内货源地　(36019) 南昌其他
批准文号	成交方式 FOB	运费	保费　/　杂费
合同协议号	件数 1	包装种类 其它	毛重（公斤） 2250　/　净重（公斤） 2250
集装箱号 CCLU6316132 * 1(2)	随附单据　出境货物通关单		生产厂家

标记唛码及备注

备注：包装：裸装、暂时进出口申请批准决定书编号：413028

随附单据号：360000207018510

项号	商品编号	商品名称、规格型号	数量及单位	最终目的国（地区）	单价	总价	币制	征免
*1	87021093	[redacted]车(10座) 排量:2.3L 汽油型	1辆 1辆	英国 (303)	13000.0000	13000.00	(502) 美元	照章征税

税费征收情况

录入员　　录入单位 1000000045837	兹申明以上申报无讹并承担法律责任	海关审单批注及放行日期（签章）
报关员		审单　　审价
单位地址	申报单位（签章） 中外运[redacted]股份有限公司江西	征税　　统计
邮编　　电话	填制日期　2007.10.29	查验　　放行

（三）出口货物报关单缮制的基本要求

1.出口货物报关单的填制必须真实，做到“两个相符”：第一是单、证相符，即所填报关单各栏目的内容必须与合同、发票、装箱单、提单以及许可证件等随附单据相符；第二是单、货相符，即所填报关单各栏目的内容必须与实际出口货物情况相符，尤其是货物的品名、规格、数量、价格等栏目的内容必须真实，不得出现差错，更不能出现伪报、瞒报、虚报。

2.报关单的填制要准确、完整、清楚，报关单各栏目内容要逐项详细准确填写或打印，字迹清楚、整洁、端正，不得用铅笔或红色复写纸填写；若有更正，必须在更正项目上加盖校对章。

3.不同批文或合同的货物、同一批货物中不同贸易方式的货物、不同备案号的货物、不同提运单的货物、不同征免性质的货物、不同运输方式或相同运输方式但不同航次的货物，均应分别填写报关单进行申报。

4.海关接受进出口货物申报后，电子数据和纸质的进出口货物报关单不得修改或者撤销；确有正当理由的，经海关审核批准，可以修改或者撤销。但海关已经决定布控、查验的以及涉案的进出口货物的报关单在办结前不得修改或者撤销。进出口货物报关单修改或者撤销后，纸质报关单和电子数据报关单应当一致。

（四）出口报关单的内容及缮制说明

根据《中华人民共和国海关进出口货物报关单填制规范》的规定，进出口货物报关单各栏目的具体填制规范和要求如下：

1.预录入编号。

该项目是指预录入单位预录入报关单（指预录入单位录入、打印，由申报单位向海关申报的报关单）的编号，用于申报单位与海关之间引用其申报后尚未接受申报的报关单。

预录入编号由接受申报的海关决定编号规则。报关单录入凭单（指申报单位按海关规定的格式填写的凭单，用作报关单预录入的依据）的编号规则由申报单位自行决定。

2.海关编号。

海关编号指海关接受申报时给予报关单的编号，应标识在报关单的每一联上。

3.出口口岸。

出口口岸指货物实际出境我国关境口岸海关的名称。

本栏目应根据货物实际出关境的口岸海关填报《关区代码表》中相应的口岸海关名称及代码；出口转关运输货物应填报货物出境地海关名称及代码；按转关运输方式监管的跨关区深加工结转货物，出口报关单填报转出地海关名称及代码；在不同出口加工区之间转让的货物，填报对方出口加工区海关名称及代码；其他无实际进出境的货物，填报接受申报的海关名称及代码。

4.备案号。

备案号指进出口企业在海关办理加工贸易合同备案或征、减、免税审批备案等手续时，海关给予《加工贸易手册》、《进出口货物征免税证明》或其他有关备案审批文件的编号。

一份报关单只允许填报一个备案号。备案号栏目为12位字符，其中第1位是标记代码。

无备案审批文件的报关单，本栏目免予填报。

5.合同协议号。

本栏目应填报进（出）口货物合同（协议）的全部字头和号码。

6.出口日期。

出口日期指运载所申报货物的运输工具办结出境手续的日期。本栏目供海关打印报关单证明联用，在申报时免予填报。

7.申报日期。

申报日期指海关接受进出口货物的收发货人或受其委托的报关企业申请的日期。

以电子数据报关单方式申报的，申报日期为海关计算机系统接受申报数据时记录的日期；以纸质报关单方式申报的，申报日期为海关接受纸质报关单并对报关单进行登记处理的日期。本栏目为8位数字，顺序为年（4位）、月（2位）、日（2位）。

8.经营单位。

经营单位指对外签订并执行进出口贸易合同的中国境内企业、单位或个体工商户。例如，中国粮油食品进出口总公司签订大米合同，而由其所属的某粮油分公司负责执行合同，组织货源、发货和对外结算，则经营单位为所属的分公司；委托外贸公司出口货物，其经营单位应填委托方，并在备注栏内注明“委托××公司出口”。

本栏目应填报经营单位名称及经营单位在海关办理注册登记手续时，海关给予的注册登记10位编码。

9.发货单位。

发货单位指出口货物在境内的生产或销售单位，包括：

（1）自行出口货物的单位。

（2）委托进出口企业出口货物的单位。

发货单位已在海关注册登记的，本栏目应填报其中文名称及海关注册编码；未在海关注册登记的，本栏目应填报其中文名称及组织机构代码；未在海关注册登记且没有组织机构代码的，本栏目应填报“NO”。使用《加工贸易手册》管理的货物，报关单的收、发货单位应与《加工贸易手册》的“经营企业”或“加工企业”一致；减免税货物报关单的收、发货单位应与《征免税证明》的“申请单位”一致。

10.申报单位。

申报单位指对申报内容的真实性直接向海关负责的企业或单位。自理报关的，应填报出口货物的经营单位名称及编码；委托代理报关的，应填报经海关批准的报关企业名称及编码。

本栏目还包括报关单左下方用于填报申报单位有关情况的相关栏目，包括报关员、报关单位地址、邮政编码和电话号码等。

11.运输方式。

运输方式指载运货物进出关境所使用的运输工具的分类，包括实际运输方式和海关规定的特殊运输方式。

12.运输工具名称。

运输工具名称指载运货物进出境的运输工具的名称或运输工具的编号。

本栏目填报内容应与运输部门向海关申报的载货清单所列相应内容一致。

一份报关单只允许填报一个运输工具名称。

13.航次号。

航次号指载运货物进出境的运输工具的航次编号。

14.提运单号。

提运单号指进出口货物提单或运单的编号。

本栏目填报的内容应与运输部门向海关申报的载货清单所列相应内容一致。

一份报关单只允许填报一个提运单号，一票货物对应多个提运单时，应分单填报。

15.贸易方式（监管方式）。

本栏目应根据实际情况按海关规定的《贸易方式代码表》选择填报相应的贸易方式简称或代码，分一般贸易、正常贸易、寄售、代销贸易、对外承包工程、来料加工、免费广告品、免费样品、“索赔”、“换货”和进口货退回。

一份报关单只允许填报一种贸易方式。

16.征免性质。

征免性质指海关对进出口货物实施征、减、免税管理的性质类别。

本栏目应按照海关核发的《进出口货物征免税证明》中批注的征免性质填报，或根据实际情况按海关规定的《征免性质代码表》选择填报相应的征免性质简称或代码。

一份报关单只允许填报一种征免性质。

17.结汇方式。

出口报关单应填报结汇方式，即出口货物的发货人或其代理人收结外汇的方式。本栏目应按海关规定的《结汇方式代码表》选择填报相应的结汇方式名称或代码。

18.许可证号。

应申领进（出）口许可证的货物，必须在此栏目填报商务部及其授权发证机关签发的出口货物许可证的编号。

一份报关单只允许填报一个许可证号。

19.运抵国（地区）。

运抵国（地区）指出口货物离开我国关境直接运抵或者在运输中转国（地）未发生任何商业性交易的情况下最后运抵的国家（地区）。

对发生运输中转的货物，如中转地未发生任何商业性交易，则运抵国（地区）不变；如中转地发生商业性交易，则以中转地作为运抵国（地区）填报。

本栏目应按海关规定的《国别（地区）代码表》选择填报相应的运抵国（地区）中文名称或代码。

20.指运港。

指运港指出口货物运往境外的最终目的港；最终目的港不可预知的，可按尽可能预知的目的港填报。

本栏目应根据实际情况按海关规定的《港口航线代码表》选择填报相应的港口中文名

称或代码。

21.境内货源地。

境内货源地指出口货物在国内的产地或原始发货地。

本栏目应根据出口货物生产厂家或发货单位所属国内地区，并按海关规定的《国内地区代码表》选择填报相应的国内地区名称或代码。

22.批准文号。

本栏目用于填报《出口收汇核销单》编号。

23.成交方式。

本栏目应根据实际成交价格条款按海关规定的《成交方式代码表》选择填报相应的成交方式代码。

24.运费。

本栏目用于成交价格中不包含运费的进口货物或成交价格中含有运费的出口货物，应填报该份报关单所含全部货物的国际运输费用。可按运费单价、总价或运费率三种方式之一填报，同时注明运费标记，并按海关规定的《货币代码表》选择填报相应的币种代码。

运保费合并计算的，运保费填报在本栏目。

运费标记“1”表示运费率，“2”表示每吨货物的运费单价，“3”表示运费总价。

25.保费。

本栏目用于成交价格中不包含保险费的进口货物或成交价格中含有保险费的出口货物，应填报该份报关单所含全部货物国际运输的保险费用。可按保险费总价或保险费率两种方式之一填报，同时注明保险费标记，并按海关规定的《货币代码表》选择填报相应的币种代码。

运保费合并计算的，运保费填报在运费栏目中，本栏目免予填报。

保险费标记“1”表示保险费率，“3”表示保险费总价。

26.杂费。

杂费指成交价格以外的、按照《中华人民共和国进出口关税条例》相关规定应计入完税价格或应从完税价格中扣除的费用，可按杂费总价或杂费率两种方式之一填报，同时注明杂费标记，并按海关规定的《货币代码表》选择填报相应的币种代码。

应计入完税价格的杂费填报为正值或正率，应从完税价格中扣除的杂费填报为负值或负率。

杂费标记“1”表示杂费率，“3”表示杂费总价。

27.件数。

本栏目应填报有外包装的出口货物的实际件数。特殊情况填报要求如下：

（1）舱单件数为集装箱的，填报集装箱个数。

（2）舱单件数为托盘的，填报托盘数。

本栏目不得填报为零，裸装货物填报为“1”。

28.包装种类。

本栏目应根据进出口货物的实际外包装种类，按海关规定的《包装种类代码表》选择填报相应的包装种类代码。

29.毛重（千克）。

毛重指货物及其包装材料的重量之和。

本栏目填报出口货物的实际毛重，计量单位为千克，不足1千克的填报为“1”。

30.净重（千克）。

净重指货物的毛重减去外包装材料后的重量，即商品本身的实际重量。

本栏目填报出口货物的实际净重，计量单位为千克，不足1千克的填报为“1”。

31.集装箱号。

集装箱号是在每个集装箱箱体两侧标示的全球唯一的编号。

本栏目用于填报和打印集装箱编号及数量。集装箱数量四舍五入填报整数，非集装箱货物填报为“0”。

32.随附单据。

随附单据指随出口货物报关单一并向海关递交的单证或文件。注意合同、发票、装箱单、进出口许可证等必备的随附单证不在本栏目填报 。

33.生产厂家。

生产厂家指出口货物的境内生产企业。本栏目供必要时手工填写。

34.标记唛码及备注。

本栏目上部用于打印以下内容：

（1）标记唛码中除图形以外的文字、数字。

（2）受外商投资企业委托代理其进口投资设备、物品的进出口企业名称。

本栏目下部供填报随附单据栏中监管证件的编号。

（1）监管证件代码+“:”+监管证件号码。一份报关单有多个监管证件的，连续填写。

（2）一票货物有多个集装箱的，在本栏目打印其余的集装箱号（最多160字节，其余集装箱号手工抄写）。

35.项号。

本栏目分两行填报及打印。

第一行打印报关单中的商品排列序号。

第二行专用于加工贸易等已备案的货物，填报和打印该项货物在《加工贸易手册》中的项号。

加工贸易合同项下进出口货物，必须填报与《加工贸易手册》一致的商品项号，所填报项号用于核销对应项号下的料件或成品数量。

36.商品编号。

商品编号指按商品分类编码规则确定的进出口货物的商品编号。

此栏目分为商品编号和附加编号两栏，其中商品编号栏应填报《中华人民共和国海关进出口税则》8位税则号列，附加编号栏应填报商品编号附加的第9、10位附加编号。《加工贸易手册》中商品编号与实际商品编号不符的，应按实际商品编号填报。

37.商品名称、规格型号。

本栏目分两行填报及打印。

第一行打印进出口货物规范的中文商品名称，第二行打印规格型号，必要时可加注原文。

38.数量及单位。

数量及单位指进出口商品的实际数量及计量单位。

本栏目分三行填报及打印。

39.最终目的国（地区）。

最终目的国(地区)指已知的出口货物的最终实际消费、使用或进一步加工制造国家(地区)。

40.单价。

本栏目应填报同一项号下进出口货物实际成交的商品单位价格。

41.总价。

本栏目应填报同一项号下进出口货物实际成交的商品总价。

42.币制。

币制指进出口货物实际成交价格的币种。

本栏目应根据实际成交情况按海关规定的《货币代码表》选择填报相应的货币名称或代码，如《货币代码表》中无实际成交币种，需转换后填报。

43.征免。

征免指海关对进出口货物进行征税、减税、免税或特案处理的实际操作方式。

本栏目应按照海关核发的《征免税证明》或有关政策规定，对报关单所列每项商品选择填报海关规定的《征减免税方式代码表》中相应的征减免税方式。

加工贸易报关单应根据《加工贸易手册》中备案的征免规定填报。

《加工贸易手册》中备案的征免规定为“保金”或“保函”的，不能按备案的征免规定填报，而应填报“全免”。

44.税费征收情况。

本栏目供海关批注进（出）口货物税费征收及减免情况。

45.录入员。

本栏目用于记录并打印预录入操作人员的姓名。

46.录入单位。

本栏目用于记录并打印电子数据报关单的录入单位名称。

47.填制日期。

填制日期指报关单的填制日期。电子数据报关单的填制日期由计算机自动打印。

48.海关审单批注栏。

本栏目指供海关内部作业时签注的总栏目，由海关关员手工填写在预录入报关单上。其中“放行”栏填写海关对接受申报的进出口货物作出放行决定的日期。

第三节 投保

一、保险概述

（一）我国海洋运输保险险别

1.基本险（Basic Insurance Coverage）。

（1）平安险（Free from Particular Average，F.P.A.）。

（2）水渍险（With Particular Average，W.P.A.或W.A.）。

（3）一切险（All Risks， A.R.）（水渍险加一般附加险）。

〔**启发思考**〕“一切险”能承保一切风险吗？是否投保了一切险保险公司就承担一切风险责任？

2.附加险（Additional Insurance Coverage）。

一般附加险（General Additional Risk）包括：

（1）偷窃提货不着险。

（2）淡水雨淋险。

（3）短量险。

（4）混杂、沾污险。

（5）渗漏险。

（6）碰损、破碎险。

（7）串味险。

（8）受潮、受热险。

（9）钩损险。

（10）包装破裂险。

（11）锈损险。

特殊附加险（Special Additional Risk）包括：

（1）战争险。

（2）罢工险。

（3）交货不到险。

（4）进口关税险。

（5）舱面险。

（6）拒收险。

（7）黄曲霉素险。

（8）货物出口到香港（包括九龙）或澳门存仓火险责任扩展条款。

（二）保险的责任期限

保险责任的起讫时间，采用国际保险业惯用的“仓至仓条款”（Warehouse to Warehouse Clause，W/W Clause），即保险责任自被保险货物运离保险单载明的起运地发货人仓库或储存处所开始生效，包括正常运输过程中的海上、陆运、内河和驳船运输在内，直至该项货物到达保险单所载明目的地收货人的仓库为止，但最长不超过被保险货物卸离海轮后60天。

进出口企业要得到运输货物的保险赔偿，必须同时具备四个条件：

1.所发生的风险是在保险责任范围之内。

2.所遭受的损失与发生的风险之间具有直接的因果关系。

3.在保险标的遭受风险时，索赔人对其具备保险利益，即货物损失与索赔人之间存在利害关系。

4.依照“仓至仓条款”，被保险货物遭损的时间和地点是在保险范围之内。

（三）保险公司的除外责任

对海洋运输货物保险的三种基本险别，保险公司规定有下列除外责任：

1.被保险人的故意行为或过失所造成的损失。

2.属于发货人的责任所引起的损失。

3.在保险责任开始承担前，被保险货物已存在品质不良或数量短少所造成的损失。

4.被保险货物的自然损耗、本质缺陷、特性及市价跌落、运输延迟所引起的损失或费用。

5.保险公司海洋运输货物战争险条款和罢工险条款所规定的责任及其除外责任。

〔**启发思考**〕只要采用“仓至仓条款”，无论在任何阶段发生的保险风险，其损失都可由保险公司赔偿吗？

（四）伦敦保险协会海运货物保险条款

1.ICC（A）险承保风险和除外责任类似一切险。

2.ICC（B）险承保风险和除外责任类似水渍险。

3.ICC（C）险承保风险和除外责任类似平安险。

ICC（C）险的承保风险比（A）、（B）险要小得多，它只承保“重大意外事故”的风险，不承保自然灾害及非重大意外事故的风险。ICC（C）险的除外责任与ICC（B）险完全相同。

4.协会战争险条款（货物）。

5.协会罢工险条款（货物）。

6.恶意损害险条款。

（五）保险单据

1.保险单。

2.保险凭证。

3.联合凭证。

4.预约保险单。

5.保险通知书。

6.批单。

二、投保实务

（一）投保险别的选择

选择投保险别应注意保障的充分性和合理性，同时考虑下列因素：

1.海运货物的性质和特点。

投保时要根据风险对各种货物致损的影响程度选择适当的险别。如羊毛、羊绒等易沾污，可以投保平安险或水渍险加保混杂、沾污险。

2.运输方式和路线及港口情况。

投保还要考虑运输方式、运输路线对货物会有不同程度的影响，各国的港口设备、安全等情况也有很大的差异性，对货物的装卸安全有不同程度的影响。

3.国际形势的变化和气候特点。

在局部地区战争或形势紧张的情况下，就需要加保战争险等特殊险别。

（二）保险金额和保费的计算

保险金额的计算公式是：

保险金额=CIF（CIP）价×（1+投保加成率）

在实际工作中，如已有成本价，要计算出CIF价格，可先计算出运费额，与成本价相加，得出成本加运费价CFR，然后再按公式计算出CIF价。

保险费的计算公式是：

保险费= 保险金额×保险费率

= CIF（CIP）价（1+投保加成率）×保险费率

【例5-1】我出口CIF合同规定按发票金额110%投保一切险和战争险，如出口金额为15 000美元，一切险保险费率为0.6%，战争险保险费率为0.03%。试问：投保金额是多少？应付保险费若干？

解：保险金额=CIF价×（1+投保加成率）

=15 000×（1+10%）

=16 500（美元）

保险费=保险金额×保险费率

=16 500 ×（0.6%+0.03%）

=103.95（美元）　取整104美元

（三）投保的程序

1.投保人根据合同或信用证的规定，在备妥货物并确定装运日期后，出口公司应在货物装船前向保险公司索取空白投保单（见表5-14），据实填写其中的有关项目，并附有关单据（如信用证、国际贸易合同等）一并交保险公司，保险公司核对同意后，即可订立正式保险合同。

表5-14　投保单样本

信达财产保险股份有限公司
CINDA PROPERTY INSURANCE CO., LTD

货物运输保险投保单

1.本投保单为保险合同的重要组成部分，填写前请仔细阅读本公司的保险条款，并特别提示注意保险条款的投保人权利义务、责任免除和保险责任部分；

2.请如实详尽填写本保单各项内容，投保人如故意隐瞒或重大过失遗漏相关信息，或对相关信息进行虚假、误导性陈述等足以影响本公司对承保风险进行评估的，本公司有权解除保险合同。

投保人 Applicant		联系人及联系电话 Contact Person and Contact Number	
投保人地址及邮编 Address and Post Code	□□□□□□		
被保险人 Insured			
合同号 Contract No.		信用证号 L/C No.	
发票号或提单号 Invoice or B/L No.		起运日期 Departure Date	
发票金额 Invoice Amount		投保加成 Plus	

续表

<table>
<tr><td colspan="6">货物种类 Goods：□袋/箱 Bag/Jumbo □散装 Bulk □冷藏 Reefer □液体 Liquid □活动物 Live Animal
□机器/汽车 Machine/Auto □危险品 Dangerous Class □旧货物 Used goods
集装箱种类 Container：□普通 Ordinary □开顶 Open □框架 Frame □平板 Flat □冷藏 Reefer
是否转运 Transit：□是 Yes □否 No 转运工具 Transit By：</td></tr>
<tr><td colspan="2">进出口种类 Import or Export</td><td colspan="4">□进口 Import □出口 Export</td></tr>
<tr><td colspan="2">运输工具 Per Conveyance S.S.</td><td colspan="2"></td><td>船名 Name of Hull</td><td></td></tr>
<tr><td colspan="2">船龄 Vessel Age</td><td colspan="2"></td><td>船籍 Registry</td><td></td></tr>
<tr><td>船级 Classification</td><td></td><td>总吨 GT</td><td></td><td>载重吨 D.W.T.</td><td></td></tr>
<tr><td>运输路线 Voyage</td><td colspan="5">自 from： 经 via： 至 to：</td></tr>
<tr><td>投保险种 Insurance Category</td><td colspan="5">□海洋运输货物保险 Ocean Marine Cargo Insurance
□路上运输货物保险 Overland Transportation Cargo Insurance
□航空运输货物保险 Air Transportation Cargo Insurance
□海洋运输冷藏货物保险 Ocean Marine Cargo Insurance（Frozen Products）
□陆上运输冷藏货物保险 Overland Transportation Cargo Insurance（Frozen Products）
□邮包险 Parcel Post Insurance</td></tr>
<tr><td colspan="6">投保险别及条件 Type of Insurance and Conditions &/or Special Coverages:</td></tr>
<tr><td colspan="6">明细表 list of details</td></tr>
<tr><td colspan="6">币种 Currency：□人民币 RMB □美元 Dollar □港币 HK Dollar □其他 Other________</td></tr>
<tr><td>保险货物名称 Name of the Insured Goods</td><td>标记 Marks and Nos.</td><td>包装及数量 Packing and Quantity</td><td>保险金额 Sum Insured</td><td>费率 Premium Rate</td><td>保险费 Premium</td></tr>
<tr><td></td><td></td><td></td><td></td><td></td><td></td></tr>
<tr><td colspan="6">总保险金额 Total Sun Insured: 小写：</td></tr>
<tr><td colspan="6">免赔额（率）Deductibles(rate):</td></tr>
<tr><td colspan="6">总保险费 Total Premium: 小写：</td></tr>
</table>

续表

赔款偿付地点 Claim Payable At:

因履行本合同或与本合同有关的争议，双方应协商解决；经双方协商未达成协议的，采取下列之一方式解决：All disputes between the Insured and the Company shall be settled through friendly negotiation. Where a settlement fails after negotiation, one of the following methods shall be used:

□向__________仲裁委员会申请仲裁；Submit to Arbitration Committee □向被告方住所地人民法院提起诉讼。Carry out legal actions with a court where the defendant is domiciled.

特别约定 Special Agreement:

1.付费约定 Payment Arrangement:

□一次性付费 付费日期: One lump sum payment before______年______月______日前

□分期付费 Installment　付费办法 Payment Schedule:

2.投保人未按上述约定交纳保险费，保险合同不发生法律效力，当事人另有约定的除外。Should the applicant fail to pay the premium as agreed above, the insurance contract hereof shall not take into effect except otherwise agreed upon by both parties.

投保人声明：

1.投保人为投保本保险产品在本投保单所填上述内容和提供的其他相关资料以及所作的陈述全部属实，不存在故意隐瞒、因重大过失遗漏、虚假或误导性陈述等情况，并同意以本投保单作为订立保险合同的依据。

2.投保人填写本投保单之前，保险人已经就本投保单及后附的保险条款的内容，尤其是关于保险人责任免除的条款及投保人和被保险人义务条款向投保人作了显著提示和明确说明，并特别就保险人责任免除条款相关的概念、内容及其法律后果以及其他相关事项向投保人做出了解释和明确说明，投保人确认已理解和明了这些条款的真实含义及法律后果，投保人对本投保单及后附的保险条款的内容不存在任何异议，并同意接受本投保单及后附的保险条款的约束。

3.本声明为投保人真实意思表示，系投保人自愿签署。

投保人签名（盖章）：

年　月　日

以下内容为保险公司人员填写 The following to be filled out by Company Employee

业务员签名 Representative		业务员代码 Representative Code		业务员联系电话 Contact Number
业务来源 Source	□网上投保 Web □直接业务 Direct □代理业务 Agency □经纪业务 Broker □其他 Other			

中介机构名称 Name of Intermediary		中介机构代码 Intermediary Code	

核保人意见 Underwriter's Comments:

核保人签章 Seal of Underwriter:　　日期 Date:　年　月　日

2.保险公司接到投保单后，以此为依据出具保险单（见表5-15）。

表 5-15 **保险单样本**

中国人民财产保险股份有限公司货物运输保险单

PICC PROPERTY AND CASUALTY COMPANY LIMITED CARGO TRANSPORTATION INSURANCE POLICY

总公司设于北京　　一九四九年创立

Head Office: Beijing　　Established in 1949

印刷号（Printed Number）　　保险单号（Policy No.）
合同号（Contract NO.）
发票号（Invoice NO.）
信用证号（L / C NO.）
被保险人（Insured）

中国人民财产保险股份有限公司（以下简称本公司）根据被保险人的要求，以被保险人向本公司缴付约定的保险费为对价，按照本保险单列明条款承保下述货物运输保险，特订立本保险单。

THIS POLICE OF INSURANCE WITNESSES THAT PICC PROPERTY AND CASUALTY COMPANY LIMITED (HEREINAFTER CALLED " THE COMPANY") AT THE REQUEST OF THE INSURED AND IN CONSIDERATION OF THE AGREED PREMIUM PAID TO THE COMPANY BY THE INSURED, UNDERTAKES TO INSURE THE UNDERMENTIONED GOODS IN TRANSPORTATION SUBJECT TO THE CONDITION OF THIS POLICY AS PER THE CLAUSES PRINTED BELOW.

标 记 MARKS & NOS.	包装及数量 QUANTITY	保险货物项目 GOODS	保险金额 AMOUNT INSURED

总保险金额：

Total Amount Insured: ____________________

保费（Premium）: ____________　启运日期（Date of Commencement）: ____________

装载运输工具（Per Conveyance）: ____________________

自：　　经：　　到：

From: ____________ Via: ____________ To: ____________

承保险别（Conditions）：

所保货物，如发生保险单项下可能引起索赔的损失，应立即通知本公司或下述代理人查勘。如有索赔，应向本公司提交正本保险单（本保险单共有______份正本）及有关文件，如一份正本已用于索赔，其余正本自动失效。

IN THE EVENT OF LOSS OR DAMAGE WHICH MAY RESULT IN A CLAIM UNDER THIS POLICY, IMMEDIATE NOTICE MUST BE GIVEN TO THE COMPANY OR AGENT AS MENTIONED. CLAIMS, IF ANY, ONE OF THE ORIGINAL POLICY WHICH HAS BEEN ISSUED IN____________ ORIGINAL (S) TOGETHER WITH THE RELEVENT DOCUMENTS ALL BE SURRENDERED TO THE COMPANY. IF ONE OF THE ORIGINAL POLICY HAS BEEN ACCOMPLISHED, THE OTHERS TO BE VOID.

保险人：
Underwriter:

电话（TEL）：
传真（FAX）：
地址（ADD）：____________________
赔款偿付地点
Claim Payable at____________________ 授权人签字：
签单日期（Issuing Date）____________________ Authorized Signature
核保人：　　制单人：　　经办人：

3.投保人在保险公司出具保险单后，如需更改保险险别、保险金额、投保期限、航程或运输工具等相关内容，必须向保险公司提出申请，保险公司出立批单（Endorsement），附在保险单上作为保险单的组成部分。批单的法律效力优于保险单。

4.投保人交纳保险费。投保人填交投保单后，保险公司按投保金额的一定百分比收取保险费，这是保险合同生效的前提条件。

5.保险公司开立保险单交投保人或在保险公司确定保险后向投保人发承保回执，列明保险单号码、保单日期、投保日期等相关内容，由投保人缮制保险单交保险公司确认签署。

（四）缮制出口货物投保单的基本要求

保险公司出具的保险单是以投保人填报内容为依据的，所以投保人必须按规定的格式逐项填制。基本项目说明如下：

1.保险人：即保险公司名称。

2.被保险人：即保险单的受益人，一般为卖方。

3.保单号次：由保险公司提供。

4.保单日期：据实填写，也可简单填写为“AS PERINVOICE NO.×××”。

5.标记：即唛头，据实填写。

6包装及数量：据实填写。

7.保险项目：即品名，可填统称。

8.保险金额：据实填写，应取整。

总保险金额：填写保险金额的大写数字，应与小写一致（注意：取整时必须进位，不得四舍五入。如USD 1234.02应填写为USD 1235）。

9.运输工具：据实填写运输工具的名称和航次。

10.装运港：据实填写。

11.目的港：据实填写。

12.货物起运日期：填写船公司配舱资料上的货物装船日期。

13.承保险别：据实填写。

14.保险代理：由保险公司填写。

15.赔付地点：根据信用证的规定填写，一般在进口国目的港。

16.应缴保费：据实填写。

17.投保人签字：投保公司盖章并由具体经办人员签字。

18.投保日期：据实填写。

案例分析

1.某货代公司接受货主委托，为其代理4票货物自上海至埃及塞得港的出口运输业务，约定由货主向货代支付运费。货代公司办理托运后，船方签发了4份海运提单，交给货代公司，但货主未向货代公司明示索取单据。之后，货主在货物贸易合同方面遇到障碍，双方协商未果，货物滞留在目的港，与此同时，货代公司向货主催讨运费。但货主认为，货代公司收取运费表明它是无船承运人，同时，货代公司没有主动交付单据，导致收货人无法提货，自己则无法收到货款，因此要求赔偿，诉诸法院。

法院审理认为，虽然约定货主公司向货代公司支付运费，但是并不因此改变代理合同的性质。货代公司作为一个合格的货运代理人，在拿到有关货物的出运单证后，应根据诚信、善意履行合同的原则，主动向货主交付有关货运单证，或通知托运人前来领取上述单证。货代公司明知货运单证滞留在自己手中会导致收货人无法提货，并将由此造成一系列损害后果，仍将货运单证控制在自己手中，从而在客观上促成了货主损失的产生。因此，货代公司应对货主的损失承担不当占有引起的赔偿责任。

资料来源　黄帅.海运代理合同条款不该模糊[J].进出口经理人，2007（10）：50-51.

2.某年5月，中国甲进出口公司（原告、买方）与法国丙公司（被告、卖方）按CIF术语签订总价值为1 728 000美元9 600吨的化肥买卖合同，丙公司于6月10日收到甲公司开来的信用证后，于6月12日按合同约定向中国乙保险公司（被告）办理了投保手续，承保条件为中国人民保险公司的海洋运输保险条款，按照合同金额的110%投保一切险（包括仓至仓条款），保险单的被保险人为买方，保险单上所载明的起运地为丙公司仓库所在里昂市，目的地为中国大连。6月15日，丙公司将货物自仓库运往港口装船的途中，因车辆倾覆翻入大海导致600吨货物受损。剩下的9 000吨货物于7月19日被安全运抵目的港。所载货物被全部卸入港属仓库内。在载货船舶抵港前，原告委托一家运输公司代办提货。 8月1日，发生特大海潮，大量海水进入存放货物的仓库。除海潮发生前已被提走的2 000吨货物外，剩下货物相当大的部分已被海水浸泡。根据商品检验机构货物残损鉴定报告结果：大部分化肥被浸泡已成糊状，有效成分严重降低，另外一部分已结成硬块，剩下来的经化验分析，所含有效成分所剩无几，估计损失100%，价值1 260 000美元。海潮发生后，甲公司对港存货物采取了一系列的施救措施，产生施救费用65 420元人民币。上述事故发生后，买方向保险公司提出索赔，要求赔偿货运装港前600吨的货损以及提货后所剩7 000吨遭受海潮造成的货损。保险公司以甲公司对货运装港前货损不享有保险利益，海潮货损乃是发生在保险责任终止后为由拒绝赔偿。卖方丙公司应甲公司请求向保险公司索赔货运装港前600吨的货损，亦遭到保险公司拒绝。

本案中买卖双方采用的是CIF贸易术语，本来卖方可以以自己为被保险人，在风险转移后将保单转让给买方，享受仓至仓全程保险，但是由于其粗心大意或者为图省事，将被保险人直接填写为买方，导致保险责任起始于货物装上船时，“仓至仓”被弱化成了“船至仓”。货运装港途中损失发生时保险责任期间还没开始，所以，对该部分的600吨货损保险公司不承担责任。

资料来源　高杰.警惕仓至仓条款下的隐性陷阱[J].进出口经理人，2014（03）：84-85.

实训练习

1.根据以下信用证的有关内容，填制“集装箱货物托运单”一份。

DC NO.1-01-F-05776 DATED 12.08.10

BENEFICIARY: CHINA NATIONAL LIGHT PORDUCTS I/E CORP. JIANGSU (GROUP) . 2，QIAO GUANG ROAD，GUANGZHOU.

……

SHIPMENT: PARTIAL SHIPMENTS ARE ALLOWED, TRANSSHIPMENT IS

ALLOWED.SHIPMENT FROM SHANGHAI TO DUBLIN, IRELAND, LATEST 12.09.30.

COVERING: 1 100 PIECES "HELM" BRAND WALL COLCKS.

SHIPPING MARKS: E V ES
DUBLIN

DOCUMENTS REQUIRED:

FULL SET ORIGINAL CLEAN ON BOARD OCEAN BILLS OF LADING MADE OUT TO ORDER ENDORSED IN BLANK, MARKED FREIGHT PREPAID NOTIFY

(1) EVES DISTRIBUTORS LTD., 2C SUNBURY INDUSTRIAL ESTATE, WALKINSTOWN DUBLIN 12, IRELAND.

(2) FIDELITY MERCANTILE CO., LTD., G.P.O.BOX 890, HONGKONG.

THE GOODS ARE PACKED IN 110 CASES, NET WEIGHT: 1 105 KGS, GROSS WEIGHT: 1 895 KGS, MEAS: 6.55 CBM, VESSEL: CHANGHONG V565.

2.根据给出的相关资料，简述办理出口货物的出运流程，填制出口货物报关单。

(1) THE SELLER: DALIAN ×× GARMENT CO., LTD.中韩合资大连××服装有限公司（2115930064）

(2) THE BUYER: WAN DO APPAREL CO.LTD, 550-17, YANGCHOU-GU, SEOUL, KOREA.

(3) PORT OF LOADING: DALIAN CHINA, FINAL DESTINATION: INCHON, KOREA, CARRIER: DAIN/431E

(4) TERMS OF PAYMENT: DOCUMENTS AGAINST ACCPTANCE

(5)

NO.S OF PACKAGES	DESCRIPTION	QTY/UNIT	UNIT PRICE	AMOUNT
			FOB DALIAN CHINA	
260 CTNS	LADY'S JUMPER	1 300PCS	$11.00	USD14 300.00
	MAN'S JUMPER	1 300PCS	$11.00	USD14 300.00

TOTAL: USD28 600.00

(6) B/L NO: DAINE 431227, INVOICE NO.: HT01A08

(7) NW: 2 600KGS, GW: 3 380KGS, 1×40'CONTAINER NO.: EASU9608490.

(8) 该公司在来料加工合同9911113项下出口男、女羽绒短上衣，分列手册（编号B0900093010018）第2、3项，计量单位：件/千克。

(9) 大连××国际货运有限公司于2014年3月18日向大连海关申报出口，提单日期为2014年3月19日.

(10) 该男、女羽绒短上衣的商品编码分别为6201.9310、6202.1310。

3.根据下列所给内容缮制装船通知。唛头由出口方设计。

BUYER: WEILI INT'L TRADING CORP.

SELLER: SUNSHINE TOY CORP.

DESCRIPTION:

ORDER NO.　　GOODS　　QUANTITY/PACKAGES　　COLOUR

A220	BAGS	3 200PCS/100CTNS	GREY
A320		4 000PCS/200CTNS	WHITE
C153		4 000PCS/200CTNS	WHITE

SHIPMENT：MAR.22,2012 FROM SHANGHAI TO HAMBURG

CONTAINER NO.&SEAL NO.：1X40′ GP MLCU4578610/C423775

VOYAGE NAME&NO.：CMA CGM NEPTUNE V.485W

B/L NO.CGLSHA0303088

INVOICE NO.&AMOUNT：SUNJA20120322 TOTAL USD22 000.00

第六章

制单结汇

制单结汇工作包括审证、制单、审单、交单和结汇归档五个环节，它贯穿于外贸业务的成交、货源、运输、收汇的全过程，其主要特点表现为专业性与时间性强、工作量大、涉及面广，需要加强和本单位各部门、出口产品的生产单位、货运、银行、保险公司、海关、商检机构及相关的行政管理机关等方面的协调配合。对出口单位而言，在完成货物出运后，制单工作能否正确、完整、及时、清晰地完成，是决定能否顺利结汇的关键，直接关系到企业的经济利益。因此，制单结汇工作是外贸业务中的一项非常重要的工作。

第一节　外贸单证

一、概念

（一）外贸单证的含义

所谓单证，就是在进出口业务中应用的单据与证书，买卖双方凭借这些单据与证书来处理货物的交付、运输、保险、商检、报关、结汇等。单证也是整笔外贸业务的记录，应该与合同、信用证和实际业务相符，即使在非信用证业务项下的单证，虽没有信用证项下的单证要求严格，但也要做到正确、准确、精确。

（二）外贸单证的作用

1.外贸单证是履行外贸合同的证明。

各种单证在外贸业务的各个环节都有其特定的功能，它们的缮制、签发、流转、组合、交换等具体的应用，反映了外贸合同履行的进展情况及相关各方的责任、权利和义务的发生、转移以及终止。单证具体反映货物状况，掌握了单证就等于掌握了货物状况。通过单证转移，达到货物转移的目的，并使货物的转移合法化。

2.外贸单证是结汇的必要工具。

国际商会《跟单信用证统一惯例（UCP600）》规定，在信用证业务中，银行处理的是单证，而不是单证所涉及的货物、服务或其他行为。在信用证支付方式下，只要出口商能提交符合信用证规定的单证，银行就必须承担付款或承兑的责任，至于货物的实际情况如何，银行不必过问。相反，即使实际货物与外贸合同中的规定完全相符，但单证与信用证不符，银行就可以依此拒绝付款或承兑。因此，在国际贸易中，全套正确、完整的单证，是卖方安全、迅速结汇的必要工具，同时也是买方取得物权证明的保证。

3.外贸单证是外贸业务管理水平的重要标志。

单证工作是外贸业务的重要组成部分，单证工作的质量直接反映了外贸业务管理水平的高低，单证工作在外贸业务中能起到“把关”的作用。如果在履行外贸合同的某个环节不能正确、及时地缮制或流转有关的单证，就会影响整个合同履行的进程。同样，外贸业务管理中的问题也会在单证工作中表现出来。因此，单证工作不能只是简单地把它看做单证的缮制、复核和流转，而是能否围绕单证及时、妥善地处理好外贸业务中的各项工作，能否协调和解决业务中的各种矛盾，能否确保顺利结汇及企业的信誉，能否不断提高外贸业务管理水平的重要标志。

二、外贸单证员

在对外贸易业务中，根据销售合约、信用证条款缮制、出具各种对外贸易结算单据和证书，提交银行办理议付手续，或委托银行收款的人员称为单证员。

作为外贸单证员，必须具备如下条件：

（一）思想和职业道德

1.自觉维护国家、集体和人民的利益，遵守外贸工作纪律和本企业的各项规章制度。

2.充分认识单证工作的重要性，热爱外贸单证本职工作，责任心强，对工作一丝不苟、细致、谨慎，能保证及时、安全收汇。

3.具有良好的合作意识，协调本单位和本企业外有关部门的关系，相互支持，从全局出发，正确处理有关事宜。

4.勤奋工作，精益求精，努力学习，积极进取。

（二）专业知识

1.掌握我国对外贸易工作的有关方针、政策和法律。对国际政治、经济、地理、风俗、物产、人文等有较全面的了解。

2.掌握对外贸易的基本知识，熟悉支付方式、价格条件、各种运输方式和条款以及保险的基本知识。

3.掌握国际结算和汇兑方面的知识，熟悉国际现行有关信用证和托收业务的统一管理，并能实际运用操作；及时阅读国际贸易单证的有关文件及资料，在交涉中能运用自如。

4.了解与本职工作相关的外汇银行功能和银行处理进、出口单证方面的基本知识，以及有关运输、海关、保险、商检、贸促会、银行等部门必要的工作程序，以便协调工作。

5.熟悉世界主要港口、航线和各主要贸易国（地区）海关对有关单据的特殊要求和惯例，了解各种运价、保费及银行、商检费用的计算方法。

（三）工作能力

1.具有独立缮制各种单据（如汇票、发票、箱单、函电等）的能力，做到所提供的单证内容完整，份数齐全，数据准确，表面清洁美观，单证一致，单单相符，并能对各种单证进行分类、索引标目、归档保管。

2.具有正确理解、审核信用证及合同的有关内容，缮制国际结算方面的往来函电的英文水平，并且了解国际、国内有关外贸业务及相关单证环节的最新动态。

3.中、英文打字熟练、准确。

4.能运用计算机等操作工具，迅速、准确地进行业务操作，并对价格、运费、保险费、汇率、银行手续费等进行运算。

5.具有电脑制单、制图等操作技能，以适应单证工作日益电子化的需求。

三、外贸单证工作的内容与要求

出口单证工作的内容主要包括审证、制单、审单、交单和归档等五大方面。单证工作总的要求是“单内一致、单证一致、单单一致和单货一致”。其中，“单内一致”是单据内同类项目保持一致；“单证一致”是指外贸单据与信用证保持一致；“单单一致”是指各种单据之间保持一致；“单货一致”是指单据中所描述的货物与实物保持一致。

1.审证。

出口商在收到买方开来的信用证后，由通知行和出口商分别进行审证。其中，通知行的审证主要是审核进口商开证行的资信情况，核验其签字或密押的真实性及偿付条款等。出口商的审证主要是审核信用证的各项条款是否与合同相符，对信用证与合同不符的条款或其他不能接受的条款应及时提出并要求对方修改。

2.制单。

制单是单证工作的主要环节，随着履行外贸合同各环节业务的进行，就应缮制、签发、流转各种相关单证，在制单时应做到以下几点：

（1）正确。

正确是单证工作的前提。所谓正确，是指制单要符合以下两个方面的要求：一是要做到上面所述的“四个一致”，即单内一致、单证一致、单单一致和单货一致；二是各种单证必须符合有关国际惯例和进、出口双方所在国家的相关法令和规定，制单必须把正确性放在首要位置。

（2）完整。

所谓完整，是指制单必须符合两个方面的规定：一方面，单证必须份数齐全、成套，其中，份数齐全是指每一种单证的正本份数、副本份数需按规定的份数要求制作，不能随意减少，成套是指一笔交易中，卖方应按信用证规定制作或取得所有种类的单证；另一方面，每种单证的内容必须完整，即单证的制作在内容的描述、应列项目、文字拼写、语句或表达、签章或背书、时间等方面都要完整，不能遗漏。

（3）及时。

单证工作的时间性强，主要表现在两个方面：一是每一种单证的出单日期要及时、有序、合理，既要符合一般商业习惯和要求，又要在信用证或合同规定的有效期内。例如，保险单的出单日期不得迟于提单的签发日期，提单日期不得迟于装运期，出单不及时、有序、合理会造成单证、单单不符。二是全套单证制作或取得完毕后，应及时到议付行交单议付（即到银行交单结汇）。UCP600中规定：信用证必须规定提交单据的有效期限。规定的用于兑付或者议付的有效期限将被认为是提交单据的有效期限。若提交包含一份或多份按照本惯例第19条、20条、21条、22条、23条、24条或25条出具的正本运输单据，则必须由受益人或其代表按照相关条款在不迟于装运日后的21个公历日内提交，但无论如何不得迟于信用证的到期日。

（4）简洁。

所谓简洁，一是要简，二是要洁。其中“简”的含义是指：单证的内容在符合信用证或合同、商业习惯所规定的要求下，力求简明扼要，防止复杂繁琐，以利于减少差错，提高单证质量和工作效率；“洁”的含义是指：单证的表面要清洁、美观、大方，单证的内容要清晰易认，这是对单证外观质量的要求，它不仅反映了制单员的工作责任心和熟练程度，而且还会直接影响出单的效果。

3.审单。

（1）基本要求。

①及时性。及时审核有关单据可以对一些单据上的差错做到及时发现，及时更正，有效地避免因审核不及时造成的各项工作的被动。

②全面性。应当从安全收汇和全面履行合同的高度来重视单据的审核工作，一方面，我们应对照信用证和合同认真审核每一份单证，不放过任何一个不符点；另一方面，要善于处理所发现的问题，加强与各有关部门的联系和衔接，使发现的问题得到及时、妥善的处理。

（2）审单标准。

UCP600第2条规定，相符交单是指与信用证条款、本惯例的相关适用条款以及国际标准银行实务一致的交单。其中第14条d款规定，单据中内容的描述不必与信用证、信用证对该项单据的描述以及国际标准银行实务完全一致，但不得与该项单据中的内容、其他规定的单据或信用证相冲突。在第14条e款中指出，除商业发票外，其他单据中的货物、服务或行为描述若须规定，可使用统称，但不得与信用证规定的描述相矛盾。只要提交的单据违背UCP600的上述约定，即界定为不符点交单。

《国际标准银行实务（ISBP745）》是UCP600的补充，是对UCP600所反映的信用证审单实务的最佳解释，强调了UCP600所适用的条款在信用证或有关的任何修改书没有明确修改或排除的范围时，如何解释和适用。

（3）审单的基本方法。

审核单据时按信用证、汇票、商业发票、包装单、产地证、检验证、保险单和提单顺序摆放，以信用证为标准审核每个单据。

①纵向审核法。指以信用证或合同（在非信用证付款条件下）为基础对规定的各项单据进行一一审核，要求有关单据的内容符合信用证的规定，做到“单证相符”。

②横向审核法。在纵向审核的基础上，以商业发票为中心审核其他规定的单据，使有关的内容相互一致，做到“单单相符”。

（4）审单的要点。

①检查规定的单证是否齐全，包括所需单证的份数。

②检查所提供的文件名称和类型是否符合要求。

③有些单证是否按规定进行了认证。

④单证之间的货物描述、数量、金额、重量、体积、运输标志等是否符合ISBP745要求。

⑤单证出具或提交的日期是否符合要求。

（5）常见差错。

①汇票大、小写金额打错。

②汇票的付款人名称、地址打错。

③发票的抬头人打错。

④有关单据如汇票、发票、保险单等的币制名称不一致或不符合信用证的规定。

⑤发票上的货物描述不符合信用证的规定。

⑥有关单据的类型不符合信用证要求。

⑦单单之间商品名称、数量、件数、唛头、毛净重等不一致。

⑧应提交的单据提交不全或份数不足。

⑨未按信用证要求对有关单据如发票、产地证等进行认证。

⑩漏签字或盖章；汇票、运输提单、保险单据上未按要求进行背书。

（6）问题单据的具体处理。

①在规定的效期和交单期内，将有问题的单据全部改妥。

②由于种种原因不能按期更改或无法修改的单据，事先与客户联系并取得客人接受不符单据的确认文件，然后向银行出具一份保函（通常称为担保书）。

③请银行向开证行拍发要求接受不符点并予付款的电传（俗称“打不符电”）。

④单据中存在不符点，使原先信用证项下的银行信用已经变为商业信用，如果客人信用较好且急需提取货物，为减少一些中间环节可改为托收方式。

4.交单。

交单是银行议付和结汇的前提。出口商应在合同或信用证规定的期限内交单，做到单证完整、内容正确、提交及时。

5.归档。

单证是外贸企业进出口业务的重要证明文件。所以，在交单结汇之后，企业应将一份完整的单证副本归档保存。它至少可以起到两个方面的作用：一是加强外贸业务管理；二是万一发生交单后的退单、索赔、争议、仲裁等情况时，能作为有效的证明文件。

第二节　制单

一、汇票

（一）缮制汇票的原则

1.票面必须整洁、干净、清楚，金额不得涂改，不得加注与汇票无关的内容。

2.为便于识别，汇票应该用打字机打出，不宜用手写。

3.字迹应使用黑色或蓝色等，不应使用红色。

4.内容应完整。

5.应使用与信用证相同的文字或按信用证要求的文字制作。

6.汇票背面保持清洁以利于汇票背书转让。

7.为防备单据在邮寄途中遗失，一般远洋单据都按两次邮寄，所以，汇票都应制成一式两联，“付一不付二”或“付二不付一”，两联具有同等效力。港澳地区一次寄单，可只出一联。

8.汇票的大小和质地虽无统一规定，但以便于业务处理和流通为宜。

（二）汇票的内容与缮制

汇票样本如图6-1所示。

BILL OF EXCHANGE

凭 Drawn Under ______ 不可撤销信用证 Irrevocable L/C No. ______

日期 Date ______ 支取 Payable With interest @ ___% 按 ___ 息 ___ 付款

号码 No. ______ 汇票金额 Exchange for ______ 北京 Beijing ______ 年 月 日

见票 at ______ 日后（本汇票之副本未付）付交 sight of this FIRST of Exchange (Second of Exchange Being unpaid) Pay to the order of ______

金额 the sum of ______

此致 To ______

______

______

图6-1 跟单信用证汇票的基本格式样本

1.汇票名称。

汇票应有名称，一般使用 Bill of Exchange，也可使用 Exchange 或 Draft ，一般已印妥。

2.无条件的支付命令。

因为是“支付命令”，所以必须用命令的语气，不能用商量或请求的语气。例如，不能用“We would be glad if you will pay...”或“Would you please pay ...”等之类的说法，也不应有附加或假设的条件，如“In case you receive the goods pay ...”或 “pay ... upon your approval”等。通常支付命令的表示方式是以祈使句的形式，用动词“pay”加收款人名称和金额，如 “pay to the order of Bank of China U.S.DOLLARS TWO THOUSAND ONLY”。一般外贸公司都是以这种文句和方式印制汇票，制单时，只需填注收款人名称和具体金额即可。

3.金额。

填汇票金额（Amount）必须注意下列问题：

（1）汇票必须表示确切的金额，一般不超过信用证规定的金额。不能用大约或选择性的表达方式，如 about ten U.S. dollars 或 nine or ten pounds 等。

（2）ISBP745第B14段汇票金额同时显示大写和小写时，大写金额应准确反映小写金额，且注明信用证规定货币，当大小写金额矛盾时以大写金额为准。

（3）金额由货币和数额两部分组成，缺一不可。大写金额一般将货币打在数额之前，但放在后面亦可，要求顶格，不留任何空隙，以防有人故意在汇票金额上做手脚。小写金额应将货币符号放在数额之前，在填写这一栏时应注意其金额不包含佣金，即应填写净价。

（4）大写金额之后应加“ONLY”表示“整”的意思。例如，U.S.DOLLARS ONE THOUSAND ONLY。

（5）大写金额中的小数表示法。例如，USD5.69 可以写成：

U.S.DOLLARS FIVE POINT SIX NINE ONLY 或 U.S.DOLLARS FIVE POINT SIXTY NINE ONLY

U.S.DOLLARS FIVE CENTS SIXTY NINE ONLY

U.S.DOLLARS FIVE AND 69/100 ONLY

（6）ISBP745第B13段“汇票金额应当为交单下要求支付的金额”，一般情况下，汇票金额应与发票金额一致，但下列情况除外：

①有的信用证规定汇票金额是发票金额的一定百分比，这一般是买卖合同中有明确规定。例如，卖方作为合资企业的一方，买方仅支付合同金额的一定百分比，其余货款作为投资由卖方承担。也有的信用证要求汇票按发票金额的一定百分比出具，如95%，实际意味着扣除了5%的佣金（一般是1%～5%），出于保密的原因，扣佣金不在发票内显示。

②在信用证要求出具佣金单（Credit Note或Comm. Note）时，汇票金额应为发票金额扣除佣金单的金额之后的净额。如信用证要求佣金在议付时扣除，则汇票金额仍按发票金额照打，寄单索汇时应少收佣金部分并加以说明即可。

③如信用证规定运费、保险费或其他费用可在证下或超证支取，则汇票金额应为发票金额加费用后的总额，如果规定费用部分不许超证或在证外支取，则费用金额须另制汇票。

④如托收项下买方支付托收费用，或合同规定出具远期汇票，买方支付远期利息，在双方商妥的情况下可将费用或利息与货款一并收取，汇票金额应为合计金额。

⑤在部分信用证部分托收结算方式中，信用证方式与托收方式的汇票应按不同金额分别出具。

4.出票条款。

在“Drawn under”之后，应按下列原则掌握：

（1）出票根据（Drawn under）。

这一项要求填写开证行名称与地址。在信用证支付条件下，开证行是提供银行信用的一方，开证行开出的信用证就是最终伴随所要求的单据成为凭以向买方（付款人）收款的书面证据。本栏要求根据信用证写出开证行全称。

①信用证项下，如信用证有具体规定，应按规定原文照打；如信用证无规定，应打开证行名称、信用证号和开证日期，如“Middle East Bank， Dubai Credit No.N-82/757 dated May 10，2014”。汇票付款人为开证行，可加“your credit No. ... dd ...”。

②托收项下，一般应加发运货物的名称、数量，有的还加起运港和目的港以及合同号等。

（2）利息条款。

汇票允许注有利息条款，其中应包括利率和计息起止日期。如果信用证或合同内规定汇票加注利息条款，则应加在出票依据之后，如“payable with interest at 8% per annum from date hereof to approximate of arrival of cover in New York”（随付年率8%从本汇票日到达纽约收到头寸日的利息）。如汇票金额内已包括利息，可打“including interest of USD600 at rate of 8% per annum from date hereof to the maturity date”（包括年率8%从本汇票日至到期日的利息600美元）。

5.信用证号码（L/C No.）。

这一栏的内容要求填写正确。但有时来证要求不填写这一栏，出口公司在制单过程中也可以接受。

6.开证日期（Dated）。

这一栏应填写的是开证日期，常见的错误是把出具汇票的日期填在这一栏中了，因此，在实务操作中应多加注意。

7.汇票编号（No.）。

这一栏正确的填写内容是制作本交易单据中发票的号码。本来的用意是核对发票与汇票中相同和相关的内容，例如金额、信用证号码等。一旦这一栏内容与同一套单据出现错误或需要修改时，只要查出与发票号相同的汇票，就能确定它们是同一笔交易的单据，给核对和纠正错误带来了方便。在实务工作中，制单人员往往将这一栏也称为汇票号码，因此，汇票号码一般与发票号码是一致的。

8.付款期限（At ... sight）。

ISBP745第B2段a款“汇票显示的付款期限应与信用证条款一致”。汇票期限分即期和远期。即期表示付款人见票后立即付款，即期汇票付款期限这一栏的填写较简单，只需使用“×××”或“_ _ _”或“* * *”等符号或者直接将“at sight”字样填写在这一栏目中，但该栏目不得空白不填。

远期有下列三种情况：

（1）见票后××天付款，如At 45 days after sight （见票后45天）、At one month after sight（见票后1个月）。这种汇票的持票人应先向付款人提示， 付款人承兑后45天（或1个月）付款。

（2）出票后××天付款，如At 60 days after date of draft（汇票日后60天）、At two months after date of draft（汇票日后2个月）。这种汇票须提示承兑，以明确付款人的责任。

（3）固定××天付款，如At 30 days after date of B/L（提单日后30天）、At a half month after date of B/L（提单日后半个月）。这种汇票也须提示承兑，以明确付款人的责任。

到期日的计算应掌握下列原则：

①ISBP745第B2段d款及UCP600第3条，用“after”及“from”等词用于汇票确定到期日时不包含提及的日期。

②到期日适逢节假日，则顺延至节假日后第一个营业日。星期六和星期日在国外均被视为非营业日，也应顺延。

（4）凡未注明付款期限或日期的汇票都视为即期汇票。

（5）汇票注明“在一个不肯定的日期”或“在一个不肯定日期的××天前后”，如“验货后”或“装船前一个月”等，这种汇票视为无效。

9.受款人。

应从信用证的角度来理解这一栏的要求。由于信用证是银行提供货款，而整个信用证的执行都是处在银行监督、控制下，同时开证行也不会跟受益人直接往来，而是通过另外一家银行与受益人接触。当开证行按信用证规定把货款交给受益人时，也应通过一家银行，这家银行应成为信用证履行中第一个接受货款的一方，为此被称为受款人。所以，在信用证支付的条件下，汇票中受款人这一栏目中填写的应是银行名称和地址，一般都是议付行的名称和地址。究竟要填哪家银行作为受款人，这要看信用证中是否有具体的规定，即是公开议付还是限制议付。

在填写汇票时，应将选择好的银行名称、地址直接填入这一栏。我国主要银行英文名称：

中国银行	Bank of China
中国工商银行	Industrial & Commercial Bank of China
中国交通银行	Bank of Communications， China
中国农业银行	Agriculture Bank of China
中国建设银行	China Construction Bank

10.付款人。

付款人亦称受票人，包括付款人名称和地址。ISBP745第B1段“在要求汇票的情况下，汇票付款人应做成信用证规定的银行”。第B9段汇票付款行可以显示信用证规定的银行SWIFT代码，也可以显示银行全称。其他按下列原则掌握：

（1）如信用证规定了汇票付款人，如“Draft drawn on us”（汇票以开证行为付款人），则应打在汇票左下角“To ...”（致……）之后。按UCP600规定，信用证项下均应以开证行或其指定银行为汇票付款人。

（2）如信用证未规定汇票付款人，由于开证行应履行信用证的付款义务，所以，汇票付款人也应是开证行。

（3）议付信用证下汇票付款人必须为指定银行以外的一家银行。

（4）信用证下托收，例如超证金额或运费、保险费等，因为不是信用证限额之内的收款，开证行不承担付款责任，只能由开证行向开证人收取。所以，汇票付款人应打信用证开证人。

（5）无证托收业务，因为是委托国外银行向买方收款，所以，付款人应打买方。如打国外代收行，必须征得委托行的同意，因为委托行有权选定代收行。如出票人选择的代收行与委托行无代理关系，则无法办理互委业务。

（6）如信用证规定“You are authorized to draw on ××× Co. Ltd.”（你被授权向×××公司开出汇票），汇票付款人应打×××公司。

（7）如信用证规定开证申请人为：

××× Bank a/c ××× Co.（×××银行记×××公司账）

××× Co. a/c ××× Co.（×××公司记×××公司账）

××× Co. on behalf of ××× Co.（×××公司代替×××公司）

××× Co. care of ××× Co.（×××公司转×××公司）

同时规定汇票以开证申请人为付款人，则上述开证申请人应全部照填。根据UCP600规定，这种汇票只能视为附加单据。

11.出票地点。

出票地点在各国法律互不一致的情况下，可以根据出票当地的法律确定汇票所具备的必要项目是否齐全，从而确定汇票是否有效，这被称为“出票地法”。出票地点通常打在汇票的右上角。有的为防止遗漏，出票地址已在汇票上印妥。如果汇票没有单独列明出票地点，应以出票人名称之后的地址为出票地点。没有出票地点的汇票不能成立。

12.出票日期。

出票日期的作用是确定出票人在出票时是否具备出票能力和权利，确定汇票的有效日、付款到期日、提示期限、承兑期限及利息起算日等。出票日期通常和出票地点注在一起，即都在汇票的右上角，一般在地址之后或之下注日期。出票日期应掌握：

（1）在提单日之后。因为从理论上讲，收款应在装船即交货之后，起码是同时。

（2）在议付日之前或议付日当天。因为交单时间应在议付日之前，所以，汇票出票日也应掌握在议付日之前或议付日当天。在实际业务中，受益人缮制单据和汇票后通常交议付行预审，此时，由议付行于议付时在汇票上代加议付日期作为出票日。

13.出票人。

ISBP745第B8段“汇票应由受益人出具并签署，且应注明出具日期”。出票人名称与信用证规定的受益人名称相同即可，如出现国别也需相同，地址可以出现也可以不出现。虽然汇票上没有出票人一栏，但习惯上都把出票人的名称填在右下角，与付款人对应。实务中汇票常常由寄单银行填写或打印，这仅是代理受益人完成，出票人仍为受益人。

汇票在没有特殊规定时，都打两张，一式两份。汇票一般都在醒目的位置印上“1”、“2”字样，或“Original”、“Copy”，表示第一联和第二联。汇票的一联和二联在法律上无区别。第一联生效则第二联自动作废（Second of exchange being unpaid）；第二联生效，第一联也自动作废（First of exchange being unpaid）。

（三）商业汇票审核中常见的问题

信用证项下汇票常见的不符点如下：

（1）金额错（包括币别错、打错，以及索汇金额错误）；

（2）金额大小写不匹配；

（3）期限错（包括从汇票本身无法确定到期日）；

（4）付款人错；

（5）出票人错；

（6）信用证号错；

（7）无背书（如果需要）；

（8）汇票上下联不一致；

（9）信用证规定不允许更正，而汇票上有更正（目前我国票据法不接受汇票有更正）。

二、商业发票

(一) 商业发票缮制

1.概念。

商业发票是整套外贸单据中的核心单据，是出口方向进口方开立的，凭以向进口方收取货款的发货价目总清单，是装运货物的总说明，是开立汇票的依据（见表6-1）。其主要作用有：

（1）出口方向进口方的发货凭证，是出口方重要的履约证明文件。

（2）便于进口人核对已装运的货物是否符合买卖合同的规定。

（3）是进出口双方凭以收付货款和记账的重要凭证。

（4）是进出口双方办理报关、纳税的重要依据。

（5）作为索赔和理赔的重要凭证。

2.缮制。

表6-1　**发票通用格式样本**

×××进出口公司

××× IMPORT & EXPORT CORPORATION

商 业 发 票

COMMERCIAL INVOICE

27 CHUNGSHAN ROAD,
×××, CHINA
TEL: 86××-××××××××
FAX: 86××-××××××××

TO: M/S.

号码
No.________
订单或合约号码
S/C No.________
日期
Date________

装船口岸 From________	目的地 To________	
信用证号 Letter of Credit No.________	开证银行 Issued by________	
唛头 Marks & Nos.	货物数量 Quantities & Description	总额 Amount

××进出口公司
××× Import & Export Corporation
×××, CHINA

We certify that the goods
are of Chinese origin.

____

（1）出票人名称和地址。

出票人名称与地址在发票正上方。一般来说，出票人名称和地址是相对固定的，因此许多出口企业在制作单据时，已将这一内容编入程序。

（2）发票名称。

ISBP745第C1段，信用证要求提交发票而未做进一步描述时，可以提交包括商业发票（Commercial Invoice）在内的任何类型发票，但不可接受临时发票和预开发票。信用证要求“商业发票”时，提交标出“Invoice”（发票）字样的票据，实务中默认为商业发票。

（3）发票抬头人（To）。

只有少数来证在发票条款中指出发票抬头人，多数来证都不作说明。因此，习惯上将信用证的申请人或收货人的名称、地址填入这一栏目。UCP600第18条规定：除非信用证另有规定，商业发票的抬头必须做成开证申请人。地址无需与信用证或其他规定单据中所载相同，但必须与信用证中规定的相应地址同在一国。

（4）发票号码（No.）。

本栏由出口公司自行编制，一般采用顺序号，以便查对，同时也被作为相应的汇票号码。

（5）发票签发日期（Date）。

UCP600规定：银行可以接受签发日期早于开证日期的发票。一般而言，在全套单据中，发票是签发日期最早的单据，尤其要注意，不应使发票签发日期迟于提单的签发日期，也不应晚于汇票签发日和信用证规定的交单到期日。

（6）信用证号码（L/C No.）。

当货款的支付使用信用证方式时，这一栏目填写信用证号码；当货款的支付不使用信用证方式时，空白或删去这一栏目。

（7）合同号（Contract No.）。

发票的出具都有买卖合同作为依据，但买卖合同不都以“Contract”为名称，有时出现“S/C”“Order”、“P.O.”等。因此，当合同的名称不是Contract时，应将本栏目的名称修改后，再填写该合同的号码。

（8）起讫地点（From...To...）。

这一栏按货物运输实际的起讫地点填写。如果货物需要转运，转运地点也应明确地表示出来。例如，“货物从广州经香港转船至法兰克福”，这一栏目填写如下：“From Guangzhou To Frankfrut W/T HongKong”。

（9）唛头（Marks & Nos.）。

凡信用证有关于唛头的规定，必须依照规定制唛。而且发票中的唛头应与提单、托运单据保持严格一致，它由收货人、目的地、件号和件数以及有关参考号码组成。例如，信用证规定唛头是“ABC CO./STOCKHOLM/SC8898/CNT No.1-88”，则应在发票该栏打印：

ABC CO.

STOCKHOLM

SC8898

CNT No.1-88

如果信用证未规定唛头，则出口人可自行设计；如果无唛头，填写“N/M”。

（10）货物的描述（Quantity & Descriptions）。

当不使用信用证支付货款时，合同有关货物内容的条款应如实地反映在发票的这一栏中；当使用信用证支付货款时，按ISBP745第C3、C4、C5段要求发票描述必须符合信用证规定，反映实际装运情况，不得改变货物性质、等级和类别。UCP600规定："商业发票中对货物的描述必须符合信用证中的描述。而在所有其他单据中，货物的描述可使用统称，但不得与信用证中货物的描述相抵触。"

货物的描述一般包括合同的四个主要条款，即品质、数量、包装、单价条款。其中数量指实际装运的具体数量，而非包装件数，若有不同品种或类别时，更应分项列明；对按公量计价的货物，应排除不符合标准的成分，算出和标明标准重量。

（11）价格（Price）。

价格内容在发票中分别由两个栏目表述：单价（Unit Price）、总额（Amount）。单价又由四个部分组成：计价货币、计量单位、单位价格金额和价格术语。例如，USD（计价货币）24.50（单位价格金额）Per Piece（计量单位）CIF NEWYORK（价格术语）。发票金额应当显示货物价值、单价、信用证中表明的相同货币和要求的任何折扣或扣减。

（12）特殊条款（Special Terms）。

在相当多的信用证中，除了要求一般的发票内容外，还要求在发票中有证明某些事项的条款。在实际业务中，常见的要求有：列明货物的FOB金额、运费以及保险费、布鲁塞尔税则号、注明货物的原产地是中国以及要求提供"证实发票"等。例如，"The commercial invoice must certify that the goods are of Chinese origin."；又如，"The commercial invoice should bear the following clause：'We hereby certify that the contents of invoice herein are ture and correct.'"。

（13）签名（Signature）。

ISBP第C2段规定发票看似由受益人出具以及ISBP第C10段发票无需签署或注明日期，但实务中一般由出口受益人的法人代表或经办制单人员代表公司在此签名，并注明公司名称，而带有第三方函头的发票是不可接受的。

（二）商业发票审核中常见的问题

审核商业发票时通常的不符点（即与信用证规定不符之处）有：

1.发票不是由信用证的受益人所签发；

2.未将开证申请人作为发票的抬头人；

3.品名规格与信用证规定不符；

4.货物数量不在允许的上下幅度内；

5.缺少信用证内要求的包装、重量、标记；

6.运输标记（货物唛码）和货物件数不一；

7.发票总金额超过信用证金额或不在其允许的上下幅度内；

8.发票上的价格条款与信用证规定不符；

9.发票上的单价与信用证规定不一；

10.发票未按信用证要求作声明、证实、公证或签证；

11.未按信用证要求标明有关费用、进口许可证和信用证号码等；

12.商业发票未经出口商签字；

13.所提示的发票份数不足；

14.信用证不允许分批装运，而发票金额和数量不足；

15.其他信用证上的规定未遵循。

（三）注意要点

1.发票填制最重要的是正确输入收货人的名称，精确到标点、空格和字母。

2.信用证对发票一般条款的规定：在不产生不符点的情况下，货物品名和规格越详细越好，各个产品的价格、价值、总价值应与信用证一致，这样有利于出口商和进口商清关。

3.要注意唛头、大小写金额，特别对于小批量多品种的纺织服装量小单多，基本上每次做单套用以前的格式，稍改动数量，就容易出现经常犯的错误：大小写金额不一致。

4.盖章、手签是一个值得注意的问题，有的客户要求发票不仅盖章而且需要手签。

三、海运提单

（一）海运提单缮制

1.概念。

提单是外贸单据中最重要的单据，是进口商凭以提货的物权凭证，同时也是一份重要的法律文件。根据《汉堡规则》和《中华人民共和国海商法》的规定，海运提单是海上货物运输合同的证明（见表6-2），是证明货物已经由承运人接管或已装船的货物收据，是承运人保证凭以交付货物的物权凭证。

提单的内容主要包括：

（1）货物的品名、标志、包装和件数、重量和体积，以及运输危险货物时对危险性质的说明；

（2）承运人的名称和营业地点；

（3）船舶名称；

（4）托运人的名称；

（5）收货人的名称；

（6）装货港和在装货港接收货物的日期；

（7）卸货港；

（8）多式联运提单还要增加接收货物地点和交付货物的地点；

（9）提单的签发日期、地点和份数；

（10）运费的支付；

（11）承运人或者其代表的签字。

2.海运提单缮制。

（1）托运人（Shipper）。

托运人即发货人，一般为L/C受益人，也可是第三方。通常在填写提单Shipper栏时，都填上卖方的名称。目前，实务中许多货代公司将自己公司的名称填写在这一栏中。

（2）收货人（Consignee）。

提单抬头人，实务中填制按信用证具体规定：

一般来说，提单收货人栏有三种填法，即记名抬头、凭指示和记名指示。

表6-2 海运提单样本

1 Shipper	
2 Consignee	
3 Notify Party	

4 Pre-carriage by	5 Place of Receipt
6 Ocean Vessel Voy.No.	7 Port of Loading

B/L NO.

SEA GOLD TRANSPORTATION, INC.

金海国际航运有限公司

Combined Transport BILL of LADING

RECIVED in apparent good order and condition except as otherwise noted the total number of containers or other packages or units enumerated below for transportation hereof. One of the bills of lading must be surrendered duty endorsed in exchange for the goods or deliver order. On presentation of this document (duly) endorsed to the Carrier by or on behalf of the holder of the bill of lading, the rights and liabilities arising in accordance with the terms and conditions hereof shall, without prejudice to any rule of common law or statute rendering them binding on the Merchant, become binding in all respects between the Carrier and the Holder of the bill of lading as though the contract evidenced herby had be made between them.

8 Port of Discharge	9 Place of Delivery	REFERENCE NO.

Marks & Nos. Container Seal No.	No. of Containers or Packages	Kind of Packages: Description of Goods	Gross Weight kgs	Measurement (CBM)

Declared Cargo value USD________per Clause 5 on the reverse of this bill of lading. If Merchant enters a value. Carrier's per package limitation of liability shall not apply and the ad valorem rate in Carrier's tariff will be charged.

10 Total No.of Containers or Packages (in Words)	

11 Freight & Charges	Per	Prepaid	Collect	

EX. Rate:	Prepaid at	Payable at	Place and Date of Issue
	Total Prepaid	No. of Original B(s)/L	Signed for the Carrier

①记名抬头：直接填写收货人名称。例如，信用证规定“... Bill of lading made out ABC Co.”，则提单收货人一栏应填写“ABC Co.”，即货交ABC Co.。

②凭指示：即“To order”，例如，在信用证提单条款中这样规定：“...Bill of lading made out to order”，则提单收货人一栏填写“To order”即可。

③记名指示：即“to the order of ×××”，记名指示人（×××）可以是银行，也可以是贸易商，例如，“...Bill of lading made out to the order of HSBC”，则提单收货人一栏应填写“To the order of HSBC”，即凭HSBC指示。

（3）被通知人（Notify Party）。

被通知人可以是收货人或收货人的联系人或代理人。按ISBP745第E14段要求：

①如信用证规定一个或多个被通知人细节时，提单可以显示额外一个或多个被通知人细节。

②如信用证无规定，将L/C中的申请人名称、地址填入B/L的这一栏中，不应与信用证规定的相关内容相矛盾。

（4）前段运输（Pre-carriage by）。

如果货物需转运，在这一栏中填写第一程船的船名；如果货物不需要转运，这一栏空白。

（5）收货地点（Place of Receipt）。

如果货物需转运，填写收货的港口名称；如果货物不需转运，这一栏空白。

（6）海运船只（Ocean Vessel）。

按照配舱回单，如果货物需要转运，填写第二程船的航名和航次；如果货物不需转运，填写实际运输船舶的航名和航次。

（7）装货港（Port of Lading）。

装货港即起运港，应严格按照信用证填写；如信用证只笼统规定，应根据实际情况填写具体港口名称。ISBP745第E6段h款提单显示多个装货港时，必须加装船批注，表明货物在每一装货港对应的装船日期。如果货物需转运，填写中转港名称。

（8）卸货港（Port of Discharge）。

填写目的港名称。

（9）交货地点（Place of Delivery）。

填写最终目的地名称。如果货物目的地是目的港的话，这一栏空白。

（10）标志和号码（Marks & Nos.）。

该栏填写唛头，应与商业发票上的唛头完全一致。如果既无集装箱号，又无唛头时，填写“N/M”。

（11）货名（Description of Goods）。

ISBP745第E22段提单上的货物描述可以使用与信用证所规定的货物描述不相矛盾的统称。本栏包括三个栏目，但无需分别填写。填写的内容包括：第一，商品名称，应严格按照信用证或发票货名填写。如发票货名过粗或过细，提单可填总称，但不能与发票货名相矛盾。第二，最大包装的件数，要注明包装数量和单位。如集装箱装运可只注明集装箱数量，若有多种包装要逐项列明。第三，运费支付声明，无需与信用证规定等同一致，但不应与该单据、其他单据或信用证规定数据矛盾。

在各种类型的提单中，都有运费计算这一栏目，一般有运费预付（Freight Prepaid）和运费到付（Freight Collect）。使用哪一种应根据价格术语确定。当使用CIF或CFR时，应选择运费预付；当采用FOB时，应采用运费到付。有时来证一方面规定：B/L marked freight prepaid，另一方面又规定：价格术语为FOB。对于这样的来证，出口公司应要求对方修改信用证。如果不修改，至少应要求对方在支付运费时，要加入从卖方支付运费时起算至买方支付运费为止这一期间内产生的利息数额。

（12）毛重（Gross Weight）。

填写总毛重，以千克为单位，其内容应与托运单保持完全一致。

（13）尺码（Measurement）。

填写总尺码，以立方米为单位。其内容应与托运单保持一致。提单必须有装载船只的船长签字才能生效，在没有规定非船长签字不可的情况下，船方代理可以代办。

（14）正本提单份数（Number of original Bs/l）。

ISBP745第E11段提单应注明所出具的正本份数。此栏显示的是船公司为承运此批货物所开具的正本提单的份数，一般是1～3份。标注“Original”字样的是正本提单，“Copy”字样的是副本提单。如果信用证对提单正本份数作出规定，则应与信用证规定一致。

（15）签单地点和日期（Place and date of issue）。

通常是承运人指定。

（16）承运人签字（Signed for or on behalf of the carrier）。

ISBP745第E5段提单按UCP600第20条a款i项规定的方式签署，并注明承运人名称及表明承运人身份。

UCP600第23条规定：海运提单应由承运人或代表承运人的具名代理人签署证实，或由船长或代表船长的具名代理人签署证实。同时规定：承运人或船长的任何签署或证实，必须视情况可识别其为承运人或船长。代表承运人或船长签署或证实的代理人还必须表明被代理一方（即承运人或船长）的名称和身份。

例如，承运人（PACIFIC INTERNATIONAL LINES LTD）本人签发提单应签署“PACIFIC INTERNATIONAL LINES LTD AS CARRIER”。代理人（FAN CHENG INTERNATIONAL TRANSPORTATION SERVICE CO., LTD）签发提单应签署“FAN CHENG INTERNATIONAL TRANSPORTATION SERVICE CO., LTD AS AGENT FOR PACIFIC INTERNATIONAL LINES LTD AS CARRIER”。载货船长（James Brown）签发提单应签署“CAPTAIN James Brown AS MASTER”。

（二）海运提单审核中常见的问题

海运提单中比较容易出现的不符点：

1.发货人、收货人和被通知人与信用证所示不符；

2.货物的收货地和提货地点或起运港与信用证规定不符；

3.信用证规定不可转运而提单注明转运；

4.提单上的货物描述与信用证规定不符；

5.提单上有货损或包装存在缺陷的批注；

6.提单上未注明“已装船”字样；

7.提单上“已装船”字样旁未注明日期或漏签字；

8.装船日期晚于信用证规定的最后装船日；

9.未注明“运费预付”或“运费到（待）付”或与信用证及合同规定不符；

10.提单表明货物已经或将要被置于甲板上；

11.提单显示的正本份数与信用证的要求不符；

12.提单上的运输标记与信用证或其他单据不符；

13.提单漏背书或背书不符合信用证规定；

14.提单未按信用证的规定显示有关内容；

15.货物的重量和尺码与信用证或其他单据的规定不一致；

16.提单未在信用证规定的交单期限内向银行提交；

17.未提交信用证规定的全套正本提单。

（三）注意要点

1.提单是船代根据托运人的海运委托书填制的，而后传真给托运人确认，一经托运人确认，即可签发，它不像其他单据，签发后很难修改，这就要求出口委托书或明细单应准确无误，与信用证和其他单据相一致。在确认提单的过程中，应十分仔细地按照信用证的要求进行核对，否则会造成很大麻烦。

2.提单的内容应尽量简单清晰，在不影响进口方清关和提货的情况下，应尽量采取简单的通用名称，这样不容易产生不符点。

3.在实际业务中，有些出口商和货运公司只注重提单的制单内容是否与信用证相一致，而忽略其格式和签章是否符合跟单信用证统一惯例的要求，往往在议付时造成不符点，又无法在最后交单期内完成修改，从而形成收汇风险。

四、保险单

（一）保险单的缮制

1.概念。

保险单是保险人与被保险人之间订立保险合同的证明文件，它反映了保险人与被保险人之间的权利和义务关系，也是保险人的承保证明（见表6-3）。当发生保险责任范围内的损失时，它又是保险索赔和理赔的主要依据。目前，在保险实务中，我国绝大多数企业采用英国伦敦保险协会海运货物保险条款。

在国际贸易中是否使用保险单取决于L/C的规定。在确定以FOB、CFR价格成交时，出口方无需提交保险单；在以CIF价格成交时，出口方须办理保险手续，填写保险单。

2.缮制。

（1）被保险人（Insured）。

被保险人指投保人。通常按照习惯，在被保险人一栏中填出口公司的名称，一般为信用证的收益人。

（2）标记（Marks & Nos.）。

一般与商业发票的唛头完全一致。如唛头较复杂，可注明“As Per Invoice No.×××”。

表6-3 海洋货物运输保险单样本

中国人民财产保险股份有限公司货物运输保险单

PICC PROPERTY AND CASUALTY COMPANY LIMITED CARGO TRANSPORTATION INSURANCE POLICY

总公司设于北京 一九四九年创立

Head Office: Beijing Established in 1949

印刷号（Printed Number） 保险单号（Policy No.） SH01/0456980

合同号（Contract NO.） 12JXK008

发票号（Invoice NO.） CKJ88818

信用证号（L/C NO.） J-12-H-07098

被保险人（Insured） JIANGXI ×× IMPORT & EXPORT CO., LTD.

中国人民财产保险股份有限公司（以下简称本公司）根据被保险人的要求，以被保险人向本公司缴付约定的保险费为对价，按照本保险单列明条款承保下述货物运输保险，特订立本保险单。

THIS POLICE OF INSURANCE WITNESSES THAT PICC PROPERTY AND CASUALTY COMPANY LIMITED (HEREINAFTER CALLED "THE COMPANY") AT THE REQUEST OF THE INSURED AND IN CONSIDERATION OF THE AGREED PREMIUM PAID TO THE OMPANY BY THE INSURED, UNDERTAKES TO INSURE THE UNDERMENTIONED GOODS IN TRANSPORTATION SUBJECT TO HE CONDITION OF THIS POLICY AS PER THE CLAUSES PRINTED BELOW.

标记 MARKS & NOS.	包装及数量 QUANTITY	保险货物项目 GOODS	保险金额 AMOUNT INSURED
As per Invoice No. STP015088	120 CARTONS	LADIES' 55% ACRYLIC 45% COTTON KNITTED BLOUSE	USD 26 675

总保险金额：

Total Amount Insured: SAY US DOLLARS TWENTY SIX THOUSAND SIX HUNDRED AND SEVENTY FIVE ONLY

保费（Premium）: As arranged 启运日期（Date of Commencement）: As Per B/L

装载运输工具（Per Conveyance）: S.S. ZHE LU V.031118SE

自： 经： 到：

From: SHANGHAI Via: ______ To: NEW YORK

承保险别（Conditions）:

COVERING ALL RISKS, WAR RISKS AS PER THE RELEVANT OCEAN MARINE CARGO CLAUSE OF PICC DATED JAN.1ST, 1981.

所保货物，如发生保险单项下可能引起索赔的损失，应立即通知本公司或下述代理人查勘。如有索赔，应向本公司提交正本保险单（本保险单共有____份正本）及有关文件，如一份正本已用于索赔，其余正本自动失效。

IN THE EVENT OF LOSS OR DAMAGE WHICH MAY RESULT IN A CLAIM UNDER THIS POLICY, IMMEDIATE NOTICE MUSTBE GIVEN TO THE COMPANY OR AGENT AS MENTIONED. CLAIMS, IF ANY, ONE OF THE ORIGINAL POLICY WHICH HAS EEN ISSUED IN________ORIGINAL (S) TOGETHER WITH THE RELEVENT DOCUMENTS ALL BE SURRENDERED O THE COMPANY. IF ONE THE ORIGINAL POLICY HAS BEEN ACCOMPLISHED, THE OTHERS TO BE VOID.

保险人：

Underwriter: PICC PROPERTY AND CASUALTY COMPANY LIMITED SHANGHAI BRANCH

电话（TEL）: ××××××××

传真（FAX）:

地址（ADD）: 23 Zhongshan Dong Yi Lu Shanghai, China.

赔款偿付地点

Claim Payable at NEW YORK 授权人签字：×××

签单日期（Issuing Date） Nov. 18th, 2014 Authorized Signature

核保人：××× 制单人：××× 经办人：×××

（3）包装及数量（Quantity）。

本栏填写外包装的最大包装的件数及种类。如果是裸装货，注明本身数量。

（4）保险货物项目（Description of Goods）。

本栏填写商品的名称，应与发票相符，但货名过多可以总注。

（5）保险金额（Amount Insured）。

按L/C规定据发票金额加成。如果信用证对此未作规定，一般是按发票金额加一成（即110%发票金额）填写。但允许不按这个比例而按双方商定的比例计算加成，如允许加二成或三成甚至更多。保险单上的保险金额的填写方法应该是“进一法”，即如果保险金额为USD18055.16，则在此栏应填写USD18056。ISBP745第K13段保险金额不要求计算至两位以上的小数。

（6）总保险金额（Total Amount Insured）。

大写金额，注意大小写必须一致。计价货币也应以全称形式填入，注意保险金额使用的货币应与信用证使用的货币一致。ISBP745第K12段信用证未规定保险金额时，保险单据应以信用证的币别，最低按UCP600第28条f款规定的金额出具，对保险的最高比例没有限制。

（7）保费（Premium）。

一般这一栏都已由保险公司在保险单印刷时填入“as arranged”字样，出口公司在填写保险单时无需填写。

（8）费率（Rate）。

这一栏基本上不需要由出口公司填写。保险公司已经在该栏目中印有“as arranged”字样。

（9）装载运输工具（Per Conveyance S.S.）。

该栏应如实填写装载船的船名。当运输由两程完成时，应分别填写第一程船船名和第二程船船名。填写时，要按提单中相应栏目的内容填写。例如，提单的一程船名是“May Flower”，二程船名是“Shanghai”，本栏目应这样填写：“May Flower/Shanghai”。铁路运输填车名和车号；空运和邮包运输，只需填运输方式。

（10）开航日期（Slg.on or abt.）。

一般根据提单中提单签发日填写，也可以填写“As Per B/L”。

（11）起讫地点（From ... To ...）。

起点是指装运港名称，讫点是指目的港名称。当一批货物经转船到达目的港时，这一栏照下列方法填写：“From装运港 To 目的港 W/T（VIA）转运港”。

（12）承保险别（Conditions）。

ISBP745第K17段保险单据应承保信用证所要求的险别。出口公司在制单时，按L/C填写只需在副本上填写这一栏的内容。当全套保险单填好交给保险公司审核、确认时，才由保险公司把承保险别的详细内容加注在正本保险单上。在填写时，一般只需填写险别的英文缩写，同时注明险别的来源，即颁布这些险别的保险公司。例如，“PICC”是指中国人民保险公司；“C.I.C.”是指中国保险条款。另外要标明险别生效的时间。例如，PICC或C.I.C.颁布的险别生效时间是1981年1月1日。在实际业务中，对于要求投保英国伦敦保险协会货物条款的，我方一般也可接受。

（13）赔款偿付地点（Claim Payable at）。

按L/C规定填写。如L/C无规定，通常将目的地作为赔付地点，将目的地名称填入这一栏目。

（14）日期（Date）。

填写保险单的签发日期。ISBP745第K10段保险单据不应显示保险生效日期晚于装运日期。

（15）签名（Signature）。

由保险公司或其代理签署，且必须表明保险人名称和身份。

（16）背书（Endorsement）。

海运保险单是可以经背书转让的单据。根据国际保险行业的习惯，保险单据经被保险人背书后，即随着被保险货物的所有权转移自动转到受让人手中。背书前后均不需要通知保险公司。因此，出口方只需在保险单上背书就完成了转让手续。具体按L/C要求，当来证没有明确时，可使用空白背书方式。空白背书只注明被保险人（包括出口公司的名称和经办人的名字）的名称。

（二）批单 （Endorsement）

批单是在保险单出立后，如被保险人需要补充或变更保险内容，可向保险公司提出申请，经保险公司批准后所签发的批改保险内容的凭证，它具有补充、变更原保险单内容的作用。保险单经过批改，保险公司即按批改后的内容来承担责任。

批改内容如涉及保险金额的增加和保险责任范围的扩大等重大修改，保险公司必须在证实货物未发生出险事故的情况下，方可同意办理。

批单原则上须粘贴在保险单上，并加盖骑缝章，作为保险单不可分割的一部分。

（三）注意要点

1.出口公司取得保险单后，其审单员应根据信用证及发票、提单等单据进行仔细审核，严格做到“单证一致”、“单单一致”。

2.保险单的出单日不能晚于提单日、发运日或接受监管日。

3.凡是以出口公司（信用证的受益人）为被保险人的保险单，受益人均须加盖背书，即在保险单背面盖上出口公司和法人签字式样的橡皮图章，以利转让。如来证要求“blank endorsed”或“endorsed in blank ”或没有规定背书性质，均应空白背书，即在保险单背面加盖出口公司的签章。 如来证要求“背书给××银行”（Endorsed to order of ×× Bank），则可在被保险人栏填写受益人名称，并在保单背面注明：“To order of ×× Bank”或“Claim if any pay to the order of ×× Bank”，然后再加盖出口公司的签章。

4.保险单的投保和赔款的货币名称必须与L/C的货币一致，这样做是为了一旦出险，进口商凭保险单向保险公司索赔时，可避免不必要的汇率风险。

5.超过合同规定的险别或超过正常的加成投保而导致支付超额保险费用，应事先与保险公司联系。如保险公司愿意承保，则可以接受，由此而支付的超额费用可计算在成本之内或争取由开证人负担。

五、装箱单

（一）装箱单的缮制

1.装箱单、重量单和尺码单的内容。

装箱单（Packing List）、重量单（Weight Memo）和尺码单（Measurement List）都是商业发票的补充单据，便于国外买方在货物到目的港时核对货物及供海关检查。在实际业务中，卖方需要提供这三种单据中的哪一种是根据来证规定及商品性质决定的。

（1）装箱单又称包装单，是指记载或描述商品情况的单据，是商业发票的附属单据（见表6-5）。在信用证上有“Packing Note”、“Packing Specification”、“Specification List”等不同的写法，都是为了清楚、正确地列明每批货物的逐件的花色搭配，表明所装货物的名称、规格、数量、唛头、包装、箱号、件数等情况，便于买方收货时的清点和核对。装箱单的内容必须与货物实际包装相符合，与提单、发票等各项目一致。

（2）重量单又称磅码单，在信用证上也有“Weight Note”、“Certificate of Weight”等不同的写法，它应详细清楚地表明每件货物的毛重和净重。

（3）尺码单提供货物包件的体积，可按信用证的要求，用长（cm）×宽（cm）×高（cm）来表示，或用立方米（m^3）来表示，便于买方安排运输、装卸和存仓。

2.缮制。

（1）卖方（Seller）：即发票的填制人，L/C的受益人。

（2）买方（Buyer）：即发票的抬头人，L/C的开证申请人。

（3）装箱单号（No.）：出口公司自行编制，一般采用顺序号。

（4）日期（Date）：制单日期可同于发票日期，但不得早于发票日期。

（5）标记与唛头（Marks & Nos.）：与发票一致。

（6）包装件号码（C/Nos.）：在单位包装货量或品种不固定的情况下，应注明每个包装件的包装情况，包装件应注明编号。如Carton No.1-5装何种货物。

（7）包装方式与数量（Packing & Quantity）：即注明各种货物的包装件数。

（8）货名（Description of Goods）：与发票一致，如有总称先注明总称再逐项列明详细货名。

（9）毛重（G.W.）：可采用类似货量的表示方法，无要求不注亦可。

（10）净重（N.W.）：同毛重表示方法。

（11）尺码（Mcas）：用长（cm）×宽（cm）×高（cm）来表示，或用立方米（m^3）来表示。

（12）总量（Total）：包括全部货物、包装件、毛净重和尺码等项目各自的总量。

（13）出单人（Issued by）及签字（Signature）：如果是受益人签署，默认必须与发票一致。

（二）装箱单审核常见的问题

审核时通常的不符点包括：

1.装箱单的签发人与发票或信用证所示不符。

2.装箱单所列发票的号码和日期与发票不一致。

3.装箱单上的买方与发票或信用证规定不一。

表 6-4

装箱单样式

上海 ××× 进出口有限公司

SHANGHAI ××× I/E CORP.

PACKING LIST

ADD：27，CHUNGSHAN ROAD E1.

TEL：8621-6534×××× FAX：8621-6572×××

MESSR：

CRYSTAL KOBE LTD.，

1410 BROADWAY，ROOM 3000

NEW YORK，N.Y. 10018 U.S.A.

INVOICE NO：STP015088

S/C NO：21SSG-017

Date：NOV.8th，2014

DESCRIPTION OF GOODS	SHINPPING MARKS:
55% ACRYLIC 45% COTTON LADIES' KNITTED BLOUSE STYLE NO.H32331SE: PAYMENT BY L/C NO. L-02-I-03437 SHIPPING S/C NO.	CRYSTAL KOBE LTD., NEW YORK ORDER NO.21SSG-017 STYLE NO. H32331SE L-02-I-03437 CARTON/NO.1-120 MADE IN CHINA

COLOUR BREAKDOWN:			SIZE						
COLOR		PACK	S	M	L	XL	XXL	XXXL	TOTAL(PCS)
IVORY			120	360	240				720
BLACK			320	360	440				1 120
NAVYBLUE			180	180	100				460
RED			432	580	440				1 452
WHITE			78	234	156				468
BROWN			160	280	220				660
TAWNY			320	360	440				1 120
TOTAL(PCS):									6 000

			SIZE ASSORTMENT						QUANTITY
CTN NO.	COLOR	CTNS	S	M	L	XL	XXL	XXXL	(PCS)
1-20	IVORY	20	6	18	12				720
21-40	BLACK	20	16	18	22				1 120
41-50	NAVYBLUE	10	18	18	10				460
51-66	RED	16	16	28	22				1 056
67-79	WHITE	13	6	18	12				468
80-89	BROWN	10	16	28	22				660
90-109	TAWNY	20	16	18	22				1 120
110-120	RED	11	16	12	8				396
TOTAL: 6000 PCS IN 120 CARTONS ONLY.									

GROSS WT: 2584KGS NET WT: 2326KGS

MEASUREMENT: 60×40×40CBCM 11.58CBM

For and on behalf of

上海 ××× 进出口有限公司

SHANGHAI ××× I/E CORP.

Authorized Signature（s）

4.未按信用证规定列明每一包装单位的内容。

5.货物的包装类型与发票或信用证的规定不符。

6.货物的描述与发票或信用证的规定不符。

7.运输标记和装箱方式与其他单据不一或与信用证不符。

8.货物的重量和体积与其他单据不符。

9.货物的箱号和件数有矛盾。

10.其他信用证和规定未能遵守。

（三）注意要点

1.装箱单的内容主要是说明每箱货物内装的品名和数量；重量单是每箱货物的毛重和净重；尺码单着重于每件货物的体积。货物的品名、件数、总的毛重、净重、总的尺码都要和发票、提单、保险单、产地证等其他单据完全一致。

2.装箱单、重量单和尺码单，原则上应单独缮制，但来证如未提“不接受联合单据”(combined documents not acceptable）的条款，可以同发票联合在一起，但必须标明Packing List、Weight Memo、Measurement List字样。

3.如来证规定“不接受联合单据”，可以利用装箱单分别冠以重量单和尺码单的单据名称，一次缮制。

4.重量单如冠以“Certificate of Weight”的名称，最好加注“We certify that the weight are true and correct”（兹证明所有重量均正确无误）的字句。

5.受益人的抬头、发票号码和唛头等与发票严格一致。

6.货物的名称不要求那么详细。一般说来，同种货物在同一名称项目下，列明规格小差异即可，不同货物之间只要列明名称差异。对于出运复杂的货物时，出口商在处理装箱时，最好编制箱号，相同名称的货应安排在相近的箱号。如有并箱，必须列明各个箱号所装货物名称、规格和装箱规格及数量。装箱单的制作，可以采用具有自动运算功能的Excel进行制单，以免计算错货物的重量和体积。

六、其他单证

（一）受益人证明和船公司证明

要原封不动地抄写信用证的证明语句，再做必要的修改。ISBP745第P2、P3段“受益人证明应由受益人或受益人代表签署”，“受益人证明提及的数据，不应与信用证要求相矛盾”。

受益人证明样本如下：

JIANGXI ×× IMPORT AND EXPORT CO., LTD.

Room 1603, FOREIGN TRADING BLDG, Hongcheng Road, Nanchang, China.

TEL: 0791-××××××××　　FAX: 0791-××××××××

CERTIFICATE

To:　　　　Invoice No.:

Date:

船公司证明样本如下：

CERTIFICATE

8 April 20××

To whom it may concern,

WE HEREBY CERTIFY THAT M.S.KOTA TIMUR IS NOT OVER THAN 15 YEARS.

B/L NO.: JHZB04052943BUS

INVOICE NO.: JS540026/04

CHINA MARINE SHIPPING AGENCY

JIANGSU CO., LTD.

陈 霖

Signature

（二）装运通知

一定要严格按照信用证的要求，特别是FOB、CFR条件成交的业务中，如果由于出口方的通知内容不清或延迟发送（一般在提单日后3天内），引起的损失由出口方承担。

装运通知样本如下：

SHIPPING ADVICE

Messrs:

Dear Sirs:

Re: Invoice No. ________________ L/C No. ______________

We hereby inform you that the goods under the above mentioned credit have been shipped. The details of the shipment are as follows:

Commodity:

Quantity:

Amount:

Bill of Lading No.:

Ocean Vessel:

Port of Loading:

Port of Destination:

Date of Shipment:

We hereby certify that the above content is true and correct.

Company Name:

Address: Signature:

（三）产地证

注意日期不能早于发票日期和晚于提单签发日期，打印时，留底发票的日期和产地证的发票日期一致（缮制方法和式样参阅第四章第四节）。

七、各单据日期顺序

发票→原产地证明书→商检检验证书→船公司证明→保单→装船通知→受益人证明

各种单据的签发日期应符合逻辑性和国际惯例，通常提单日期是确定各单据日期的关键，汇票日期应晚于提单、发票等其他单据日期，但不能晚于L/C的有效期。

各单据日期关系如下：

1.发票日期应在各单据日期之首。

2.提单日不能晚于L/C规定的最迟装运期，也不得早于L/C规定的最早装运期。

3.保单的签发日应早于或等于提单日期（一般早于提单2天），不能早于发票日期。

4.箱单应等于或迟于发票日期，但必须在提单日之前。

5.产地证日期不能早于发票日期和晚于提单签发日期，去贸促会打印时，留底发票的日期和产地证的发票日期一致。

6.商检证日期不晚于提单日期，但也不能过分早于提单日，尤其是鲜货、容易变质的商品。

7.受益人证明：等于或晚于提单日。

8.装船通知：等于或晚于提单日后3天内。

9.船公司证明：等于或早于提单日。

〔**启发思考**〕*各单据出具日期相互存在逻辑关系吗？*

八、银行对带不符点单据的处理办法

（一）担保议付

对于非实质性不符点，可由出口公司向银行出具担保函，说明不符点内容，要求按正常单据议付，并保证由此引起的一切后果，均由公司自己负责或对银行的损失由公司负责赔偿。银行可以在保留追索权的情况下议付单据，银行应在寄往开证行的BP格式中注明“Due to （不符点内容），we have negotiated documents under reserve”。

（二）电提

这是一种比较稳妥的办法。在出口公司向银行提出要求后，银行电告开证行不符点，征求对方意见，如能接受，复电后即可议付单据。如果不接受，由于尚未寄单，亦可控制单据，另行处理。银行向开证行发电，应注明下列内容：“YOUR L/C NO. ××× DOCUMENTS PRESENTED TODAY FOR USD ××× COMPLYING TERMS EXCEPT（不符关内容）PLS TLX US WHETHER ACCEPTABLE”。

（三）表提

表提是出口公司向银行提出单据中的不符点并要求按此寄单，同时申明由此引起的一切后果，均由公司自己负责，银行在寄往开证行的BP格式中注明不符点内容并要求开证行征求开证申请人意见是否接受单据。如开证申请人同意接受单据，银行即可履行信用证规定的付款、承兑或迟期付款的义务；如开证申请人不接受，开证行应通知议讨行或受益人，并征询单据如何处理。这种处理实际已将银行信用改变为商业信用，或者说，已将信用证方式变成了托收方式，如开证申请人资信不佳或市场、汇率等对买方不利，收汇就会有风险，在这种情况下最好不用这种方式。使用这种方式，银行应在BP格式中注明

“Discrepancies：1 ××× （不符点内容），2 ××× （不符点内容）…Please contact your customer for their acceptances”。

第三节　结汇方式

一、交单

交单是指出口商在规定的时间内向指定银行提交信用证规定的全套出口单据，经过银行审核，根据信用证规定的付款条件办理结汇。

（一）交单的要求

1.单据齐全。

2.内容正确。

3.按时交单。

（二）交单的方式

1.两次交单。

在运输单据签发前先将其他备齐的单据交银行预审，如发现问题，出口商可及时更正，而后在全部单据备齐后向银行交单，银行将补齐的单据并入第一次提交的单据中。

2.一次交单。

出口商将全套单据备齐后一次性提交银行，如发现问题则退单给出口商修改，会影响收汇。

二、结汇

结汇是指出口商在货物装运后，按照信用证的规定，把制作好的所有单据，在信用证规定的交单期内送交银行，银行对这些单据审核无误后，向出口商支付货款。在我国出口业务中，结汇还包括银行将外汇货款按当日人民币市场价结算成人民币支付给出口企业。

目前，在我国出口业务中，使用议付信用证比较多。对于这种信用证的出口结汇办法，主要有以下三种：

（一）收妥结汇

收妥结汇又称“先收后付”，是指议付行收到出口公司的出口单据后，经审查无误后，将单据寄交国外付款行索取货款，待收到付款行将货款拨付议付行账户通知书时，即按当时外汇牌价，折成人民币拨给出口公司。我国银行常用收妥结汇方式，其中电报索汇的信用证业务，收汇较快，一般都短于规定的押汇时间。

（二）定期结汇

定期结汇指议付行根据向国外付款行索偿所需要的时间，预先确定一个固定的结汇期限（7～14天不等），到期后主动将票款金额折成人民币拨交出口单位。

（三）出口押汇

出口押汇也称“买单结汇”或“议付”，是指议付行在审单无误的情况下，按信用证条款买入受益人（出口公司）的汇票和单据，从票面金额中扣除从议付日到预计收到票款之日的利息，将余款按议付日牌价，折成人民币拨给出口公司。议付行成为汇票持票人，可凭票向付款行索取票款。

信用证结算方式下，我国只对符合以下条件的业务作押汇：

1.开证行资信良好。

2.单证相符的单据。

3.可由议付行执行议付、付款或承兑的信用证。

4.开证行不属于外汇短缺或有严重政治经济危机的国家或地区。

案例分析

1.信用证要求提交三套正本和两套副本的分析证明；受益人提交的正本分析证明在某处数据上是经过更正并证实的，但是该证实没有在副本上体现。这是否是不符点?

分析：ISBP745第A7条c款规定，副本单据上数据的任何更正无需证实。ISBP745把对更正或更改无需证实的单据范围从副本运输单据扩大到所有副本单据，因此在ISBP745下，该不符点确定不存在。

资料来源　黄莉，张萌发.审单标准的渐进式变化[J].中国外汇，2013（16）：30-31.

2.信用证仅在附加条件中要求“manufacturer：AAA Ltd.”，而受益人提交的质量证明上却显示“manufacturer：BBB Ltd.”。这是否是不符点?

分析：ISBP745第A26条当信用证包含一项条件但未规定表明该条件得以满足的单据（“非单据化条件”）时，可以不必在任何单据上显示该条件；但同时规定，单据上所显示的数据不应与该非单据化条件相矛盾。该不符点确定存在。

资料来源　黄莉，张萌发.审单标准的渐进式变化[J].中国外汇，2013（16）：30-31.

3.提单由“KASE LOGISTICS INTERNATIONAL LIMITED”签署，并在签署栏中显示：

Signed on behalf of the Carrier：

KASE LOGISTICS INTERNATIONAL LTD. orits agent（印就）

KASE LOGISTICS INTERNATIONAL LIMITED（盖戳，并手签）

AS AGENT FOR THE CARRIER（手写）

分析：以上涉及三行文字，以三种形式三个层次呈现：第一行，表明了“KASE LOGISTICS INTERNATIONAL LIMITED”是承运人，同时也表明了该栏位下的任何签署默认即为承运人或承运人代理人签署；第二行，表明了“KASE LOGISTICS INTERNATIONAL LIMITED”的签署；第三行，则表明了签署人的身份，即代理承运人签署。综合来看，这是一个承运人代理自身签署的例子，可以接受。

4.20××年5月，宁波某出口公司有一批棉布出口到阿联酋的迪拜港，货值为66 000美元，付款方式为L/C 60 Days。开证行开来的信用证中，所列规格寸密为96〃×100〃。业务员在缮制发票和装箱单时，误将96〃打成94〃（很容易出错）。该批货在出运后，外贸公司随即向银行交单议付，议付行当时并没有发现这一纰漏。当全套单据寄到国外的开证行后，不久即遭到拒付。出口公司随即与进口商传真往返，不断交涉，但问题仍不能解决。出口公司随后又以航空特快补寄更正后的票据给开证行，但开证行称信用证的有效期已过，不能付款。结果货物压在港口近1个月。如运回国内，海运费等成本实在很高；不得已，出口公司只好将该批货物以低价转售给当地的另一商人，前后共损失7 000美元。后了解到，原来买方在收到该批船样时，认为布料的质地与手感不如在广交会上见到的样品那样柔软，且当地已有其他商人也从中国进口同类商品，造成市价下跌，不易销售，于是有了毁约意图。买方当时正苦于找不到借口，恰巧票面上出现一字之差，给了他可乘之机，因此与开证行串通起来，坚持拒付，造成了出口公司较大的损失。

分析：

（1）外贸单证工作应是一项谨慎的工作，须做到单证一致、单单一致，即我们常说的"Documents complies with letter of credit and documents consistent with documents"。信用证项下缮制出口单证即便有一字之差，即构成单证的不符点（Discrepancy）。不符点是银行拒付的唯一理由。有些银行比如说香港的渣打银行或汇丰银行，在其开来的信用证中，往往列有不符点扣除条款（其文句为：A Discrepancy Fee of USD 50/May 80 will be Deducted from the Proceeds if Documents are Presented with Discrepancy），即如果发现受益人提交的单据存在不符点，每个不符点将要扣50～80美元不等。但前提是：开证人必须愿意接受带有不符点的单据，即愿意领取货物。不符点并未改变信用证的性质。如果开证人由于其他原因而不打算领收货物，则不符点就为开证行和开证人提供了拒付的合法理由。本案如果做到了单证相符，那么即使货物的品质有问题，开证行也不能以任何其他理由推卸付款责任或拒付。按照UCP600，信用证项下的所有银行，包括议付行、开证行、承兑行、保兑行等，只处理单据而不问货物。至于货物的品质或包装问题，那是买卖双方以后交涉或打官司的事，与银行及其付款无关。

（2）本案实质上是商品的质量和客户的资信问题。出口商一要重视商品品质，二要了解客户的商业信誉、经营作风。对初次打交道的客户，应设法要求其打定金，或按一定百分比电汇预付与信用证支付方式相结合，以防范日后有可能出现的麻烦。

资料来源　梁雪松.单证不符为安全收汇埋下隐患[J].进出口经理人，2007（7）：52-53.

5.20××年8月，甘肃某机械设备进出口公司出口土耳其服装一批，计74 000美元，合同价格条件为CIF Istanbul。全套出口单据寄出后不久，遭到开证行拒付（Dishonor），理由是出口公司的发票上仅有目的港名称，前面漏打"CIF"价格条件。出口公司与议付行磋商后，由议付行向开证行交涉，说明提单上是注明了"运费已付"（Freight Prepaid）的，又有保险单证明已经保险，从整套单据看，是符合CIF价格条件的。但开证行仍坚决不同意付款，并将不符点通知开证人，开证人借口市场行情不好，要求降价20%，否则不赎单。经出口公司和议付行分别与客户及开证行数度交涉，最后开证行通知议付行称："买方只能按90%货款赎单。"议付行考虑如长期拖延有可能造成更大的损失，与出口公司协商后决定，先按90%收汇，并继续与开证行交涉，但终未成功，只好少收了10%的货款。

分析：（1）单证员要熟悉各种单据的必填项目，不可疏漏。价格条件是发票上的一个必填项目，但又很容易漏打，特别是刚做国际贸易业务的人员。因为其他项目都有列明的栏目，而价格条件如FOB、CFR、CIF等并未专门列出，需要在装运港或目的港名称之前加打，使之出现在发票内单价的右上端。

（2）有些出口单据被开证行拒付货款，表面上看是单据问题，实际上则是市场问题，或者说是产品销售上的问题，且与进口商的资信有关。如本案中漏列"CIF"一词，对开证人的利益并没有什么影响，只是因为市场不好，一些不良商人就抓住单证上的不符点问题，小题大做，要么拒付，要么借机杀价，使得受益人完全处在被动境地。大多数情况下往往是出口商自认倒霉，答应人家的不合理要求，将付款条件降格为D/P，贱卖了事，从而失去信用证银行保证付款的权利。作为出口商，一要特别注意做单的质量，二要注意出口国别和市场行情。

资料来源 梁雪松.单证不符为安全收汇埋下隐患[J].进出口经理人，2007（7）：52-53.

实训练习

1.销售确认书

苏州××贸易公司　　正本

SUZHOU ×× TRADING CO.，LTD　　ORIGINAL

×× DONGFANG ROAD，SUZHOU，JIANGSU，CHINA

销售确认书　　编号 NO：ZCM9368

SALE COMFIRMATION　　日期 Date：SEP 27,2012

买方

Buyer：UNIWDRLD S.R.L

地址

Address：VIA ARZAGA 28，28165，MILAND，ITALY

电话　传真

Tel：(39) 5321××××　Fax：(39) 6728××××

兹经买卖双方同意成交下列商品订立条款如下：

The undersigned Sellers and Buyers have agreed to close the following transaction according to the terms and conditions stipulated below：

货物名称及规格 NAME OF COMMODITY AND SPECIFICATION	数量 QUANTITY	单价 UNIT PRICE	金额 AMOUNT
EACH FOR 20MT OF MANGANESE SULPHATE SPECIFICATION: ASSAY:96 PERCENT MINIMUM MNSO4.H2O: 96 PERCENT MINIMUM	40MT	CIF MILANO，ITALY USD600/MT	USD24 000.00

装运

SHIPMENT

SHIPMENT TO BE EFFECTED BEFORE THE END OF OCTOBER FROM SHANGHAI TO MILAND，ITALY WITH PARTIAL SHIPMENT NOT ALLOWED AND TRASSHIPMENT ALLOWED.

付款条件

PAYMENT　TO BE MADE BY SIGHT L/C

包装

PACKING　25KG/NEW AND EXPORTWORTHY BAG

唛头

MARK & NOS.　UNIWORLD
　MNS04.H20：96% MIN
　NW：25KGS

保险

INSURANCE　TO BE COVERED BY THE SELLER FOR 110% OF INVOICE VALUE AGAINST ALL RISK AND WAR RISKS AS PER OCEAN MARINE CARGO CLAUSES AND OCEAN MARINE CARGO WAR RISKS CLAUSES OF P.I.C.C DATED 1/1/1981

买方（签章）　　卖方（签章）

THE BUYER　　THE SELLER

2. 国外来证

Reference: D95ECZ0100064743, Queue: SWPRTQ, 2012-10-01-22.08.44.400000

Type: 700 (Issue of a Documentary Credit)

Basic Header Appl Id: F APDU Id: 01 LT Addr: BKCHCNBJA95E

Session: 9476 Sequence: 842840

Application Header	Input/Output: 0 MSG Type: 700
	Input Time: 1509 Input Date: 121001
	Sender LT: MIDLGB22BXXX
	MIDLAND BANK PLC
	ITALY
	Input Session: 3645 ISN: 984778 Output Date: 121001
	Output Time: 2209 Priority: N
	MUR 108 285081080
Sequence Total	*27 1/1
Form of Doc Credit	*40A IRREVOCABLE
Doc Credit Num	*20 MLC9067
Date of Issue	31C 121001
Date/Place Exp	*31D Date 121115 Place CHINA
Applicant	*50 UNIWORLD S.R.L. VIA ARZAGA 28 28185 MILANO ITALY
Beneficiary	*59 SUZHOU LIDA TRADING CO., LTD.18 DONGFANG ROAD, SUZHOU, JIANGSU, CHINA
DC Amt	*32B USD Amount 24000.00
Credit Amt	39B NOT EXCEEDING
Avail With By	*41D ANY BANK BY NEGOTIATION
Drafts At	42C 90 DAYS AFTER SIGHT
Drawee	42D / /
ISSUING BANK	
Partial Shipment	43P NOT ALLOWED
Transshipment	43T ALLOWED
Loading on Brd	44A SHANGHAI, CHINA
Transport to	44B MILANO, ITALY
Latest Shipment	44C 121030
Description of Goods	CFR MILANO, ITALY

EACH FOR 20MT OF MANGANESE SULPHATE AT A PRICE OF USD600 PER MT

SPECIFICATION: ASSAY 96 PERCENT MINIMUM

MNSO4 H20 96 PERCENT MINIMUM

Docs Required 46A

ORIGINAL COMMERCIAL INVOICE IN QUADRUPLICATE

PACKING LIST IN QUADRUPLICATE

FULL SET OF CLEAN ON BOARD MARINE BILLS OF LADING （BEARING CONTAINER NUMBERS） CONSIGNED TO ORDER， ENDORSED IN BLANK， MARKED FREIGHT PREPAID EVIDENCING UNIWORLD S.R.L ， VIA ARZAGA 28， 20185 MILANO ITALY AS NOTIFY PARTY.

CERTIFICATE OF ORIGIN ISSUED BY THE CHINA COUNCIL FOR THE PROMOTION OF INTERNATIONAL TRADE

INSPECTION CERTIFICATE OF QUALITY ISSUED BY CCIB.

INSURANCE CERTIFICATE FOR 130 PERCENT OF INVOICE VALUE COVERING ALL RISKS AND WAR RISKS AS PER AND SUBJECT TO OCEAN MARINE CARGO CLAUSES AND OCEAN MARINE CARGO WAR RISKS CLAUSES OF P.I.C.C.DATED 1/1/1981

ORIGINAL BENEFICIARY'S CERTIFICATE STATING THAT ONE FULL SET OF ALL COPY DOCUMENTS HAVE BEEN SENT TO UNIWORLD S. R. L. BY COURIER BEFORE ETA OF SHIPMENT.

Conditions 47A

ALL DOCUMENTS MUST BE MARKED AS ORIGINAL UNLESS COPY （IES） STIPULATED EXCEPT SO FAR AS OTHERWISE EXPRESSLY STATED THIS CREDIT IS SUBJECT TO THE UNIFORM CUSTOMS AND PRACTICE FOR DOCUMENTARY CREDITS， 1993 REVISION I.C.C.PUBLICATION NO.500

ALL PRESENTATIONS CONTAINING DISCREPANCIES WILL ATTRACT A DISCREPANCY FEE OF GBP40.00 PLUS TELEX COSTS IF ANY， THIS CHARGE WILL BE LEVIED WHETHER OR NOT WE ELECT TO CONSULT THE APPLICANT FOR A WAIVER IN ACCORDANCE WITH UCP500 ARTICLE 14. AN ADDITIONAL FEE OF GBP25.00 PER MONTH WILL BE PAYABLE IF THE DOCUMENTS REMAIN UNPAID/UNACCEPTED FOR MORE THAN ONE MONTH AFTER PRESENTATION TO US. ALL CHARGES ARE FOR THE BENEFICIARY'S ACCOUNT.

A CHARGE MAY BE TAKEN IN RESPECT OF ANY TELEGRAPHIC TRANSFER ALL DOCUMENTS MUST BE IN THE ENGLISH LANGUAGE （EXCEPT WHERE OTHERWISE， EXPRESSLY STATED）

Charges 71B ALL CHGS OUTSIDE COUNTRY OF ISSUE FOR ACCOUNT OF BENEFICIARY/EXPORTER TRANSIT INTEREST CHARGES ARE PAYABLE BY BENEFICIARY/EXPORTER

Period for Pres 48 WITHIN 15 DAYS AFTER THE DATE OF SHIPMENT BUT WITHIN THE VALIDITY OF THE CREDIT

Confirmation instructions *49 WITHOUT
Paying Bank 78
UPON RECEIPT OF DOCUMENTS PRESENTED IN ACCORDANCE WITH THE DOCUMENTARY CREDIT TERMS AND CONDITIONS WE WILL REMIT PROCEEDS AT MATURITY IN ACCORDANCE WITH YOUR INSTRUCTIONS.
Send Rec Info 72 DOCUMENTS TO BE DESPATCHED BY COURIER IN ONE LOT TO: HSBC BANK PLC, TRADE SERVICES, MILANO, INTERNATIONAL BRANCH, PO BOX 585, 4TH FLOOR, 6 ARTHUR STREET, MILANO
EC4R 9HR TEAM 4
Trailer MAC: 3CB2665F
CHK: C736985C0633

3.产地证资料

申请单位注册号：208743522
证书号：9035427043
申领人：王×× 电话：6671××××
申领日期：2012.10.18

4.商检资料

申请日期：2012.10.19
联系人：王×× 电话：6671××××
报验号：10365792
商品编码：32151900

5.托运、报关资料

预录入编号：561742081 海关编号：DK0359285
货物集装箱号：TTNU7038062/54501；TTNU7439205/54502
提单号：CPH8326
核销单编号：457073512
本批货拟定由中海集装箱运输有限公司的长江轮V9437航次出运，货物必须于2012年10月25日进港。

6.信用证修改通知书

NOTIFICATION OF AMENDMENT TO DOCUMENTARY CREDIT
DATE OF THE AMENDMENT: 121003
BENEFICIARY: SUZHOU LIDA TRADING CO., LTD
18 DONGFANG ROAD, SUZHOU, JIANGSU, CHINA.
APPLICANT: UNIWORLD S.R.L.
VIA ARZAGA 28, 28185 MILANO, ITALY
DC NO: MLC9067
DATE OF ISSUE: 121001

THIS AMENDMENT IS TO BE CONSIDERED AS PART OF THE ABOVE MENTIONED CREDIT AND MUST BE ATTACHED THERETO.
DEAR SIRS, WE HAVE PLEASURE IN ADVISING YOU THAT WE HAVE RECEIVED AN AMENDMENT TO DOCUMENTARY CREDIT NO. MLC 9067 CONTENTS OF WHICH ARE AS FOLLOWS:
DRAFTS AT : SIGHT INSTEAD OF 90 DAYS AFTER SIGHT
DESCRIPTION OF GOODS : CIF MILANO, ITALY INSTEAD OF CFR MILANO, ITALY
INSURANCE CERTIFICATE FOR 110 PERCENT OF INVOICE VALUE INSTEAD OF INSURANCE CERTIFICATE FOR 130 PERCENT OF INVOICE VALUE

按以上提供的资料练习审证、改证与制单：

1. 审证与改证。

2. 制单。

缮制下列单证：

（1）发票；
（2）装箱单；
（3）一般原产地证明书申请书；
（4）一般原产地证明书；
（5）集装箱货物托运单；
（6）出口商品检验申请单；
（7）商检证书；
（8）出口货物报关单；
（9）国际货物运输投保单；
（10）提单；
（11）保险单；
（12）装运通知；
（13）受益人证明。

第七章

外汇管理及退税

第一节　外汇管理

一、企业名录管理

外汇局实行“贸易外汇收支企业名录”（以下简称名录）登记管理，统一向金融机构发布名录。金融机构不得为不在名录的企业直接办理贸易外汇收支业务。

企业依法取得对外贸易经营权后，需持《货物贸易外汇收支企业名录登记申请书》（见企业名录登记申请书样本）、法定代表人签字并加盖企业公章的《货物贸易外汇收支业务办理确认书》（以下简称《确认书》，见外汇收支业务办理确认书样本）及下列资料有效原件及加盖企业公章的复印件，到所在地外汇局办理“贸易外汇收支企业名录”登记手续：

1.《企业法人营业执照》或《企业营业执照》副本；

2.《中华人民共和国组织机构代码证》；

3.《对外贸易经营者备案登记表》，依法不需要办理备案登记的可提交《中华人民共和国外商投资企业批准证书》或《中华人民共和国台、港、澳投资企业批准证书》等；

4.外汇局要求提供的其他资料。

外汇局审核有关资料无误后为其办理名录登记手续。

无对外贸易经营权的企业，确有客观需要开展贸易外汇收支业务的，办理名录登记时可免于提交第三项规定的资料。

〔**启发思考**〕一般贸易外汇收支企业在金融机构可以直接办理外汇收支业务吗？

二、外汇收支管理方式

企业应当按照“谁出口谁收汇、谁进口谁付汇”原则办理贸易外汇收支业务，根据贸易方式、结算方式以及资金来源或流向，凭相关单证在金融机构办理贸易外汇收支，并按规定进行贸易外汇收支信息申报，根据贸易外汇收支流向填写下列申报单证：

1.向境外付款（包括向离岸账户、境外机构境内账户付款）的，填写《境外汇款申请书》或《对外付款/承兑通知书》；

2.向境内付款的，填写《境内汇款申请书》或《境内付款/承兑通知书》；

3.从境外收款（包括从离岸账户、境外机构境内账户收款）的，填写《涉外收入申报单》；

4.从境内收款的，填写《境内收入申报单》。

金融机构应当查询企业名录和分类状态，按规定进行合理审查，并向外汇局报送贸易外汇收支信息。金融机构为企业办理付汇手续时，应当审核企业填写的申报单证，并按以下规定审核相应有效凭证和商业单据：

1.以信用证、托收方式结算的，按国际结算惯例审核有关商业单据；

2.以货到付款方式结算的，审核对应的进口货物报关单或进口合同或发票；

3.以预付货款方式结算的，审核进口合同或发票。

三、外汇管理方式

国家外汇管理局分支局（以下简称外汇局）对企业的贸易外汇管理方式由现场逐笔核销改变为非现场总量核查。外汇局通过货物贸易外汇监测系统，全面采集企业货物进出口和贸易外汇收支逐笔数据，定期比对、评估企业货物流与资金流总体匹配情况，便利合规企业贸易外汇收支；对存在异常的企业进行重点监测，必要时实施现场核查。

四、动态分类管理

外汇局根据企业贸易外汇收支的合规性及其与货物进出口的一致性，将企业分为A、B、C三类。A类企业进口付汇单证简化，可凭进口报关单、合同或发票等任何一种能够证明交易真实性的单证在银行直接办理付汇，出口收汇无需联网核查；银行办理收付汇审核手续相应简化。对B、C类企业在贸易外汇收支单证审核、业务类型、结算方式等方面实施严格监管，B类企业贸易外汇收支由银行实施电子数据核查，C类企业贸易外汇收支须经外汇局逐笔登记后办理。

外汇局根据企业在分类监管期内遵守外汇管理规定情况，进行动态调整。A类企业违反外汇管理规定将被降级为B类或C类；B类企业在分类监管期内合规性状况未见好转的，将延长分类监管期或被降级为C类；B、C类企业在分类监管期内守法合规经营的，分类监管期满后可升级为A类。

企业名录登记申请书样本如下：

国家外汇管理局××分(支)局：

本公司因业务需要，申请加入“货物贸易外汇收支企业名录”。现根据《货物贸易外汇管理指引》及实施细则要求填写相关信息并提交以下资料，请予以登记。本公司保证所提供的信息和资料真实无讹。

□《企业法人营业执照》或《企业营业执照》副本

□《中华人民共和国组织机构代码证》

□《对外贸易经营者备案登记表》/《中华人民共和国外商投资企业批准证书》/《中华人民共和国台、港、澳投资企业批准证书》

（注：以上资料均需提供原件及加盖企业公章的复印件）

企业代码		企业名称	
经济类型代码及名称		行业类型代码及名称	
是否保税监管区域企业	是　　否	保税监管区域类型	
法定代表人姓名		法定代表人身份证/护照号码	
海关注册号		工商注册号	
外币注册币种		外币注册资金	
人民币注册资金		最初设立日期	
经营范围			
企业地址			
邮编		电话	
传真		电子邮箱	
企业联系人		联系人移动电话	

法定代表人签字：　　　　　　　　　　　　　　　　单位公章：

申请日期：　　年　　月　　日

外汇收支业务办理确认书样本如下：

货物贸易外汇收支业务办理确认书

本企业已知晓、理解《中华人民共和国外汇管理条例》以及货物贸易外汇管理法规规定，并已仔细阅读、知晓、理解本确认书告知和提示的外汇局监管职责。

一、依法从事对外贸易。对于本企业具有真实、合法交易基础的货物贸易外汇收支，在按规定提交有关真实有效单证的前提下，享有根据外汇管理法规规定便利办理货物贸易外汇收支的权利。

二、对外汇局的具体行政行为包括行政处罚等，享有依法进行申诉、提起行政复议和行政诉讼等法定权利。

三、接受并配合外汇局对本企业货物贸易外汇收支进行监督检查，及时、如实说明情况并提供相关单证资料；按规定进行相关的业务登记与报告；按照外汇局分类管理要求办理货物贸易外汇收支业务。

四、若违反外汇管理法规规定，接受外汇局依法实施的包括罚款、列入负面信息名单、限制贸易信贷规模和结构、限制结算方式、对外公布相关处罚决定等在内的处理措施。

五、知晓并确认本确认书适用于货物贸易外汇收支。本企业资本项目、服务贸易等其他项目外汇收支按照相关项目的外汇管理法规规定依法办理。本确认书未尽事项，按照有关外汇管理法规规定执行；相关外汇管理法规规定发生变化的，以新的外汇管理法规规定为准。

六、本确认书自本企业签署时生效。本企业将认真学习并遵守货物贸易外汇管理法规规定，积极支持配合外汇局对货物贸易外汇收支业务的管理。

企业（公章）：

法定代表人（签字）：

年　　月　　日

为进一步促进贸易便利化，更好地为企业服务，全面实施国家依法行政纲要，推进政府职能转变，外汇局根据《中华人民共和国外汇管理条例》及货物贸易外汇管理法规规定等，制定本确认书，提示企业相关外汇管理法规规定和依法享有的权利。企业签署本确认书并认真执行，享有依法便利办理货物贸易外汇收支业务的权利。

外汇局依据《中华人民共和国外汇管理条例》等法规规定，在货物贸易外汇收支具有真实、合法交易基础，满足有关单证真实性及其与外汇收支一致性审核要求的前提下，对货物贸易外汇收支不予限制。

外汇局根据国际收支形势等具体情况，制定、调整货物贸易外汇管理法规规定，并依法通过文告、外汇局政府网站等适当的公开、透明的方式予以公布。

外汇局依法对企业货物贸易外汇收支进行监督检查。对企业未能遵守货物贸易外汇管理法规规定的行为，按照《中华人民共和国外汇管理条例》等法规规定进行行政处罚。

第二节　出口退税管理

一、出口退税概述

（一）概念

出口单位自营或委托出口的货物，除另有规定者外，可在货物报关出口并在财务上做销售核算后，凭有关凭证报送所在地国家税务局批准退还或免征其增值税、消费税。

出口货物退（免）税的凭证为“一单两票”，即出口货物报关单（退税专用联）、计入外销收入的出口发票、出口货物增值税发票（税款抵扣联）（申请消费税的企业还需提供工厂开具经税务机关和银行（国库）签章的出口货物消费税专用缴款书）。

（二）出口货物退（免）税认定

1.出口企业应在办理对外贸易经营者备案登记或签订首份委托出口协议之日起30日内，填报《出口退（免）税资格认定申请表》（见表7-1），提供下列资料到主管税务机关办理出口退（免）税资格认定：

（1）加盖备案登记专用章的《对外贸易经营者备案登记表》或《中华人民共和国外商投资企业批准证书》；

（2）中华人民共和国海关进出口货物收发货人报关注册登记证书；

（3）银行开户许可证；

（4）未办理备案登记发生委托出口业务的生产企业提供委托代理出口协议，不需提供第（1）、（2）项资料；

（5）《出口退（免）税资格认定申请表》电子数据；

（6）主管税务机关要求提供的其他资料。

2.出口企业和其他单位出口退（免）税资格认定的内容发生变更的，须自变更之日起30日内，填报《出口退（免）税资格认定变更申请表》（见表7-2），提供相关资料向主管税务机关申请变更出口退（免）税资格认定。

表 7-1　　　　**出口退（免）税资格认定申请表**

<table>
<tr><td colspan="2">纳税人名称</td><td colspan="4"></td></tr>
<tr><td colspan="2">纳税人英文名称</td><td colspan="4"></td></tr>
<tr><td colspan="2">海关企业代码</td><td colspan="4"></td></tr>
<tr><td colspan="2">电话</td><td></td><td colspan="2">传真</td><td></td></tr>
<tr><td colspan="2">邮编</td><td></td><td colspan="2">电子信箱：</td><td></td></tr>
<tr><td colspan="2">企业注册地址</td><td colspan="4"></td></tr>
<tr><td colspan="2">经营场所（中文）</td><td colspan="4"></td></tr>
<tr><td colspan="2" rowspan="3">纳税人识别号</td><td rowspan="3"></td><td colspan="2" rowspan="3">纳税人类型</td><td>增值税一般纳税人（）</td></tr>
<tr><td>增值税小规模纳税人（）</td></tr>
<tr><td>其他（）</td></tr>
<tr><td colspan="2">主管税务机关名称</td><td></td><td colspan="2">纳税信用等级</td><td></td></tr>
<tr><td colspan="2">登记注册类型代码</td><td></td><td colspan="2">行业归属代码</td><td></td></tr>
<tr><td colspan="2">隶属关系代码</td><td></td><td colspan="2">经营者类型代码</td><td></td></tr>
<tr><td colspan="2">对外贸易经营者备案登记表编号</td><td colspan="4"></td></tr>
<tr><td colspan="2">是否提供零税率应税服务</td><td>是（） 否（）</td><td colspan="2">提供零税率应税服务代码</td><td></td></tr>
<tr><td rowspan="4">工商登记</td><td>注册号</td><td></td><td rowspan="4">企业法人代表（个体工商负责人）</td><td>姓名</td><td></td></tr>
<tr><td>注册日期</td><td></td><td rowspan="2">身份证号</td><td rowspan="2"></td></tr>
<tr><td>有效期</td><td></td></tr>
<tr><td>注册资金</td><td></td><td>电话</td><td></td></tr>
<tr><td colspan="2">退税开户银行</td><td colspan="4"></td></tr>
<tr><td colspan="2">退税开户银行账号</td><td colspan="4"></td></tr>
<tr><td rowspan="4">企业办理退免税人员</td><td>姓名</td><td></td><td colspan="2" rowspan="2">电话</td><td rowspan="2"></td></tr>
<tr><td>身份证号</td><td></td></tr>
<tr><td>姓名</td><td></td><td colspan="2" rowspan="2">电话</td><td rowspan="2"></td></tr>
<tr><td>身份证号</td><td></td></tr>
<tr><td colspan="6">享受增值税优惠政策情况</td></tr>
<tr><td colspan="2">先征后退（）</td><td>即征即退（）</td><td colspan="2">超税负返还（）</td><td>其他（）</td></tr>
<tr><td colspan="2">主管外汇管理局</td><td colspan="4"></td></tr>
<tr><td colspan="2">附送资料</td><td colspan="4"></td></tr>
<tr><td colspan="6">退税计算办法及申报方式</td></tr>
<tr><td colspan="2" rowspan="4">退（免）税计算方法</td><td colspan="4">1.免抵退税（）</td></tr>
<tr><td colspan="4">2.免退税（）</td></tr>
<tr><td colspan="4">3.免税（）</td></tr>
<tr><td colspan="4">4.其他（）</td></tr>
<tr><td colspan="2" rowspan="2">纸质凭证申报方式</td><td>上门申报（）</td><td colspan="2" rowspan="2">数据电文申报</td><td>上门申报（）</td></tr>
<tr><td>邮寄申报（）</td><td>远程申报（）</td></tr>
<tr><td colspan="2">是否分部核算</td><td>是（） 否（）</td><td colspan="2">分部核算部门代码</td><td></td></tr>
<tr><td colspan="6">法定代表人(申明签章)：
纳税人公章：
年　　月　　日</td></tr>
</table>

3.已办理出口货物退（免）税认定的出口商，其认定内容发生变化的，须自有关管理机关批准变更之日起30日内，持相关证件向税务机关申请办理出口货物退（免）税认定变更手续。

4.需要注销税务登记的出口企业和其他单位，应填报《出口退（免）税资格认定注销申请表》（见表7-3），向主管税务机关申请注销出口退（免）税资格，然后再按规定办理税务登记的注销。

表7-2　　　　**出口退（免）税资格认定变更申请表**

<table>
<tr><td>纳税人识别号</td><td colspan="2"></td><td>海关企业代码</td><td></td></tr>
<tr><td colspan="2">纳税人名称</td><td colspan="3"></td></tr>
<tr><td colspan="2">变更事项</td><td colspan="2">原认定内容</td><td>变更后内容</td></tr>
<tr><td colspan="2"></td><td colspan="2"></td><td></td></tr>
<tr><td colspan="2"></td><td colspan="2"></td><td></td></tr>
<tr><td colspan="5">附送件：</td></tr>
<tr><td colspan="5">申请变更认定者请认真阅读以下条款，并由企业法定代表人或个体工商负责人签字、盖章以示确认。
一、遵守各项税收法律、法规及规章。
二、在出口退（免）税资格认定变更表中所填写的信息及提交的材料是完整的、准确的、真实的。
法定代表人（负责人）签章：
纳税人公章：
年　　月　　日</td></tr>
</table>

表7-3　　　　**出口退（免）税资格认定注销申请表**

<table>
<tr><td>纳税人识别号</td><td></td></tr>
<tr><td>纳税人名称</td><td></td></tr>
<tr><td>海关企业代码</td><td></td></tr>
<tr><td colspan="2">注销事由：</td></tr>
<tr><td colspan="2">附送资料：</td></tr>
<tr><td colspan="2">申请注销认定者请认真阅读以下条款，并由企业法定代表人或个体工商负责人签字、盖章以示确认。
一、遵守各项税收法律、法规及规章。
二、在出口退（免）税资格认定注销表中所填写的信息及提交的材料是完整的、准确的、真实的。
法定代表人（负责人）签章：
纳税人公章：
年　　月　　日</td></tr>
<tr><td colspan="2">主管税务机关意见：

主管税务机关(公章)
年　　月　　日</td></tr>
</table>

（三）出口退税单位

出口退税单位一般是指依法办理工商登记、税务登记、对外贸易经营者备案登记，自营或委托出口货物的单位或个体工商户，以及依法办理工商登记、税务登记但未办理对外贸易经营者备案登记，委托出口货物的生产企业。

（四）出口退税货物范围

出口货物是指向海关报关后实际离境并销售给境外单位或个人的货物，分为自营出口货物和委托出口货物两类。出口退税货物以海关报关出口的增值税、消费税应税货物为主要对象，财务做销售处理且出口收汇的货物。结合国家宏观调控和国际惯例接轨，对一些非海关报关出口的特定货物也实行退（免）税。

（五）一般贸易出口货物退税计算方法

生产企业出口自产货物和视同自产货物及对外提供加工修理修配劳务，以及列名生产企业出口非自产货物，免征增值税，相应的进项税额抵减应纳增值税税额（不包括适用增值税即征即退、先征后退政策的应纳增值税税额），未抵减完的部分予以退还。不具有生产能力的出口企业（以下称外贸企业）或其他单位出口货物劳务，免征增值税，相应的进项税额予以退还。

1.计税依据。

出口货物劳务的增值税退（免）税的计税依据，按出口货物劳务的出口发票（外销发票）、其他普通发票或购进出口货物劳务的增值税专用发票、海关进口增值税专用缴款书确定。

生产企业出口货物劳务（进料加工复出口货物除外）增值税退（免）税的计税依据，为出口货物劳务的实际离岸价（FOB）。实际离岸价应以出口发票上的离岸价为准，但如果出口发票不能反映实际离岸价，主管税务机关有权予以核定。

外贸企业出口货物（委托加工修理修配货物除外）增值税退（免）税的计税依据，为购进出口货物的增值税专用发票注明的金额或海关进口增值税专用缴款书注明的完税价格。外贸企业出口委托加工修理修配货物增值税退（免）税的计税依据，为加工修理修配费用增值税专用发票注明的金额。外贸企业应将加工修理修配使用的原材料（进料加工海关保税进口料件除外）作价销售给受托加工修理修配的生产企业，受托加工修理修配的生产企业应将原材料成本并入加工修理修配费用开具发票。

2.增值税免抵退税和免退税的计算。

（1）生产企业出口货物劳务增值税免抵退税计算。

当期应纳税额=当期销项税额-（当期进项税额-当期不得免征和抵扣税额）

$$\text{当期不得免征和抵扣税额}=\text{当期出口货物离岸价}\times\text{外汇人民币折合率}\times\left(\text{出口货物适用税率}-\text{出口货物退税率}\right)-\text{当期不得免征和抵扣税额抵减额}$$

当期不得免征和抵扣税额抵减额=当期免税购进原材料价格×（出口货物适用税率－出口货物退税率）

当期免抵退税额＝当期出口货物离岸价×外汇人民币折合率×出口货物退税率–当期免抵退税额抵减额

当期免抵退税额抵减额=当期免税购进原材料价格×出口货物退税率

当期应退税额和免抵税额的计算：

①当期期末留抵税额≤当期免抵退税额，则：

当期应退税额 = 当期期末留抵税额

当期免抵税额 = 当期免抵退税额 – 当期应退税额

②当期期末留抵税额>当期免抵退税额，则：

当期应退税额 = 当期免抵退税额

当期免抵税额 = 0

当期期末留抵税额为当期增值税纳税申报表中“期末留抵税额”。

（2）外贸企业出口货物劳务增值税免退税计算。

①外贸企业出口委托加工修理修配货物以外的货物：

增值税应退税额=增值税退（免）税计税依据×出口货物退税率

②外贸企业出口委托加工修理修配货物：

出口委托加工修理修配货物的增值税应退税额 = 委托加工修理修配的增值税退（免）税计税依据×出口货物退税率

二、退税申报程序和期限

（一）生产企业出口货物免抵退税的申报

企业应在货物报关出口之日（以出口货物报关单〈出口退税专用〉上的出口日期为准）次月起至次年4月30日前的各增值税纳税申报期内收齐有关凭证，向主管税务机关申报办理出口货物增值税免抵退税及消费税退税。逾期的，企业不得申报免抵退税。

企业向主管税务机关办理增值税免抵退税申报，应提供下列凭证资料：

1.《免抵退税申报汇总表》及其附表。

2.《免抵退税申报资料情况表》。

3.《生产企业出口货物免抵退税申报明细表》。

4.出口货物退（免）税正式申报电子数据。

5.下列原始凭证：出口货物报关单（出口退税专用，以下未作特别说明的均为此联）（保税区内的出口企业可提供中华人民共和国海关保税区出境货物备案清单，简称出境货物清单）、出口发票；委托出口的货物，还应提供受托方主管税务机关签发的代理出口货物证明，以及代理出口协议复印件，复印件上应注明“与原件相符”字样，并加盖企业公章。主管税务机关在核对复印件与原件相符后，将原件退回，留存复印件；主管税务机关要求提供的其他资料。

（二）外贸企业出口货物免退税的申报

企业应在货物报关出口之日次月起至次年4月30日前的各增值税纳税申报期内，收齐有关凭证，向主管税务机关办理出口货物增值税、消费税免退税申报。经主管税务机关批准的，企业在增值税纳税申报期以外的其他时间也可办理免退税申报。逾期的，企业不得申报免退税。

申报资料：

1.《外贸企业出口退税汇总申报表》。

2.《外贸企业出口退税进货明细申报表》。

3.《外贸企业出口退税出口明细申报表》。

4.出口货物退（免）税正式申报电子数据。

5.下列原始凭证：出口货物报关单、增值税专用发票（抵扣联）、出口退税进货分批申报单、海关进口增值税专用缴款书（提供海关进口增值税专用缴款书的，还需同时提供进口货物报关单）；委托出口的货物，还应提供受托方主管税务机关签发的代理出口货物证明，以及代理出口协议副本（复印件上应注明“与原件相符”字样，并加盖企业公章）；属应税消费品的，还应提供消费税专用缴款书或分割单、海关进口消费税专用缴款书（提供海关进口消费税专用缴款书的，还需同时提供进口货物报关单）；主管税务机关要求提供的其他资料。

〔**启发思考**〕生产企业与外贸企业办理出口货物退税手续有何不同？

（三）《代理出口货物证明》

委托出口的货物，委托方应自货物报关出口之日起至次年3月15日前，凭委托代理出口协议（复印件）向主管税务机关报送《委托出口货物证明》（见表7-4）及其电子数据。主管税务机关审核委托代理出口协议后在《委托出口货物证明》上签章。

表7-4 **委托出口货物证明**

国家税务局：

<table>
<tr><td colspan="3">委托企业名称：</td><td colspan="4">受托企业名称：</td></tr>
<tr><td colspan="3">委托纳税人识别号：</td><td colspan="4">受托纳税人识别号：</td></tr>
<tr><td colspan="3">委托企业海关代码：</td><td colspan="4">受托企业海关代码：</td></tr>
<tr><td rowspan="2">序号</td><td rowspan="2">代理出口协议号</td><td rowspan="2">出口货物报关单号</td><td rowspan="2">出口商品代码</td><td rowspan="2">出口商品名称</td><td colspan="2">出口额[元（至角分）]</td></tr>
<tr><td>币种</td><td>金额</td></tr>
<tr><td></td><td></td><td></td><td></td><td></td><td></td><td></td></tr>
<tr><td></td><td></td><td></td><td></td><td></td><td></td><td></td></tr>
<tr><td></td><td></td><td></td><td></td><td></td><td></td><td></td></tr>
<tr><td colspan="7">出口企业</td></tr>
<tr><td colspan="7"></td></tr>
<tr><td colspan="7">上表所列出口业务为受托企业受我公司委托代理出口，需申请开具《代理出口货物证明》。
兹声明以上申报无讹并愿意承担一切法律责任。
经办人：　　财务负责人：　　企业负责人：
填报日期：
（公章）</td></tr>
<tr><td colspan="7">主管税务机关</td></tr>
<tr><td colspan="7">经办人：　　复核人：　　负责人：
（公章）
年　月　日</td></tr>
</table>

说明：

本表一式三联，开具税务机关留存一联、退委托方企业二联。

税务机关签章只证明企业申报行为，未核实该业务真实性。

受托方申请开具《代理出口货物证明》时，应提供规定的凭证资料及委托方主管税务机关签章的《委托出口货物证明》。

因代理出口证明推迟开具，导致委托出口企业不能在规定的申报期限内正常申报出口退税而提出延期申报的，委托出口企业和主管税务机关退税部门应按照相关规定办理。

三、有关备案单证

出口企业应在申报出口退（免）税后15日内，将所申报退（免）税货物的下列单证，按申报退（免）税的出口货物顺序，填写《出口货物备案单证目录》，注明备案单证存放地点，以备主管税务机关核查。

1.外贸企业购货合同、生产企业收购非自产货物出口的购货合同，包括一笔购销合同下签订的补充合同等。

2.出口货物装货单。

3.出口货物运输单据（包括海运提单、航空运单、铁路运单、货物承运单据、邮政收据等承运人出具的货物单据，以及出口企业承付运费的国内运输单证）。符合我国《合同法》规定的，出口单位将电子合同打印、口头合同由出口单位经办人书面记录口头合同内容并签字声明记录内容与事实相符，加盖企业公章后备案。

若有无法取得上述原始单证情况的，出口企业可用具有相似内容或作用的其他单证进行单证备案。除另有规定外，备案单证由出口企业存放和保管，不得擅自损毁，保存期为5年。

视同出口货物及对外提供修理修配劳务不实行备案单证管理。

四、出口退税申报

使用退税申报系统，如选择外贸企业出口退税申报系统，系统显示登录界面后，输入系统默认的管理员用户名“sa”，密码为空，在“当前所属期”中输入本次申报期后，点击“确认”进入系统主菜单。

一般贸易出口退税流程概括为：

1.录入出口、进货明细数据。

2.对录入正确并检查后的数据进行预申报。

3.确认正式申报、打印申报报表。

4.生成本次数据的正式申报。

五、出口退税申报的审核审批

税务机关受理出口单位出口货物退（免）税申报后，在规定的时间内，对申报凭证、资料的合法性、准确性进行审查，并核实申报数据之间的逻辑对应关系。

（一）重点审核内容

1.申报出口货物退（免）税的报表种类、内容及印章是否齐全、准确。

2.申报出口货物退（免）税提供的电子数据和出口货物退（免）税申报表是否一致。

3.申报出口货物退（免）税凭证是否有效，与出口货物退（免）税申报表明细内容是否一致等。

（二）重点审核的凭证

1.出口货物报关单（出口退税专用）。出口货物报关单必须是盖有海关验讫章，注明“出口退税专用”字样的原件（另有规定者除外），出口报关单的海关编号、出口商海关代码、出口日期、商品编号、出口数量及离岸价等主要内容应与申报退（免）税的报表一致。

2.代理出口证明。代理出口货物证明上的受托方企业名称、出口商品代码、出口数量、离岸价等应与出口货物报关单（出口退税专用）上内容相匹配，并与申报退（免）税的报表一致。

3.增值税专用发票（抵扣联）。增值税专用发票（抵扣联）必须印章齐全，没有涂改。增值税专用发票（抵扣联）的开票日期、数量、金额、税率等主要内容应与申报退（免）税的报表匹配。

4.消费税税收（出口货物专用）缴款书。消费税税收（出口货物专用）缴款书各栏目的填写内容应与对应的发票一致；征税机关、国库（银行）印章必须齐全并符合要求。

（三）电子信息核对

1.出口报关单电子信息。出口报关单的海关编号、出口日期、商品代码、出口数量及离岸价等项目是否与电子信息核对相符。

2.代理出口证明电子信息。代理出口证明的编号、商品代码、出口日期、出口离岸价等项目是否与电子信息核对相符。

3.出口退税率文库。出口商申报出口退税的货物是否属于可退税货物，申报的退税率与出口退税率文库中的退税率是否一致。

4.增值税专用发票电子信息。增值税专用发票的开票日期、金额、税额、购货方及销售方的纳税人识别号、发票代码、发票号码是否与增值税专用发票电子信息核对相符。

在核对增值税专用发票时应使用增值税专用发票稽核、协查信息。暂未收到增值税专用发票稽核、协查信息的，税务机关可先使用增值税专用发票认证信息，但必须及时用相关稽核、协查信息进行复核；对复核有误的，要及时追回已退（免）税款。

5.消费税税收（出口货物专用）缴款书电子信息。消费税税收（出口货物专用）缴款书的号码、购货企业海关代码、计税金额、实缴税额、税率（额）等项目是否与电子信息核对相符。

六、办理退税

税务机关将出口单位申报的手续齐备、内容真实的资料进行审核无误后办理退税手续。

表7-5　　　　报关单样本

0000000000113766963

数据中心统一编号：0000000000113766963

企业留存联

中华人民共和国海关出口货物报关单

4001200700170[redacted]

预录入编号：017004869　　申报现场：南昌海关(4001)　　海关编号：40012007001 7[redacted]

出口口岸 (2236) 洋山芦潮		备案号	出口日期	申报日期 20071029
经营单位 (360194[redacted]) 南昌[redacted]有限公司		运输方式 江海运输	运输工具名称 @/4001TRAIN/071030	提运单号 8KHNOSA300011
发货单位 (360194[redacted]) 南昌[redacted]有限公司		贸易方式 (0110) 一般贸易	征免性质 (603) 外资企业	结汇方式 电汇
许可证号	运抵国（地区）(116) 日本	指运港 (1303) 大阪		境内货源地 (36019) 南昌其他
批准文号 088809203	成交方式 FOB	运费	保费	杂费
合同协议号 7177	件数 1522	包装种类 纸箱	毛重（公斤） 12965	净重（公斤） 12003
集装箱号 CCLU4662970 * 1(2)	随附单据 出境货物通关单，请审查预核签章			生产厂家

标记唛码及备注

备注：

随附单据号：360000207019246，19245，07ST6309573

项号	商品编号	商品名称、规格型号	数量及单位	最终目的国（地区）	单价	总价	币制	征免
1	44190090.[redacted]	[redacted] 长24CM	10890千克 1470箱	日本 (116)	30.2014	44396.00	(502) 美元	照章征税
*2	44190032.[redacted]	[redacted] 双生直径5.0MM，长24CM	550千克 22箱	日本 (116)	27.5000	605.00	(502) 美元	照章征税
3	48191000	纸箱 34.5cmX29.5cmX28cm	585千克 30箱	日本 (116)	40.0000	1200.00	(502) 美元	照章征税

税费征收情况

录入员　录入单位 0000000655884	兹申明以上申报无讹并承担法律责任	海关审单批注及放行日期（签章） 审单　审价
报关员		征税　统计
单位地址	申报单位（签章） 中[redacted]股份有限公司江西	查验　放行
邮编　电话	填制日期　2007.10.29	

表 7-6 商业发票样本

南昌[redacted]有限公司

NANCHANG SAN YOU INDUSTRIAL CO.，LTD.

南昌经济技术开发区[redacted]

INVOICE

TO:日本[redacted]株式会社
[redacted]BUSSAN CO.,LTD
[redacted]SUGAWA-CHO,GOJO CITY
NARA 637[redacted]JAPAN
TEL:0747-26[redacted] FAX:0747-26[redacted]

合同号：[redacted]

日期：2007-10-05

From NANCHANG To OSAKA

Marks & Nos	Quantitles & Descriptions
N/M	[redacted] **1470CTNS 11800KGS @USD0.044/PAIR USD44396** **1009000PAIRS** [redacted] **22CARTONS 550KGS @USD27.5/CTN USD605** **纸箱** **30CARTONS 615KGS @USD40/CTN USD1200** **Total Value: USD46201** **FOB NANCHANG**

案例分析

甲企业为增值税一般纳税人，出口货物增值税实行“免、抵、退”税管理方法，销售货物适用增值税税率17%，退税率15%，执行新会计准则。该企业2014年9月份发生以下业务，计算免、抵、退税额。

1.15日，外购一批原材料，增值税专用发票注明的价款580万元，增值税税款98.6万元，货款已通过银行支付，增值税专用发票已于当月办理了认证手续。

2.18日，进料加工免税进口料件，作价人民币100万元，货款已通过银行支付。

3.20日，自营进料加工复出口货物一批，该批货物离岸价折合人民币600万元。

4.23日，内销货物一批，不含税销售额为500万元，货款尚未收到。

5.上期末留抵税额1万元。

分析：计算该公司当月增值税免、抵、退税额：

（1）计算当月出口货物不予抵扣和退税的税额：

不予免征和抵扣税额 = 600 ×（17% − 15%）− 100 ×（17% − 15%）= 10（万元）

（2）计算应纳税额或当期期末留抵税额：

应纳税额 = 500×17%−（98.6−10）−1 = −4.6（万元）

（3）免、抵、退税额抵减额 = 100×15% = 15（万元）

免、抵、退税额 = 600×15%−15 = 75（万元）

（4）按规定，当期期末留抵税额≤当期免抵退税额时：

免、抵、退税额 = 4.6万元

当期免、抵、退税额 = 75−4.6 = 70.4（万元）

资料来源　秦文娇. 有免税材料的出口业务处理[J]. 税收征纳，2011（5）：27−28.

实训练习

1.出口退税的审单重点有哪些?

2.某厂出口服装30 000打，其中：（1）25 000打以FOB价成交，每打20美元，人民币外汇牌价为1：6.2010；（2）5 000打以CIF价成交，每打24美元，并每打支付运费2美元、保险费1美元、佣金0.2美元，人民币外汇牌价为1：6.2010元。当期实现内销鞋20 000打，销售收入3 125 000元，销项税额为532 000元，当月可予抵扣的进项税额为966 600元，该服装的退税率为11%。用“先征后退”方法计算应交税额和应退税额。

第八章

进口业务程序及操作

进口业务流程如图 8-1 所示。

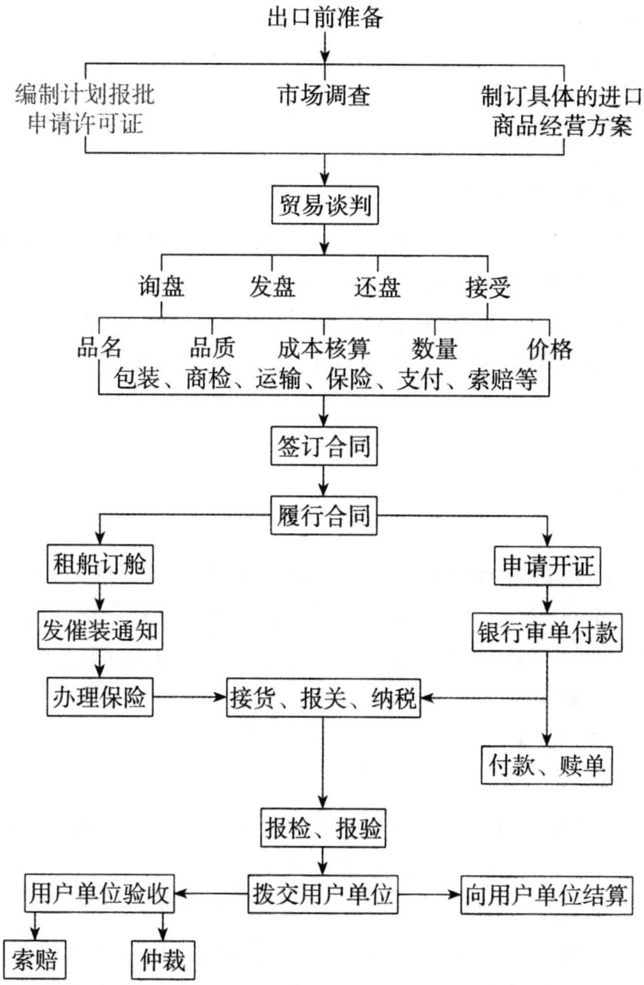

图 8-1　进口业务流程示意图(以 FOB、L/C 为例)

第一节　申领进口许可证

按照我国有关法律法规，凡进口实行许可证管理的商品，不分进口方式、外汇来源、进口渠道，都必须按照国家规定的审批权限，报主管部门和进口审查部门审核批准，由订货单位凭批准件申请领取进口货物许可证。

一、许可证的主管部门和发证机构

商务部是全国进出口许可证的归口管理部门，负责制定进出口许可证管理办法及规章制度，监督、检查进出口许可证管理办法的执行情况，处罚违规行为。

商务部授权商务部配额许可证事务局（简称许可证局）统一管理、指导全国各发证机构的进出口许可证签发工作，许可证局对商务部负责。

进口许可证不得买卖、转让、涂改、伪造和变造。

二、进口许可证管理

（一）进口许可证适用范围

《中华人民共和国货物进出口管理条例》规定的进口配额许可证和其他进口许可证，适用于《进口许可证管理商品目录》内货物的进口。

（二）进口许可证的申领和签发

1.进口单位在向外订货前，认真如实填写《进口许可证申请表》（见表8-1），并加盖印章，连同相关主管部门审批文件提交申领。

2.发证机构严格按照商务部发布的年度《进口许可证管理货物目录》和《进口许可证管理货物分级发证目录》的规定，在对进口单位递交的申请表及相关证件审核无误后，3个工作日内签发相关商品的进口许可证。

3.进口许可证管理实行“一证一关”管理。

（三）进口许可证的有效期

1.进口许可证的有效期为1年。进口许可证当年有效。

2.进口许可证因故在有效期内未使用完的，经营者应当在进口许可证有效期内向原发证机构提出未使用部分的延期申请，发证机构收回原证，在发证系统中对原证进行核销，扣除已使用的数量后，重新签发进口许可证，并在备注栏内注明延期使用和原证证号。

3.进口许可证只能延期一次，最长不超过3个月。

三、自动进口许可证管理

（一）自动进口许可的管理机构

《货物自动进口许可管理办法》规定，中华人民共和国商务部根据监测货物进口情况的需要，对部分进口货物实行自动许可管理，并至少在实施前21天公布其目录。

商务部授权配额许可证事务局，商务部驻各地特派员办事处，各省、自治区、直辖市、计划单列市商务（外经贸）主管部门以及部门和地方机电产品进出口机构（简称发证机构）负责自动进口许可货物管理和《自动进口许可证》的签发工作。

（二）《自动进口许可证》的适用范围

实行自动进口许可管理的货物目录，包括具体货物名称、海关商品编码，由商务部会同海关总署等有关部门确定和调整。该目录由商务部以公告形式发布。

（三）《自动进口许可证》的申请和签发

1.《货物自动进口许可管理办法》规定，收货人申请《自动进口许可证》（见表8-2），应当提交相应材料。收货人许可申请内容正确且形式完备，符合国家关于从事自动进口许可货物有关法律法规要求的，发证机构收到申请后最多不超过10个工作日予以签发《自动进口许可证》。

2.商务部对《自动进口许可证》项下货物原则上实行“一批一证”管理，对部分货物也可实行“非一批一证”管理。

3.海关对散装货物溢短装数量在货物总量正负5%以内的予以免证验放。

4.国家对自动进口许可管理货物采取临时禁止进口或者进口数量限制措施的，自临时措施生效之日起，停止签发《自动进口许可证》。

（四）《自动进口许可证》的有效期

1.《自动进口许可证》在公历年度内有效，有效期为6个月。

2.收货人已申领的《自动进口许可证》，如未使用，应当在有效期内交回原发证机构，并说明原因。发证机构对收货人交回的《自动进口许可证》予以撤销。

3.《自动进口许可证》需要延期或者变更的，一律在原发证机构重新办理，旧证同时撤销，并在新证备注栏中注明原证号。

表8-1　　进口许可证申请表样本

中华人民共和国进口许可证申请表

<table>
<tr><td colspan="3">1.进口商：　代码</td><td colspan="3">3.进口许可证号：</td></tr>
<tr><td colspan="3">2.收货人：</td><td colspan="3">4.进口许可证有效截止日期：
年　月　日</td></tr>
<tr><td colspan="3">5.贸易方式：</td><td colspan="3">8.出口国（地区）：</td></tr>
<tr><td colspan="3">6.外汇来源：</td><td colspan="3">9.原产地国（地区）：</td></tr>
<tr><td colspan="3">7.报关口岸：</td><td colspan="3">10.商品用途：</td></tr>
<tr><td colspan="3">11.商品名称：</td><td colspan="3">商品编码：</td></tr>
<tr><td>12.规格、型号</td><td>13.单位</td><td>14.数量</td><td>15.单价（币别）</td><td>16.总值（币别）</td><td>17.总值折美元</td></tr>
<tr><td></td><td></td><td></td><td></td><td></td><td></td></tr>
<tr><td></td><td></td><td></td><td></td><td></td><td></td></tr>
<tr><td></td><td></td><td></td><td></td><td></td><td></td></tr>
<tr><td></td><td></td><td></td><td></td><td></td><td></td></tr>
<tr><td>18.总计：</td><td></td><td></td><td></td><td></td><td></td></tr>
<tr><td colspan="2" rowspan="2">19.领证人姓名：
联系电话：
申请日期：
下次联系日期：</td><td colspan="4">20. 签证机构审批（初审）：</td></tr>
<tr><td colspan="4">终审：</td></tr>
</table>

中华人民共和国商务部监制　　第一联（正本）签证机构存档

中华人民共和国进口许可证申请表

1.进口商：　　代码	3.进口许可证号：
2.收货人：	4.进口许可证有效截止日期： 年　月　日
5.贸易方式：	8.出口国（地区）：
6.外汇来源：	9.原产地国（地区）：
7.报关口岸：	10.商品用途：
11.商品名称：	商品编码：

12.规格、型号	13.单位	14.数量	15.单价（币别）	16.总值（币别）	17.总值折美元
18.总　计：					

19.领证人姓名： 联系电话： 申请日期： 下次联系日期：	不能获准原因： 1.公司无权经营；　8.第（　）项须补充说明函； 2.公司编码有误；　9.第（　）项与批件不符； 3.到港不妥善；　10.其他。 4.品名与编码不符； 5.单价（高）低； 6.币别有误； 7.漏填第（　）项；

中华人民共和国商务部监制	第二联（副本）取证凭证

表8-2

自动进口许可证申请表样本

中华人民共和国自动进口许可证申请表

<table>
<tr><td colspan="3">1.进口商：　　代码：</td><td colspan="3">3.自动进口许可证申请表号：
自动进口许可证号：</td></tr>
<tr><td colspan="3">2.进口用户：</td><td colspan="3">4.申请自动进口许可证有效截止日期：
年　月　日</td></tr>
<tr><td colspan="3">5.贸易方式：</td><td colspan="3">8.贸易国（地区）：</td></tr>
<tr><td colspan="3">6.外汇来源：</td><td colspan="3">9.原产地国（地区）：</td></tr>
<tr><td colspan="3">7.报关口岸：</td><td colspan="3">10.商品用途：</td></tr>
<tr><td colspan="6">11.商品名称：　　商品编码：　　设备状态：</td></tr>
<tr><td>12.规格、等级</td><td>13.单位</td><td>14.数量</td><td>15.单价（币别）</td><td>16.总值（币别）</td><td>17.总值折美元</td></tr>
<tr><td></td><td></td><td></td><td></td><td></td><td></td></tr>
<tr><td></td><td></td><td></td><td></td><td></td><td></td></tr>
<tr><td></td><td></td><td></td><td></td><td></td><td></td></tr>
<tr><td></td><td></td><td></td><td></td><td></td><td></td></tr>
<tr><td>18.总　计</td><td></td><td></td><td></td><td></td><td></td></tr>
<tr><td colspan="3">19.备注：
联 系 人：
联系电话：
申请日期：</td><td colspan="3">20.签证机构审批意见：</td></tr>
</table>

第二节　进口商品的成本核算

进口商品成本核算是指进口单位对进口商品的进口价格及进口关税和各项费用的核算，以确定合理的利润留成，制定正确的销售价格。

一、进口商品成本的构成

所谓进口商品成本是指进口合同价加上各项进口费用。

货物的进口成本=进口合同价+进口费用

（一）进口合同价

进口合同价在进口合同成立前是一种估价，是买卖双方通过交易磋商可能取得一致意见的合同价格，有时也是进口人争取以此为基础达成交易的价格。

（二）进口费用

进口费用包括的内容较多，就每一笔具体的进口业务而言，进口人承担的费用是不同的。通常我国进口采用FOB价格条件，进口费用含以下几项：

1.从装运港到我国卸货港的国外运输费用。

2.运输途中货物的保险费。

3.卸货费、驳船费、码头建设费、码头仓租费等费用。

4.根据我国法律法规按进口货物的品种分类征收的税款。

5.进口商品的检验费和其他公证费用。

6.银行费用。

7.报关提货费用。

8.国内运输费、仓储费。

9.从开证付款到收回货款之间所发生的利息支出。

10.其他费用。

二、进口税负计算

（一）进口关税

进口关税是一国海关对进口货物和物品征收的关税，大都采用从价计征，公式为：

进口关税=进口商品完税价格×进口关税税率

我国进口商品的完税价格一般是以CIF价格作为完税价格，以FOB价格成交，则：

完税价格=FOB＋保险费＋运费

或

$$完税价格=\frac{FOB+运费}{1-保险费率}$$

（二）消费税

消费税是以消费品或消费行为的流转额作为课税对象而征收的一种流转税。消费税由税务机关征收，进口环节的消费税由海关征收，如进口烟、酒、化妆品、护肤护发品、贵重首饰等商品征收的关税。

计算公式为：

$$计税价格=\frac{关税完税价格+关税}{1-消费税税率}$$

应纳税额=计税价格×消费税税率

（三）增值税

增值税是以商品的生产、流通和劳务服务各个环节所创造的新增价值为课税对象的一种流转税。增值税由税务机关征收，但进口环节的增值税由海关征收。

现行增值税的计税价格和应纳税额计算公式为：

计税价格=关税完税价格＋实征关税税额＋实征消费税税额

应纳增值税税额=计税价格×增值税税率

【例 8-1】某进出口公司计划从美国进口美容机械 2 台，每台价格是 3 000 美元 FOB 纽约，海运运费估计为 2 500 美元，保险费 300 美元，进口关税税率为 33%，增值税税率为 17%，进口的其他杂费，如领证费、报关费、商检费和国内运输费等总计为 1 800 元人民币，消费税税率为 17%。如果该公司期望的利润率为 20%，则国内销售价格应至少制定为多少?(若外汇牌价为 1 美元=6.20 元人民币)

解： 1.计算关税完税价格和关税

关税完税价格=FOB＋运费＋保险费

=(3 000×2＋2 500＋300)×6.2

=54 560（元人民币）

关税=关税完税价格×关税税率

=54 560×33%

=18 004.80 （元人民币）

2.计算消费税和增值税

$$消费税的计税价格=\frac{关税完税价格+关税}{1-消费税税率}$$

$$=\frac{54\ 560+18\ 004.80}{1-17\%}$$

= 87 427.47（元人民币）

消费税=计税价格×消费税税率

=87 427.47×17%

=14 862.67（元人民币）

增值税计税价格=关税完税价格＋实征关税税额＋实征消费税税额

=54 560+18 004.80+14 862.67

=87 427.47（元人民币）

应纳增值税税额=计税价格×增值税税率

=87 427.47×17%

=14 862.67（元人民币）

3.计算进口总成本

进口总成本 = FOB 价＋海运运费＋保险费＋关税＋消费税＋增值税＋杂费

= 37 200＋15 500＋1 860＋18 004.80＋14 862.67＋14 862.67＋1 800

= 104 090.14（元人民币）

4.计算国内销售价格

国内销售价格 = 进口总成本×(1＋利润率)

= 104 090.14×(1＋20%)

= 124 908.17（元人民币）

每台销售价格至少制定为62 454.08元人民币。

三、进口商品盈亏率

进口商品盈亏率是指进口盈亏额和进口总成本之间的比率。公式表示为：

$$进口商品盈亏率 = \frac{进口盈亏额}{进口总成本} \times 100\%$$

进口盈亏额 = 进口销售收入 − 进口总成本

【例8-2】某外贸公司进口面料，共10 000码，进口价格为每码6美元CIF上海，进口关税税率为12%，其他国内费用以人民币计为：报关费200元，货物检验费900元，国内运费1 000元，杂费1 000元。进口面料经国内加工成成衣后出口总计可获净收入80 000美元。假设外汇牌价为1美元=6.20元人民币，计算该批商品的盈亏率。

解：

进口总成本 = 进口原料价格 + 各种费用

$= 10\,000 \times 6 \times (1 + 12\%) + (200 + 900 + 1\,000 + 1\,000) \div 6.20$

= 67 700（美元）

进口销售收入 = 80 000美元

进口盈亏额 = 进口销售收入−进口总成本

= 80 000−67 700

= 12 300（美元）

$$进口盈亏率 = \frac{进口盈亏额}{进口总成本} \times 100\%$$

$$= \frac{12\,300}{67\,700} \times 100\%$$

$= 18.17\%$

第三节　进口合同的签订

一、进口交易磋商

（一）向外商询盘

ZHONGHUA I/E CORP.上网查询科威特的ABDULIAH SAMIH&CO.生产经营轻便雨衣。由于国内对高质量的轻便雨衣有需求，故发出询盘。

May 12th，2012

Dear Sirs,

We have your name and address from the Intenet.And there are the catalogues of your product.Recently, we have received a number of enquires for your light-weight raincoats and have goods reason to beliveve that we could place regular orders with you provided your price are competitive. So, we want to establish direct business relationship with you.

From the description in your catalogue we learn that your "D.D." range is the one most suitable for these clients and should be good if you would send us your quotations for men's and women's coats in both small and medium sizes delivered FOB Kuwait.Provided price are right, we should place a first order for 40 000 raincoats, namely 10 000 raincoats each of the four qualities.Shipment would be required within four weeks of order.

We would particularly stress the importance of price since the principal market here is for mass produced goods at popular prices.

Yours sincerely

ZHONGHUA I/E CORP.

MANAGER

（二）外商发盘

May 17th，2012

Dear Sirs,

We thank you for your letter of 12th May.We are glad to learn of the enquires you have had from your customers for our raincoats.Our "D.D." range is particularly suitable for your customers for warm climates, and during the past years we have supplied this range to dealers in several tropical countries.From many of them we have already had repeat orders, in some case more than one.This range is popular not only because it is light in weight, but also because the material used has been specially trated to prevent excessive condensation on the inside surface.

For the quantities you mention we are pleased to quote as follows:

"D.D." Raincoates(CLASS8-13)

10 000 men's	medium	USD13.00each	USD130 000.00
10 000 men's	small	12.00each	120 000.00
10 000 women's	medium	12.00each	120 000.00
10 000 women's	small	11.00each	110 000.00
			USD480 000.00

Net FOB Kuwait

Parking: each set in carton, 40 000 sets in one 20' FCL

Terms: by L/C at sight

Shipment: Within 3 ~ 4 weeks of receiving the L/C, latest July 9th, 2012

This question is subject to our final confirmation.

We feel you may be interested in some of our other products and enclose some descriptive booklets and a supply of sales literature for use with your customers.We look forward to receiving your order.

Yours sincerely

ABDULIAH SAMIH&CO.

MANAGER

（三）还盘

1.我方还盘。

May 22th，2012

Dear Sirs,

Thank you for your letter of May 17th, 2012.We like the quanlity of the four items you recommended very much.But we think the price you quoted is on the rather high side as compared with those of other markets.It is understood that to accept prices you quoted would leave us little or no margin of profit on our sales.As you know China is a developing country; its principle demand is for articles in the medium price range.

We appreciate your response to our enquiry and would like to take this opportunity to conclude some transactions with you.We would, therefore, suggest that you make some allowance, say 12% on your quoted prices so as to enable us to introduce your products to our customers.If, however, you cannot do so, then we shall have no alternative but to leave the business as it is.

For your information, some parcels from HongKong have been sold here at a much lower price.We hope you will consider our counter-offer favorably and let us have your acceptance by telex.It may interest you to know that once you have opened up a marked here, you would have every advantage of developing a beneficial trade.

Yours sincerely
ZHONGHUA I/E CORP.
MANAGER

2.外商再还盘。

May 24th, 2012

Dear Sirs,

We are sorry to learn from your letter of May 22nd that you find our prices too high.We do our best to keep prices as low as possible without sacrificing quality.

Considering the quality of the raincoat offered we do not feel that the prices we quoted are at all excessive, but bearing in mind the principle of building up long-standing relationships between our firms, we have decided to decrease our price by 10%.

We make this allowance because we should like to continue to do business with you, but we must stress that it is the furthest we can go.We hope this revised offer will now enable you to place an order.

Yours sincerely
ABDULIAH SAMIH&CO.
MANAGER

(四)成交

May 31th, 2012

Dear Sirs,

Thank you for your letter of March 24th.We do appreciate your concession and want to accept your revised price.We are pleased to place an order with you for the following:

"D.D." Raincoates

10 000 men's	medium	FOB Kuwait	USD11.7 FOB KUWAIT
10 000 men's	small	FOB Kuwait	USD10.8 FOB KUWAIT

10 000 women's medium FOB Kuwait USD10.8 FOB KUWAIT

10 000 women's small FOB Kuwait USD9.9 FOB KUWAIT

in strong wooden cases, 40 000 sets in one 20′FCL

We enclose our purchase contract No.KUWAIT-2004 in duplicate.Please return one copy with your counter-signature for our file.

Best regards!

Yours sincerely

ZHONGHUA I/E CORP.

MANAGER

二、合同签订

合同签订一般采取会签方式，即一方起草合同，在一式两份上盖章后邮寄给另一方，由另一方签字后寄回一份。合同大部分内容类似出口合同，不再赘述。

第四节 开立信用证

一、开证程序

（一）申请开证

在进口业务中，信用证申请书是进口企业自行缮制的一项重要文件。开证申请书是进口方作为开证申请人委托开证银行开立以出口方为受益人的信用证的法律文件，开证申请人与开证行之间的关系是以开证申请书的形式建立起来的一种合同关系，双方的权利义务关系是根据该申请书确定的。开证申请书一旦经银行承诺，即成为开证申请人与开证行的契约文件，具有法律效力。

开证申请人需要填写开证申请书（见表8-3）和开证备查表，并加盖公章。开证申请书一般包括两部分内容：

1.开证申请人的承诺与付款保证，包括信用证的种类、开证方式、付款条件及银行的权利与责任，一般写在申请书的正面。

2.开证内容，包括信用证的号码、有效期、失效地点及种类、有关当事人、单据的要求等，一般写在申请书的背面。

填制好申请书后，连同进口合同副本送交当地银行，正式要求银行按照申请书和合同的内容及要求对外开证。

（二）审核申请

开证行接到进口单位的开证申请后，对其内容及合同的内容、开证申请人的资信程度、经营能力、经营状况及外汇使用等方面的情况进行全面的认真审核，以确定是否接受申请人的开证申请。

（三）对外开证

1.开证行审核接受开证申请人的开证申请后，开证申请人按所开信用证的金额缴纳等值的保证金或等值的有价证券，包括银行存款或汇票等。

2.信用证开出后银行将交给申请人一份副本，同时收取开证金额1.5‰的开证费。

3.如果申请人要对已开出的信用证内容进行修改，可向银行提交一份有申请人印章的修改申请书。

表8-3 开证申请书样本

APPLICATION FOR IRREVOCABLE DOCUMENTARY CREDIT

开立不可撤销跟单信用证申请书

Date 日期________

To: ××× COMMERCIAL BANK　　致：×××商业银行

Please issue by SWIFT an Irrevocable Letter of Credit as follows: 请通过SWIFT方式开立如下不可撤销跟单信用证：

<table>
<tr><td colspan="2" rowspan="2">Advising Bank (if blank, at your option)
通知行</td><td colspan="2">Credit No.信用证号码</td></tr>
<tr><td colspan="2">Expiry Date and Place
到期日和到期地点</td></tr>
<tr><td colspan="2">Applicant (full name & detailed address)
申请人（全称和详细地址）</td><td colspan="2">Beneficiary (with full name and address)
受益人（全称和详细地址）</td></tr>
<tr><td colspan="2">Amount (in figures & words)
金额（大、小写）</td><td colspan="2">Credit available with 此证可由□any bank 任何银行
□issuing bank开证行
By□sight payment即期付款 □ acceptance承兑
□negotiation议付 □deferred payment迟期付款</td></tr>
<tr><td colspan="2">Partial shipments 分批装运
□allowed 允许
□not allowed 不允许

Transhipment 转运
□allowed 允许
□not allowed 不允许</td><td colspan="2">Draft at________for______% of invoice value
汇票付款期限________，发票金额的________%
Drawn on 付款人________</td></tr>
<tr><td>Shipment from
装运从</td><td colspan="2">For transportation to
运至</td><td>Latest shipment date
最迟装运日</td></tr>
<tr><td colspan="4">Documents required: (marked with "×") 所需单据（用"×"标明）：
□ Signed Commercial Invoice in ________ copies indicating L/C No. and Contract No. ________
经签字的商业发票一式________份，标明信用证号和合同号________
□ Full set of clean on board Ocean Bill of Lading □ made out to order and blank endorsed, □________, marked "freight □prepaid / □ to collect"
□ showing freight amount and notifying ________。
全套清洁已装船海运提单做成□空白抬头、空白背书，□________，注明"运费□已付/□待付"，□标明运费金额，并通知________。
□ Air Waybills consigned to applicant marked "freight □ prepaid / □ to collect" notifying ________
空运单据收货人为开证申请人，注明"运费□已付/□待付"，并通知________。</td></tr>
</table>

续表

☐ Full set of Insurance Policy / Certificate for ________% of the invoice value, blank endorsed, showing claims payable in China in the currency of the draft, covering ☐ocean marine transportation ☐air transportation ☐overland transportation All risks and War risks and ________________。 全套保险单/保险凭证,按发票金额的________%投保,空白背书,注明赔付地在中国,以汇票币种支付,覆盖☐海运 ☐空运 ☐陆运,承保一切险,战争险和________________。 ☐ Packing List / Weight Memo in________copies indicating quantity, gross and net weight of each package. 装运单 / 重量证明一式________份,注明每一包装的数量、毛重和净重。 ☐ Certificate of Quantity / Weight in ________copies issued by________________ 数量 / 重量证明一式________份,由________________出具。 ☐ Certificate of Quality in ________copies issued by________________ 品质证一式 ________份,由________________出具。 ☐ Certificate of Origin in ________copies issued by ________________ 产地证一式________份,由________________出具。 ☐ Beneficiary's Certified copy of fax / telex dispatched to the applicant within ________day(s) after shipment advising ☐L/C No., ☐name of vessel, ☐flight No. ☐shipping date, ☐name of goods, quantity, ☐weight and value of goods. 受益人传真/电传方式通知申请人装船证明副本。该证明须在装船后________天内发出,并注明该☐信用证号、☐船名、☐航班号、☐装运日以及☐货物的名称、☐货物的数量、☐重量和货物价值。 ☐ Other documents, if any 其他单据   Description of goods or services 货物或服务描述   Additional instructions: 附加条款 ☐ All banking charges outside the Issuing Bank are for account of Beneficiary. 开证行以外的所有银行费用由受益人承担。 ☐ Documents must be presented within ________days after date of issuance of the transport document but within the validity of the credit. 所需单据须在运输单据签发日后________天内提交,但不得超过信用证有效期。 ☐ Third party as shipper is not acceptable. 第三方为托运人不可接受。 ☐ Both quantity and Credit amount ______% more or less are allowed. 数量及信用证金额允许有______%的增减。 ☐ Other terms and conditions, if any 其他条款 申请人盖章

二、填写开证申请书

(一)信用证种类

按合同规定，一般不宜开立可转让信用证，以防因第二受益人不可靠而造成损失。

（二）信用证金额

受益人可使用的最高限额，大小写金额要一致，除非确有必要，否则不宜在金额前加“约”字样或类似词语。

（三）汇票的付款人和付款期限

汇票的付款人应为开证行或信用证指定的其他银行，而不能规定为开证申请人，否则该汇票将被视为额外单据；汇票为即期还是远期应严格按照合同规定。

（四）运输单据

海洋运输一般应要求提供全套凭开证行或申请人指示并经发货人空白背书的已装船清洁提单，对近洋启运航程较短的运输货物，为便于早日提货防止提单到达过晚而无法提货引起损失，可规定受益人于装船后先寄一份正本提单给申请人，凭以提货。

（五）其他单据

对于产地证，品质、重量检验证书，化验证明书等的签发机构形式和内容以及证明事项等应做明确规定。

（六）分批装运和转运

进口合同如规定不允许分批装运和转运的，应在信用证中明确，如不规定明确，按惯例则视为允许分批装运和转运。

（七）到期日和到期地点

信用证必须规定一个到期日和除了自由议付信用证外的一个交单地点，否则该信用证不能使用。

第五节　订舱投保与银行审单付款

一、订舱投保

进口企业大部分进口货物都委托中国对外贸易运输公司、中国租船公司或其他外运代理机构代办运输并与其订立运输代理协议。有时也委托中国远洋运输公司或其他对外运输的实际承运人办理。

（一）订舱手续

进口单位在接到国外卖方的装运通知后即填写进口租船订舱联系单，连同合同副本送交外运公司或其他运输公司委托其安排船只或舱位。需要时也可直接向国外租船或舱位。

进口方办妥租船订舱手续后及时将船名、船期通知出口方以便装货，同时及时了解和掌握出口方装货与装船前的准备工作，做好催装工作。

（二）投保

1.预约保险。

我国部分外贸企业和保险公司签订海运货物的预约保险合同，简称“预保合同”，办理手续简便，外贸公司接到外商的装船通知后，只需按要求填写进口货物“装船通知”，将合同号、起运口岸、船名、起航日期、航线、货物名称、数量、金额等必要内容列明，送保险公司，即可作为投保凭证（见表8-4）。货物已经起运，保险公司自动按预约保单所订的条款承保。

表8-4　　进口货物运输预约保险合同样本

进口货物运输预约保险合同

合同号：2012-JTN03

甲方：××××进出口公司

乙方：中国人民保险公司××分公司

双方就进口货物的运输预约保险议定下列各条以兹共同遵守：

（1）保险范围

甲方从国外进口的全部货物，不论运输方式，凡贸易条件规定由买方办理保险的都属于本合同范围之内。甲方应根据本合同规定，向乙方办理保险手续并支付保险费用。

乙方对上述保险范围内的货物负有自动承保的责任，在发生本合同规定范围内的损失时均按本合同的规定负责赔偿。

（2）保险金额

保险金额以进口货物的到岸价格(CIF)即成本加保险费、运费为准(运费可用实际运费，也可由双方协定一个平均运费率计算)

（3）保险险别和费率

各种货物需要投保的险别由甲方选定并在投保单中填明。乙方根据不同的险别规定不同的费率。现暂定如下：

货物种类	运输方式	保险险别	保险费率
××××	海洋运输	一切险	0.6%
		战争险	0.4%

（4）保险责任

各种险别的责任范围，按照所属乙方制定的“海洋货物运输保险条款”、“海洋货物运输战争险条款”、“航空运输综合险条款”和其他有关条款的规定为准。

（5）投保手续

甲方一经掌握货物发运情况，即应向乙方寄送启运通知书，办理投保。通知书一式五份，由保险公司签认后，退回一份。如果不办理投保，货物发生损失，乙方不予理赔。

（6）保险费

乙方按甲方寄送的启运通知书前列相应的费率逐笔计收保费，甲方应及时付费。

（7）索赔手续和期限

本合同所保货物发生保险范围以内的损失时，乙方应按制定的“关于海运进口保险货物残存检验和赔款给付办法”迅速处理。甲方应尽力采取防止货物扩大受损的措施，对已遭受损失的货物必须积极抢救，尽量减少货物的损失。向乙方办理索赔的有效期限以货物卸离海轮满一年终止。如有特殊需要可向乙方提出延长索赔期。

（8）合同期限

本合同自2012年3月12日开始生效。

甲方：　　　　　　乙方：

××××进出口公司　　　　中国人民保险公司××分公司

签字(盖章)　　　　签字(盖章)

2.逐笔投保。

外贸企业在接到出口方的发货通知后，立即向保险公司办理保险手续。一般情况下，外贸企业填写“装货通知”代替投保单交保险公司。“装货通知”中必须注明合同号、起运港、运输地、运输工具、起运日期、目的地、估计到达日期、货物名称、数量、保险金额等内容（见表8-5）。保险公司接受承保后，签发一份正式保险单。

表8-5 **装货通知样本**

中国人民保险公司

国际运输预约保险启运通知书

被保险人：××××进出口公司 编号：2012-ZYD08字第2号

<table>
<tr><td colspan="2">保险货物项目(唛头)
“D.D.” Raincoats
No.Kuwait-2012
Shanghai China</td><td colspan="2">包装及数量
Each set in carton
40 000 sets in one
20′FCL</td><td colspan="2">价格条件
FOB KUWAIT</td><td colspan="2">货价(原币)
USD 432 000</td></tr>
<tr><td colspan="2">合同号KUWAIT-2012</td><td colspan="2">发票号码KUWAIT-2007</td><td colspan="2">提单号码</td><td colspan="2">SH21562</td></tr>
<tr><td colspan="2">运输方式 海运</td><td colspan="2">运输工具名称
GOLDKING Voy No903</td><td colspan="2">运费
(本币)</td><td colspan="2">RMB 16 500</td></tr>
<tr><td colspan="8">开航日期2012年7月9日 运输路线 自 KUUWAIT 至 SHANGHAI</td></tr>
<tr><td>投保险别</td><td>一切险
战争险</td><td>费率</td><td>0.65%
0.35%</td><td>保险金额
(原币)</td><td>USD438 384</td><td>保险费
(本币)</td><td>RMB36 168</td></tr>
<tr><td colspan="2">中国人民保险公司

年 月 日</td><td colspan="4">被保险人签章
××××进出口公司
2012年7月9日</td><td colspan="2">备注</td></tr>
</table>

本通知书一式五份送保险公司。保险公司签章后退回被保险人一份。

二、银行审单付款

（一）银行审单的责任

银行依据信用证、单据本身以及国际标准银行实务审核单据，以确定单内一致、单单一致、单证一致，保证单据的内容和信用证的规定或其他单据不相矛盾。对于不符合信用证、单据本身以及国际标准银行实务要求以及未满足受益人功能要求的单据银行不予接受。银行对单据的有效性不承担责任，即银行对任何单据的格式、完整性、准确性、真实性、法律效力或单据中规定的或附加的一般性或特殊性条件概不负责任；银行对任何单据中关于货物的描述、数量、重量、品质状态、包装、交货、价值或存在，或者货物的发货人、承运人、运输商、收货人或保险人或其他任何人的诚信、行为及疏忽、清偿能力、履约能力概不负责。

（二）银行审单的时间

开证行、保兑行或指定银行收到单据后不超过收单翌日起5天内审核单据以确定接受或拒绝接受单据。

（三）银行对不符点单据的处理

银行对于不符点单据可以采用如下方法处理：

1.银行毫不延误地以电讯方式通知交单人，如无法以电讯方式通知，则应以其他快捷方式通知，说明单据的不符点，并代为保管听候处理。

2.如果银行拒绝接受单据应不迟于收到单据次日起算第5个银行工作日通知并退还交单人。

3.开证行持单直到开证申请人接受不符单据。

4.依据事先得到交单人的指示行事。

三、进口货物付汇管理

企业可以根据其真实合法的进口付汇需求提前购汇存入其经常项目外汇账户。金融机构为企业办理付汇手续时，应当审核企业填写的申报单证，并按以下规定审核相应有效凭证和商业单据：

1.以信用证、托收方式结算的，按国际结算惯例审核有关商业单据。

2.以货到付款方式结算的，审核对应的进口货物报关单或进口合同或发票。

3.以预付货款方式结算的，审核进口合同或发票。

因合同变更等原因导致企业提前购汇后未能对外支付的进口货款，企业可自主决定结汇或保留在其经常项目外汇账户中。

第六节　进口货物报关报检

一、进口货物报关

所谓进口报关，是指进口货物的收货人或其代理人向海关交验有关单证，办理进口货物申报手续的法律行为。我国海关对进口货物商品的监管包括接受申报、查验货物、征收关税、清关放行四个环节。

（一）报关单位资质

经海关批准注册登记备案的报关单位和企业自主聘用、由报关协会自律管理并经报关单位向海关备案、专门负责办理所在单位报关业务的人员，具备向海关报关资质。

（二）进口报关需要提交的材料

1.盖有报关单位和报关员已备案的印章或签字的进口报关单。

2.进口许可证与国家规定的其他批准文件。

3.运输单据、商业发票、装箱单、免税或免检货物的证明、进口合同、产地证书等。

（三）申报地点

一般情况下，进口货物的收货人或其代理人应当在货物的进境地向海关申报。

（四）申报期限

进口货物的收货人、受委托的报关企业应当自运输工具申报进境之日起14日内向海关申报。

超过规定时限未向海关申报的，海关按照《中华人民共和国海关征收进口货物滞报金办法》按日征收进口货物CIF价格0.5‰的滞报金。超过3个月未向海关申报的，由海关提取变卖，所得价款在扣除运输、装卸、储存等费用与税款后尚有余款的，自货物变卖之日起1年内经收货人申请予以发还。

（五）进口报关单的填写

内容必须电脑打印，具有签发地海关验讫章，必须有防伪标签，报关单上的经营单位必须与合同的买方或进口单位名称一致。收货单位已在海关注册登记的，本栏目应填报其中文名称及海关注册编码；未在海关注册登记的，本栏目应填报其中文名称及组织机构代码；未在海关注册登记且没有组织机构代码的，本栏目应填报“NO”。使用《加工贸易手册》管理的货物，报关单的收、发货单位应与《加工贸易手册》的“经营企业”或“加工企业”一致；减免税货物报关单的收、发货单位应与征免税证明“申请单位”一致。其他要求同出口报关单填制要求（见表8-6）。

表8-6　　进口报关单样本

中华人民共和国海关进口报关单

预录入编号：NH2356　　　　海关编号：

进口口岸 上海海关	备案号	进口日期 2012-07-29	申报日期 2012-08-08
经营单位 ××进出口公司	运输方式 江海运输	运输工具名称 GOLDKONG Voy.No.903	提运单号 SH21562
收货单位 ××进出口公司	贸易方式 一般贸易	征免性质 一般征税	征免比例 14%

许可证号 C572606	起运国（地区） KUWAIT	装运港 KUWAIT	境内目的地 南昌	
批准文号	成交方式 FOB	运费 RMB16 500	保费 RMB36 168	杂费
合同协议号 KUWAIT-2007	件数 40 000sets	包装种类 20′FCL	毛重（千克）	净重（千克）
集装箱号 25611204	随附单据			用途

标记口麦码及备注
No.KUWAIT-2007
SHANGHAI CHINA

项号	商品编号	商品名称、规格型号	数量及单位	原产国（地区）	单价	总价	币制	征免
“D.D.”		Raincoats men’s medium	10 000	KUWAIT	11.70	117 000	USD	
		men’s small	10 000	KUWAIT	10.80	108 000		
		women’s medium	10 000	KUWAIT	10.80	108 000		
		women’s small	10 000	KUWAIT	9.90	99 000		

税费征税情况

录入员　录入位　　兹声明以上申报无诈并承担法律责任 报关员 申报单位（盖章） 单位地址　　　　××进出口公司 ××省××市××路××号 邮编　电话　　　填制日期 ×××　　　　2012年8月8日	海关审单批注及放行日期（盖章） 审单　　　审价 征税　　　统计 查验　　　放行

（六）进口报关的程序

一般分为四个步骤：

1.收单审单。

报关人应填制进口货物报关单一式两份，随附进口许可证、正本发票、提货单(一、三联)并附上正本装箱单、合同、正本报关委托书等证件向海关报关。海关对报关单位进行编号登记，批注申报日期同时审核报关单证是否齐全、有效，内容是否清楚、正确。

2.估价征税。

海关进行审价并分类估价、核算到岸价格，依照规定税率计征税收和依法减免税。报关人员随时回答海关提出的问题，并按需要提供相关证件。在此基础上，海关开出银行缴款书。

3.查验货物。

报关人员缴纳税款后要将银行缴款书的回执交海关，海关凭以验货。报关人员随同海关关员检验货物，负责撤移、开箱、验毕封存并随时提供海关需要的单证。在船边直提货物的情况下，海关应先验后税，即先监督放行再补关税。

4.签章放行。

在报关人员缴讫关税及有关规费，附上核销单后各项通关程序即全部完成，经办人员即在报关单及提货单白联上加盖放行章，随附应发还的单证。报关人员即可到海关监管仓库或场所提货。

二、进口商品检验手续

列入《出入境检验检疫机构实施检验检疫的进出境商品目录》的进口商品以及法律、行政法规规定须经出入境检验检疫机构检验的其他进口商品（即法定检验的进口商品）的收货人应当持合同、发票、装箱单、提单等必要的凭证和相关批准文件，向海关报关地的出入境检验检疫机构报检。海关放行后20日内，收货人应当按照规定向出入境检验检疫机构申请检验（见表8-7）。

（一）办理《入境货物通关单》

经检验或验证合格的进口商品，由出入境检验检疫机构按照国家质检总局的规定签发《入境货物通关单》，海关凭出入境检验检疫机构签发的《入境货物通关单》办理海关通关手续。验货手续可在通关后堆场进行。

（二）办理三检

海关通关放行后应去三检大厅办理三检，向大厅内的代理报验机构提供箱单、发票、合同、报关单，由它们代理报验。报验后可在大厅内统一窗口交费，并在白色提货单上盖三检放行章。

（三）办理港务手续

三检手续办理后，去港务大厅交港务费。港务费结清后，港方将提货联退给提货人供提货用。所有提货手续办妥后，通知事先联系好的堆场提货。

办理上述手续时的注意要点：

1.应与港口调度室取得联系安排计划。

2.根据货箱的多少与堆场联系足够的车辆，尽可能按港方要求时间内提清，以免产生转栈堆存费用。

3.提箱过程中应与堆场有关人员共同检查箱体是否有重大残破，如有则要求港方在设备交接单上签残。

4.重箱由堆场提到场地后，应在免费期内及时掏箱以免产生滞箱。

5. 货物提清后，从场站取回设备交接单证明箱体无残损，去船舶公司或船舶代理部门取回押箱费。

表 8-7 入境货物报检单样本

中华人民共和国出入境检验检疫

入境货物报检单

报检单位（加盖公章）：××进出口公司　　　　　　　　*编　号________

报检单位登记号：556881　联系人：×××　电话：　报检日期：2012 年 7 月 27 日

收货人	（中文）××进出口公司	企业性质（划“√”）	□合资 □合作 □外资
	（外文）×× I/E.CORP.		
发货人	（中文）		
	（外文）ABDULIAHI SAMHI & CO.		

货物名称（中/外）	H. S. 编码	原产国（地区）	数/重量	货物总值	包装种类及数量
“D.D.” Raincoats	39269090	KUWAIT	40 000sets	USD432 000	each set in carton, 40 000 sets in one 20′FCL

运输工具名称号码	GOLDKONG Voy.No.903			合同号	KUWAIT-2012
贸易方式	一般贸易	贸易国别（地区）	KUWAIT	提单/运单号	SH21562
到货日期	2012-7-29	启运国家（地区）	KUWAIT	许可证/审批号	C572606
卸毕日期		启运口岸	KUWAIT	入境口岸	上海
索赔有效期至		经停口岸		目的地	
集装箱规格、数量及号码		1X20′FCL			
合同订立特殊条款以及其他要求				货物存放地点	上海××仓库
				用　途	

随附单据（划“√”或补填）		标记及记号	*外商投资财产（划“√”）	□是□否
☑合同	□到货通知	No.KUWAIT-2007	*检验检疫费	
☑发票	☑装箱单	SHANGHAI CHINA	总金额（人民币元）	RMB250
☑提/运单	□质保书		计费人	×××
□兽医卫生证书	□理货清单		收费人	×××
□植物检疫证书	□磅码单			
□动物检疫证书	□验收报告			
□卫生证书	□			
□原产地证书	□			
□许可/审批文件	□			

报检人郑重声明： 1. 本人被授权报检。 2. 上列填写内容正确属实。 签名：×××	领取单证	
	日期	2012.7.29
	签名	

注：有“*”号栏由出入境检验检疫机关填写　　　　◆国家出入境检验检疫局制

第七节　拨交货物与索赔

一、提货与拨交

货物经海关商检机构和港务等部门检验无误后，进口单位即可办理提货手续。提货与拨交可由进口单位自行办理，俗称“自提”，也可由进口单位委托的运输部门将货物直接从进口港转运到用货单位，转运费用一般先由进口单位垫付。

二、进口索赔

进口货物因品质、数量、包装等不符合合同的规定，而向有关责任当事人提出索赔要求。

（一）索赔对象

索赔对象指要对索赔方承担损失赔偿等责任的当事人。

一旦发生索赔事故，首先要弄清事实，在分清责任的前提条件下，才能向有关责任方提出索赔的要求，如果没有分清责任，向没有责任的一方提出索赔，不但会遭到拒绝，而且会由于耽误时间而丧失向真正的责任方索赔的时机。例如，由于原装短少和品质、规格与合同不符，应向出口方索赔；货物数量少于提单所载数量，或在签发清洁提单情况下，货物出现残损、短缺，则应向承运人索赔；由于自然灾害、意外事故而使货物遭受承保险别范围内的损失，则应向保险公司索赔。

（二）索赔的依据

进口索赔是一项技术性、政策性极强的工作，办理进口索赔时必须提供切实有效的证据。首先必须制备索赔清单和证明文件，另对于不同的索赔对象附有不同的单证。

1.向进口方索赔的依据。

（1）合同及往来函电；

（2）公证报告；

（3）检验证书；

（4）破损证明；

（5）提单；

（6）装箱单；

（7）商业发票；

（8）银行通知。

2.向承运人索赔的依据。

（1）公证报告；

（2）破损证明；

（3）提单或运输合同；

（4）商业发票；

（5）商检证书；

（6）承运人要求的其他证明文件。

3.向保险公司索赔的依据。

（1）提单正本或副本；
（2）托运人开立的发票；
（3）装箱单；
（4）重量证明书；
（5）公证报告；
（6）船公司签发的事故证明或破损证明书；
（7）磅码单或理货单；
（8）船公司签发的短卸证明书；
（9）公证费收据；
（10）修理费用及其估价单；
（11）破损货物剩余价值估价；
（12）海难报告。

（三）索赔期限

向责任方提出索赔，应在规定的索赔期限内提出，过期提出索赔无效。

1.向出口方索赔期限。

在进出口合同内一般都规定了索赔期限，进口方应在合同规定期限内提出。如合同未规定索赔期限，则合同中的商品品质保证期限被认为是进口方提出索赔的有效期限。如果没有规定商品品质保证期，则按《联合国国际货物销售合同公约》规定，进口方向出口方声明货物不符合合同规定时限，是进口方实际收到货物之日起2年。

2.向承运人索赔期限。

向船公司索赔的期限，按《海牙规则》规定，托运人或收货人在收取货物时，如果发现货物灭失或损坏，应在提货日起3天之内向运输公司发出索赔的书面通知。如果在提货时双方已对货物进行了联合检查，托运人或收货人就无需再发出上述索赔通知，有关索赔依据可事后补办。如果货主的索赔未被受理，则诉讼的时效为货物交付之日起算1年之内。逾期不提起诉讼，运输公司可以免除对货物灭失或损害所负的一切责任。值得注意的是，依据《汉堡规则》规定，托运人或收货人在收取货物时，如果发现货物灭失或损坏，应在提货后15天之内向运输公司发出索赔的书面通知。对于承运人延迟交货，收货人必须于收到货物后60天内以书面形式通知承运人，否则承运人将不承担赔偿责任。关于诉讼的时效，《汉堡规则》规定为2年。

3.向保险公司索赔期限。

中国人民保险公司规定的索赔时效为2年，即从被保险货物在最后卸载港全部卸离海轮后起算，最多不超过2年。但提出索赔时不一定提交全部赔偿单据，被保险人一经提出赔偿要求后，即不受时效限制。

（四）索赔金额

索赔金额应适当确定，除受损的商品价值外，应根据具体情况将有关费用如商检费、装卸费、银行手续费、仓租利息等包括在内。

案例分析

A公司向德国B公司进口一台磨齿机，约定在发货前由A公司派人去国外进行预验收，但后来因为签证问题无法成行，于是双方商定由B公司安排第三家公司代为检验。为谨慎起见，A公司在对外开立的信用证中特别注明“THE BENEFICIARY HAS TO ARRANGE A THIRD PARTY TO PRE-INSPECT THE EQUIPMENT (受益人必须安排第三方对设备进行预检)”。货物出运之后，A公司偶然得知B公司在发货前并未请第三方对设备加以检验。因此，在开证行要求其付款赎单时，A公司以B公司未提供第三方检验报告为由拒付货款。但是，银行对A公司的拒付理由不予理会，仍然要求其全额支付信用证项下的货款。

分析：根据跟单信用证统一惯例(UCP600)之规定，如果信用证中有一项条件，但未规定用以表明该条件得到满足的单据，银行将视为未作规定并不予理会。A公司在信用证中只要求第三方对设备进行预检，但并未要求提交相应的检验报告(证书)，因此开证行对这条规定不予理会，认定B公司所提交单据与信用证相符，要求A公司付款赎单。由于对国际惯例不熟悉，尽管B公司在发货前未按约定安排商检，A公司却无法维护自己的正当权益。

实训练习

1.进口公司在开立及修改信用证时，要办理哪些手续?

2.什么是“预约保险合同”?具体做法如何?能起到什么作用?

3.我国A公司拟从美国B公司进口一套设备，双方经过谈判未能在价格上达成一致意见。后来B公司愿意接受A公司的还价，但同时要求A公司同意在交货前半年付款。A公司的谈判代表缺乏业务经验，当场表示同意。事后，经过核算半年利息损失已超过还价所得利益。试分析：除利息损失外，A公司还可能遭受什么损失?(提示：商业信用的可靠性如何掌握)

4.进口业务的有关资料如下：

（1）苏州利岩机械有限公司从中国台湾玛嵩金属工业有限公司进口一批热轧钢带，其购货确认书如下：

CONFIRMATION OF PURCHASE CONTRACT

THE BUYERS：SUZHOU LIYAN MACHINERY CO.，LTD.
South Block，Digangang，Tanshu，Changxi Rd.
SUZHOU，JIANGSU，P.R.C.
TEL NO：（0512）-3275428
FAX NO：（0512）-3270181

THE SELLERS：MESSRS. MASON METAL INDUSTRY CO.，LTD.
No.13，Wu-chun 2nd，　　DATE：Mar.1，2003
Wu-ku Ind，Park
Taipei Hsien，Taiwan　　Contract No.130333M11

We as Buyer, hereby confirm having purchased from you, as seller, the following goods in accordance with all provisions hereof.

REFERENCE: Hot Rolled Steel Sheet in Coil

COMMODITY: 40930KGS of Hot Rolled Steel Sheet in Coil

No.	DESCRIPTION	QUANTITY	PRICE (USD) FOB KEELUNG TAIWAN	AMOUNT(USD)
1	SPHC-P/O 1.4-4.5XSXC	40930KGS	USD 0.5050	20 669.65

TOTAL: ONE (1) ITEM ONLY.

AMOUNT: FOB KEELUNG TAIWAN ON USD20 669.65

PAYMENT: BY IRREVOCABLE L/C AT SIGHT

SHIPMENT: From Mid. Of Mar.2003 To Mid. Of Aug.2003 DESTINATION: SHANGHAI, CHINA

PACKING: Standard Export Packing SHIPPING MARK: At Seller's Option

INSURANCE: Covered by Buyer

SPECIAL PROVISIONS:

Delivery weight allowance: +/- 10% per size in total.

Accepted and confirmed by:

(Seller)
Song YuHe

(Buyer) SUZHOU LIYAN MACHINERY CO., LTD.
Wu Renrong

(2) 卖方中国台湾玛嵩金属工业有限公司提供的结汇单据(提单、发票、装箱单、装运通知)如下:

①提单

B/L NO. YMLUI206070704

Shipper

MASON METAL INDUSTRY CO., LTD

远洋运输(集团)总公司
OCEAN SHIPPING (GROUP) CO.
COMBINED TRANSPORT BILL OF LADING

Consignee

SUZHOU LIYAN MACHINERY CO., LTD., South block,
Digangang, Tanshu, Changxi Rd., SUZHOU, JIANGSU, P.R.C.
TEL NO: (0512) -3275428 FAX NO: (0512) -3270181

Notify Party

SAME AS CONSIGNEE

Pre-carriage by	Place of Receipt KEELUNG, TAIWAN				
Ocean Vessel Voy No. WING CHEONG V.WN095	Port of Loading KEELUNG, TAIWAN				
Port of Discharge SHANGHAI, CHINA	Place of Delivery SHANGHAI, CHINA		Final Destination SHANGHAI, CHINA		
Marks & Nos. Container Seal No. N/M	No. of Containers or Packages 2 CTNR	Kind of Packages; Description of Goods HOT ROLLED STEEL SHEET IN COIL	Gross Weight 41145.00KGS	Measurement 50.000 CBM	
Total Number of Containers or Packages (in Words): TOTAL IN TWO CONTAINERS ONLY. YMLU2905394 20'DC FCL/FCL YML3488767 10 PALLETS YMLU2797284 20'DC FCL/FCL YML3488762 10 PALLETS					
Freight & Charges	Revenue Tons	Rate	Per	Prepaid	Collect
Ex. Rate	Prepaid at	Payable at	Place and Date of Issue TAIWAN, Mar.30, 2003		
	Total Prepaid	No .of Original B(s)/L	Signed for the Carrier		

Laden on Board the Vessel

Date: Mar.30, 2003

②发票

MASON METAL INDUSTRY CO., LTD.

No.13, Wu-chun 2nd, Wu-ku Ind, Park, Taipei Hsien, Taiwan

COMMERCIAL INVOICE

FOR ACCOUNT AND RISK OF — INVOICE NO.: EX0362T/2

DATE: MAR.30, 2003

SUZHOU LIYAN MACHINERY CO., LTD. — SHIPPER BY: WING CHEONG V.WN095

FROM: KEELUNG, TAIWAN

TO: SHANGHAI

NO.	FULL DESCRIPTION OF GOODS	QUANTITY	UNIT PRICE	TOTAL AMOUNT
				FOB TAIWAN
	HOT ROLLED STEEL SHEET IN COIL			
1	SPHL-P/O 1.50mm x 120.0 mm x Coil	34 COIL 14 144 KGS	USD 0.5050/KG	USD 7 142.72

2	SPHL-P/O	2.00mm x 420.0 mm x Coil	10 COIL	20 780 KGS	USD 0.5050/KG	USD 10 493.90
3	SPHL-P/O	2.60mm x 140.0 mm x Coil	6 COIL	6 006 KGS	USD 0.5050/KG	USD 3 033.03
	TOTAL:		50 COIL	40 930 KGS		USD 20 669.65

MASON METAL INDUSTRY CO., LTD.

③装箱单

MASON METAL INDUSTRY CO., LTD.

No.13, Wu-chun 2nd, Wu-ku Ind, Park, Taipei Hsien, Taiwan

PACKING LIST

MARKS AND NUMBERS	INVOICE NO.: EX0362T/2 DATE: MAR.30, 2003 SHIPPED BY: WING CHEONG V.WN095 FROM: KEELUNG, TAIWAN TO: SHANGHAI

PACKING NO.	FULL DESCRIPTION OF GOODS	QUANTITY	NET WEIGHT	GROSS WEIGHT
	HOT ROLLED STEEL SHEET IN COIL			
11-17	SPHL-P/O 1.50mm x 120.0 mm x Coil	34 COIL	14 144 KGS	14 214 KGS
1-10	SPHL-P/O 2.00mm x 420.0 mm x Coil	10 COIL	20 780 KGS	20 880 KGS
18-20	SPHL-P/O 2.60mm x 140.0 mm x Coil	6 COIL	6 006 KGS	6 051 KGS
TOTAL:	20 PALLETS	50 COIL	40 930 KGS	41 145 KGS

MASON METAL INDUSTRY CO., LTD.

④装运通知

SHIPPING ADVICE

MASON METAL INDUSTRY CO., LTD.,
No.13, Wu-chun 2nd, Wu-ku Ind, Park,
Taipei Hsien, Taiwan

Messrs: SUZHOU LIYAN MACHINERY CO., LTD.,
South Block, Digangang, Tanshu,
Changxi Rd., SUZHOU, JIANGSU, P.R.C.

Dear Sirs:

Re: Invoice No. EX0362T/2 L/C No. LC0440-8657

We hereby inform you that the goods under the above mentioned credit have been shipped.

The details of the shipment are as follows:

Commodity: Hot Rolled Steel Sheet in Coil

Quantity: 20 PALLETS

Amount: USD20 699.65

Bill of Lading No.: YMLUI206070704

Ocean Vessel: WING CHEONG V.WN095

Port of Loading: KEELUNG

Port of Destination: SHANGHAI, CHINA

Date of shipment: MAR.30, 2003

We hereby certify that the above content is true and correct.

根据上述资料缮制下列进口单证：

①开立不可撤销信用证申请书；

②保险单；

③入境货物报验单；

④进口报关单。

附录一 常用英文贸易缩略词

Abbreviations Commonly Used in International Trade

A		
A.A.R.	Against all risk	担保全险，担保一切险
Abbr.	Abbreviation	缩写字
Abs.	Abstract statement	摘要说明书
Acc.	Acceptance, accepted	承兑、承诺
a/c	Account	账户，客户
Ackmt	Acknowledgement	承认，收条
a/d	After date	出票后限期付款（票据）
Adv.	Advice	通知（书）
Ad val.	Ad valorem（according to value）	从价税
Al	First class	一级
A.M., a.m.	Ante meridiem（before noon）	上午
A.M.T.	Air mail transfer	信汇
Amt.	Amount	金额
A.N.	Arrival advice	到货通知
Ans.	Answer, answered	回答，已答
A/o	Account of	记入……账目
A.p.	Account payable	应付账款
A/P	Authority to purchase	委托购买证
a.p.	Additional premium	附加保费
A.R.	All risks	全险，一切险
Arr.	Arrival	到达
Art.	Article	条款，项
A/S	Account sales	销售清单
a/s	After sight	见票后限期付款
Assmt.	Assignment	转让
Assn.	Association	协会
Att.attn.	Attention	注意
Av., a/v	Average	平均，海损
a/v	A vista（at sight）	见票即付
A/w	Actual weight	实际重量
B		
B/-, b/-	Bale, bag	包，装
Bal, balce.	Balance	余额
B/C	Bill for collection	托收票据
B/D	Bank draft	银行汇票

b/d	Brought down	承前页
B' dle, bdl.	Bundle	束，把
B/E	Bill of exchange	汇票
B/F	Brought forward	承前页，转下页
Bg	Bag	袋
B/L	Bill of lading	提单
Bot.	Bottle	瓶
B/P	Bill purchased, bills payable	买入票据，出口押汇，应付票据
B/R	Bills receivable, bank rate	应收票据，银行贴现率
Brl, barl	Barrel	桶，樽
Bx	Box	箱，盒
C		
c.	Cent, centigrade	美分，百分度
Carr.	Carriage	运费
Cat.	Catalogue	货品目录
C.B.	Clean bill, cash book	光票，现金账簿
c.c.	Carbon copy, cubic centimeter	副本、立方厘米
C/C	Chamber of commerce	商会
C/D	Cash against document, customs declaration	凭单据付款，报关单
Cert.	Certificate	证明
Cf.	Confer	对照，协商
C/F	Carried forward	转下页
CFR	Cost and freight	运费在内价
CFRC	Cost,freight and commission	运费及佣金在内价
C.F.S.	Container freight station	货柜集散场
Chq.	Cheque, check	支票
cge	Carriage	运费
CH	Custom house	海关
c.i.a.	Cash in advance	预付现金
CIF	Cost, insurance and freight	运费保险费在内价
CIFC	Cost, insurance, freight and commission	含运费、保险费、佣金价
C/N, C.N.	Credit note, covering note	贷方通知，保险承保单
C/O	Certificate of origin, cash order	原产地证，现款支票
c/o	Care of, carried over	烦转，转下页
Co.	Company	公司
COD	Cash on delivery	货到付款
Con.Inv.	Consular invoice	领事发票

Cont.	Contract	合同
Corp	Corporation	法人，公司
COS	Cash on shipment	付款装运
C/P	Charter party	租船契约
Cr.	Credit	贷方，债权人
Cs	Case	箱
C.T.L.	Constructive total loss	推定全损
CTN	Carton	纸箱
C.W.O.	Cash with order	现金订货
Cwt.	Hundredweight	英担
C.Y.	Container yard	货柜集散场
Cy.	Currency	货币
D		
D/A	Documents against acceptance	承兑交单
	…Days after acceptance	承兑后……日付款
	Deposit account	存款账户
D/D，D.D.	Demand draft， documentary draft	即期汇票，跟单汇票
dd.	Delivered	交付
d/d	…Days after date	出票后……日付款
de.	Deferred	延期
deg.	Degree	等级
d.f.	Dead freight	空载运费（船）
dft.	Draft	汇票
Dis.	Discount	折扣
Div.	Dividend	红利，股息
D/N	Debit note	借方通知
D/O	Delivery order	卸货通知书
do.	Ditto（the same）	同上
DOC	Document	单据
DOZ	Dozen	一打
D/P	Documents against payment	付款交单
d.r.	Deposit receipt	存款收据
d/s.，d.s.	…Days after sight	见票后……日付款
D/W	Dock warrant	码头交单
E		
Ea.	Each	每，各
e.e.，E.E.	Error excepted	错误除外
e.g.	Example gratia（for example）	例如

EMS	Express mail special	特快专递
Enc., encl	Enclosure	附件
E.& O.E.	Errors and omissions excepted	错误或遗漏不在此限
Esq.	Esquire	先生（信内尊称）
ETA	Estimated time of arrival	预定到达日期
Etc.	Et cetera (and so forth)	等等
Ex	Out of , without	自，无，交货
Ex.	Example, executive, exchange, extract,	执行官，外汇交换，摘要例子
F		
F	Foot, franc	尺，法郎
f.a., f.a.a.	Free of all average	全部赔偿
FAC	Facsimile	传真
F.A.Q.	Fair average quality	良好平均品质
FAS	Free alongside ship	船边交货价
F.B.E.	Free bill of exchange	国外汇票
f.c.l.	Full container load	集装箱整箱货物
F/D	Forward delivery, free docks	定期交货，船坞交货
f.g.a.	Free of general average	不保共同海损
f.i.	Free in/ for instance	装卸船方不负责/例如
f.i.o.	Free in and out	装卸货船均不负责
f.i.o.s.t.	Free in, out, stowed and trimmed	装卸堆储平仓船方均不负责
f.o.	Free out	卸货船方不负责
f.o., f/o	Firm offer	规定时限的报价
FOB, f.o.b.	Free on board	船上交货价
f.o.c.	Free of charge	免费
f.o.r.	Free on rail, free on road	火车上交货价
f.o.s.	Free on steamer	轮船上交货价
f.o.t.	Free on truck	卡车上交货价
FP, f.p.	Fully paid	付讫
FPA	Free of particular average	单独海损不保
Frt.	Freight	运费
F/P	Floating policy	流动保单
FX	Foreign exchange	外汇
G		
g., gm.	Gramme	公克
G/A	General average	共同海损
Gall.	Gallon	加仑
g.m.b.	Good merchantable brand	品质良好适合买卖之货品

g.m.q.	Good merchantable quality	良好可售品质
Gr.wt.，GW	Gross weight	毛重
G.S.P.	Generalized system of preference	普惠制
g.s.w.	Gross shipping weight	装输总重量
H		
h.	Hour，height	小时，高度
H.O.	Head office	总公司
h.p.	Horse power	马力
Hr.	Hour	时
I		
ICC	International chamber of commerce	国际商会
Id.	Idem（the same）	同上
i.e.	Id est（that is ）	即是
I/L	Import license	进口许可证
Inc.	Incorporated	有限责任公司
Int.	Interest	利息
In trans.	In transit	运输中
Inv.	Invoice	发票
IOP	Irrespective of percentage	免赔额不适用条款
IOU	I owe you	借据
I.Q.	Import quota	进口配额
J		
j.，jour	Journal	流水账
J/A	Joint account	共同账户
K		
k.	Carat	克拉
Kg.	Kilogramme	千克
Kl.	Kiloliter	公升
Km.	Kilometer	公里
L		
Lb.	Libra（pound or pounds in weight）	磅
Lbs.	Pounds	磅
L/C	Letter of credit	信用证
LCL	Less than carload lot	零担货物
L/I	Letter of indemnity	赔偿保证书
L/G	Letter of guarantee，loss and gain	保证函，损益
i.t.	Long ton	长吨
LS	Locus sigil（place of seal）	盖印处

L/T	Letter telegram	书信电报
Ltd.	Limited	有限责任公司
M		
m.	Mile, mark, month, minute	米，记号，月，分
Max.	Maxium	最大限度
m/d	Month after date	出票后……月付款
Memo.	Memorandum	备忘录，便条纸
Messrs	Messieurs	先生（复数），贵公司
Mar.	Manager	经理
Min.	Minimum, minute	最低限额，分钟
M.I.P	Marine insurance policy	海上保险单
Misc.	Miscellaneous	杂项
Mks.	Marks	商标
Mkt	Market	市场
M/L	More or less	增或减
MO	Money order	拨款单，汇款单
MR	Mater's receipt	大副收据
m/s	Months after sight	见票后….月付款
m.s.	Mail steamer, motor ship	邮船，轮船
M.T.	Metric ton, mail transfer	公吨，信汇
N		
N.B.	Note bene（take notice）	注意
N/D	No dated	未注明日期
NL	Night letter	夜间拍发电报
NM	No mark	无商标
No.	Number	号码
n/p	Non-payment	拒付
N/S	Not sufficient fund	存款不足
Nt.Wt., NW	Net weight	净重
O		
O.	Order	订单，订货
o/a	On account of	因为，在…….账户
O.B/L	Order bill of lading	批示式提单
O/d	Overdraft, on demand	透支，见票即付
O.K.	All correct, approved	无误，同意
O/No.	Order number	订单编号
o.p.	Open policy	预约保单

P		
P/A，P.A.	Particular average	单独海损
p.a.	Per annum（by the year）	每年
p.c.	Percent， petty cash	百分比，零钱
PCE	Piece	只，个，支等
PCT	Percent	百分比
PKG，pkg	Package	包裹
P/L	Packing list	装箱单
p.l.	Partial loss	单独海损
Pm.， prem.	Premium	保险费
p.m.	Post meridiem（afternoon）	下午
P/N	Promissory note	本票，期票
P.O.B	Postal office box	邮政信箱
P.O.D	Payment on delivery	付款交货
p.p.a.	Percent per annum	年利率
Ppd.	Prepaid	预付
P/R	Parcel receipt	邮包收据
PRC	Price	价格
Proforma	For from's sake	估计的，形式的
Prox.	Proximo（next month）	下月的
PS.， p.s.	Postscript	附笔
P.T.O.	Please turn over	转阅背面，转下页
Q		
Q.	Quantity	数量
Qty	Quantity	数量
Quotn	Quotation	报价
Quty	Quality	品质
Qy	Quay	码头
R		
Re.	With reference to	关于
Recpt	Receipt	收据
Ref.	Reference	参考，关于
RFWD	Rain， fresh water damage	雨水及淡水险
Remit.	Remittance	汇款
Rm	Ream	令
r.m.	Ready money， ready-made	备用金，现成的
RMB	Reminbi	人民币
R.S.D	Receiving， storage and delivery	港务局装卸费用

rt.	Rate	率
S		
S.A.	Statement of account	账单
s.a.	Subject to approval	以承认（赞成，批准）为条件
S/C	Sales contract	销售确认书
S/D	Sight draft	即期汇票
S/D	Sea damage	海水损害
Sig.	Signature	签名
S/M	Shipping marks	装船标记
S/N	Shipping note	装运通知
S.O.	Shipping order	装船通知书
s.p.a.	Subject to particular average	以不保单独海损为条件
SRCC	Strike，riot，civil commotions	罢工、暴动、内乱条款
s.t.	Short ton	短吨
St.	Street	街
STL.	Style	式样
T		
T.	Ton， tare	吨，皮重
T/A	Telegraphic address	电报挂号
T& Dft.	Tare and draft	皮重和包含物
T.D.O.	Transshipment delivery order	转船提货单
T.L.O.	Total loss only	只担保全损（分损不赔）
T.M.O.	Telegraphic money order	电报汇款
TPND	Theft，pilferage and non-delivery	盗窃提货不着险
T.R.	Trust receipt	信托收据
T.T.，T/T	Telegraphic transfer	电汇
U		
Ult.	Ultimo	上个月
u/w	Underwriter	保险商
V		
v.，vs.	Versus	对于
Vid	Vide（see）	参阅
Voy.	Voyage	航次
v.v.	Vice versa	反之亦然
W		
w.a.	With average	水渍险
War	With all risk	担保一切险
W/B	Way bill， warehouse book	运单

Wgt	Weight	重量
Whf	Wharf	码头
W/M	Weight or measurement	重量或尺寸
W.O.	Waiting order	等候订单
W.P.A.	With particular average	单独海损赔偿
W.R.	War risks， warehouse receipt	战争险
Wt，WT	Weight	重量
w.w.	Warehouse warrant	仓单
w.w.d.	Weather working day	良好天气工作日
X		
X	Ex（out of without）exclusive	除外，无
x.d.	Ex dividend	无红利
x.in.	Ex interest	无利息
Xx	Good quality	良好品质
Xxx	Very good quality	极佳品质
Xxxx	Best quality	最佳品质
Y		
Yd.	Yard	码
Yr.	Your， year	你的，年
Yr.b.	Year book	年鉴

附录二　外贸书信常用起首语和结束语

Useful Opening and Closing Sentences

“…”代表日期、品名、品号、船名、事由、附件、省略语等。

一、起首语（Opening Sentence）

1.确认收到；表示感谢

（1）We have received with thanks your letter （cable， telex） of concerning （regarding， respecting， relating to ， with reference to ， on the subject to ）….

（2）Thank you for your letter of …enquiring for Article….

（3）This is to acknowledge receipt of your letter dated …enclosing （containing， together with）…， for which we thank you.

（4）Your letter of …is very much appreciated （has been received with thanks， is acknowledged with thanks）.

（5）Many thanks for your Order No.…received yesterday， which has been forwarded to our mills for immediate attention.

（6）Your Order No.…reached us on ….

（7）Upon receipt of your order for …we got in touch with the makers.

2.表示高兴

（8）We are pleased （glad， happy， gratified） to learn（note ， know， hear， understand） from your letter（cable， telex） of …that you are interested in our….

（9）From your letter under reply we learn with pleasure（with much interest） that you find our quotations workable.

（10）It interests us to note from your letter of …that you are in the market for….

3.表示遗憾、失望

（11）We regret（are disappointed ） to learn （know ， hear， note ） from your letter of …that you cannot make use of our offer.

（12）We feel disappointed to learn from your letter of …that you find our quotation of …too high.

（13）It is indeed most regrettable that we are still without news from you.

（14）We note with surprise that we have not had any replies to our two previous reminders.

4.接受请求、寄去目录样品等

（15）In reply（answer， response ） to your letter of …， we are sending you by air a sample of ….

（16）Samples（Patterns） of our range of …for which you asked in your letter of …for which you asked in your letter of …are being sent to you today.

（17）As requested（As desired， At your request）， we take pleasure in forwarding to you by parcel post a collection of samples for your reference（study）.

（18）We thank you for your letter dated….As requested we enclose….

（19）In accordance（Compliance， Conformity） with the request contained（made， put forward, conveyed, expressed) in your letter of…, we are enclosing….

(20) We have pleasure in enclosing a copy of our brochure asked for in your letter of ….

(21) We are pleased to receive your enquiry of…and enclose….

5.表示拒绝；迟复致歉

(22) We regret being unable to accept …mentioned in your letter of ….

(23) We regret to have to decline your request for ….

(24) We are sorry to have to tell you that we cannot supply the goods you ordered because….

(25) In reply to your letter of…, we regret that we cannot entertain any claim for compensation on….

(26) Please excuse our delay in replying to your letter of ….

(27) We hasten to reply to your letter of …and apologize for the unfortunate mistake you found out.

6.主动联系；通知

(28) We have pleasure to inform you that we have now available the following goods for prompt shipment:

(29) This letter serves to notify you that we are now in a position to supply….

(30) We are sending you here with a copy of our latest catalogue and price list.

(31) Please note that the goods you ordered will be ready for dispatch and we now await your shipping instructions.

7.再次联系

(32) Reference is made to our (your) letter of …regarding….

(33) Futher to our letter of yesterday, we would advise you that Articles…and…are out of stock at present.

(34) We wish to refer you to our last letter dated…enclosing….

(35) Your letter of …has crossed ours of…in which we informed you that….

(36) With reference to the offer we made you on…, we regret that we have not yet had any news from you.

8.确认电报、订单等

(37) We are in receipt of your cable of…which reads as follows: "…."

(38) This is to confirm our cable of…, reading: "…."

(39) We confirm our recent exchange of telexes, yours of …and ours of…as per the copies enclosed.

(40) We have just received your cable reading: "…" and have cabled you in reply: "…", which we now confirm.

9.催办；责问

(41) We are writing to remind you that we have not yet received the balance of your account amounting to …, payment of which is now more than a month overdue.

(42) We do not appear to have had any reply (We regret not having received a reply) to

our letter of…reminding that….

（43）We are at a loss to understand why we have had no reply from you to our request for settlement of the matter outstanding.

10.答复关于延迟、质量等问题

（44）We are very concerned to learn from your letter of …that goods shipped by…under your Order No.…did not reach you until….

（45）We are disturbed at the complaint contained in your letter of …that you are not satisfied with the quality of the goods supplied to your Order No.….

11.其他常用起首套语

（46）This letter acknowledges receipt of your….

（47）It is gratifying （It is a pleasure） to learn from your letter of…that….

（48）We acknowledge with thanks your…informing us that….

（49）It comes to our notice from your letter of…that….

（50）Much to our regret we hear from your letter of…that….

（51）We regret our inability to entertain….

（52）We regret to inform you of….

（53）It is much to be regretted that….

（54）It is a matter of sincere regret that….

（55）We tender our apologies for….

（56）This is to advise you that….

（57）It may interest you to know（You will be interested to hear） that….

（58）Referring （With reference， Reverting ） to your（our） letter of…， we….

（59）We are cabling you today to the effect that….

（60）We are pleased that you are….

（61）On going through…， we find that….

（62）An examination of …reveals that….

二、结束语（**Closing Sentences**）

1.要求作复、速复

（1）We await your early reply.

（2）We look forward to your reply.

（3）We anticipate（expect） a prompt replay from you.

（4）Please reply at an early date.

（5）We shall be glad to hear further from you soon.

（6）We shall appreciate hearing from you again.

（7）We are expecting your early reply.

（8）We hope you will agree to the above and inform us of your decision the soonest.

（9）May we demand an immediate answer from you.

（10）We look forward with great interest to hearing from you before long.

(11) Your early attention and reply to this letter will be appreciated.

(12) We hope you will treat this matter as urgent and give us a reply the soonest possible.

(13) Please look into the matter immediately and let us know the result by return.

(14) As the matter is urgent, we should appreciate an early reply.

(15) As we must make arrangements in good time, your prompt decision and reply are necessary.

(16) We are anxious to serve you and hope to hear from you very soon.

(17) We feel there must be some explanation of the delay and await with interest your early reply.

2.要求配合协助

(18) We request your assistance in this matter.

(19) It would be appreciated if you could cooperate with us in the matter.

(20) We reckon on your cooperation in the settlement of the issue.

3.表示感谢

(21) Thank you.

(22) We thank you for your close cooperation in the past and trust we may count on your continued support.

(23) We thank you for your assistance, and shall reciprocate when an occasion (opportunity) arises.

(24) We shall be most grateful for any information you can give you.

4.表示歉意

(25) We are sorry for the inconvenience you have suffered.

(26) We regret the trouble we have caused you.

(27) We feel sorry for any inconvenience (trouble) our mistakes may have caused you.

(28) We apologize once more for the unfortunate mistake, and have taken steps to prevent a repetition.

5.催办

(29) We now look forward to your remittance within the next few days.

(30) We shall be glad if you will deal with the matter promptly.

(31) As the amount is long overdue, we should be grateful if you would send us your cheque without further delay.

(32) We request your immediate establishment of the L/C.

6.表示确信、希望、等候、劝告等

(33) We are convinced that with joint efforts business between us will be developed to our mutual benefit.

(34) We do not doubt that our supplies will turn out to your entire satisfaction.

(35) We look forward to the pleasure of serving you again.

(36) We hope to receive further information from you.

(37) We hope you will take full advantage of this special offer.

(38) We hope the sample lot will reach you in good time and look forward to your new orders.

(39) As the stocks are limited (as the prices quoted are exceptionally low and likely to rise), we would advise you to place your order as early as possible.

(40) We are offering you an article of high quality at a very reasonable price, and hope you will take the opportunity to try it.

(41) We feel sure you will find a ready sale for this excellent article in your market.

(42) We think this will now settle the matter to your complete satisfaction.

(43) We are looking forward to your arrival.

7.表示今后给予协助、关注、提供消息等

(44) Please be assured of our continued collaboration.

(45) You may rely on us for cooperation and support to the best we can.

(46) You may depend upon us to maintain our high standards of service.

(47) We assure you that we shall spare no efforts to satisfy your requirements.

(48) Any orders you may place with us will have our prompt and careful attention.

(49) We shall be pleased to send you any further information you may need.

(50) Should you need any further information, please let us know.

(51) If we can be of any further assistance, please feel free to write us.

8.容后再洽

(52) You will be hearing from us again soon.

(53) We shall revert to the matter at a later date.

(54) Your suggestion is under study, and we shall let you hear in a few days.

附录三　　进出口业务单证样式

1. 中华人民共和国出口许可证

中华人民共和国出口许可证
EXPORT LICENCE OF THE PEOPLE'S REPUBLIC OF CHINA

No.0199988

1. 出口商 Exporter	2. 出口许可证号 Export licence No.
3. 发货人 Consigner	4. 出口许可证有效截止日期 Export licence expiry date
5. 贸易方式 Terms of trade	6. 进口国 Country region of purchase
7. 合同号 Contract No.	8. 支付方式 Payment conditions
9. 报关口岸 Place of clearance	10. 运输方式 Mode of transport
11. 商品名称 Description of goods	12. 商品编码 Code of goods

13. 规格、等级 Specification	14. 单位 Unit	15. 数量 Quantity	16. 单价(USD) Unit price	17. 总值(USD) Amount	18. 总值折美元 Amount in USD
19. 总计 Total					

20. 备注 Supplementary details	21. 发证机关签章 Issuing authority's stamp & signature 22. 发证日期 Licence date

2. 入境货物报检单

中华人民共和国出入境检验检疫
入境货物报检单

报检单位（加盖公章）：　　　　　　　　　　　　　　　　　　编号 ___________

报检单位登记号：　　　　　　联系人：　　　　电话：　　　　报检日期：___年__月__日

发　货　人	（中文）				
	（外文）				
收　货　人	（中文）				
	（外文）				
货物名称（中/外文）	H. S. 编码	原产国	数/重量	货物总值	包装种类及数量
运输工具名称号码			合同号		
贸易方式		贸易国别		提单/运单号	
到货日期		启运国家		许可证/审批号	
卸毕日期		启运口岸		入境口岸	
索赔有效期至		经停口岸		目的地	
集装箱规格、数量及号码					
合同、信用证订立的 检验检疫条款或特殊要求			货物存放地点		
			用途		
随附单据（划“√”或补填）		标记及号码	*外商投资财产（划“√”）		□是　□否
□合同 □发票 □提/运单 □兽医卫生证书 □植物检疫证书 □动物检疫证书 □卫生证书 □原产地证书 □许可/审批文件	□到货通知 □装箱单 □质保书 □理货清单 □磅码单 □验收报告 □ □		检验检疫费		
			总金额（人民币元）		
			计费人		
			收费人		
报检人郑重声明： 1.本人被授权报检。 2.上列填写内容正确属实，货物无伪造或冒用他人的厂名、标志、认证标志，并承担货物质量责任。 签名：_________			领取证单		
			日期		
			签名		

注：有“*”号栏由出入境检验检疫机关填写　　　　◆国家出入境检验检疫局制

3.出境货物报检单

中华人民共和国出入境检验检疫
出境货物报检单

报检单位（加盖公章）： 编号________

报检单位登记号： 联系人： 电话： 报检日期： 年 月 日

发货人	（中文）					
	（外文）					
收货人	（中文）					
	（外文）					
货物名称（中/外文）	H. S. 编码	产地	数/重量	货物总值	包装种类及数量	

运输工具名称号码		贸易方式		货物存放地点	
合同号		信用证号		用途	
发货日期		输往国家（地区）		许可证/审批号	
启运地		到达口岸		生产单位注册号	
集装箱规格、数量及号码					

合同订立的检验检疫条款或特殊要求	标 记 及 号 码	随附单据（划“√”或补填）	
		□合同 □信用证 □发票 □换证凭单 □装箱单 □厂检单	□包装性能结果单 □许可/审批文件 □ □

需要证单名称（划“√”或补填）		＊检验检疫费	
□品质证书 _正_副 □重量证书 _正_副 □数量证书 _正_副 □兽医卫生证书 _正_副 □健康证书 _正_副 □卫生证书 _正_副 □动物卫生证书 _正_副	□植物检疫证书 _正_副 □熏蒸/消毒证书 _正_副 □出境货物换证凭单 □出境货物通关单 □ □	总金额 （人民币元）	
		计费人	
		收费人	

报检人郑重声明： 1.本人被授权报检。 2.上列填写内容正确属实，货物无伪造或冒用他人的厂名、标志、认证标志，并承担货物质量责任。 签名：______	领 取 证 单	
	日 期	
	签 名	

注：有“*”号栏由出入境检验检疫机关 ◆国家出入境检验检疫局制

[1-2（2000.1.1）]

4.商检证书

中华人民共和国出入境检验检疫
ENTRY-EXIT INSPECTION AND QUARANTINE
OF THE PEOPLE'S REPUBLIC OF CHINA

编号 No.:

QUALITY CERTIFICATE

<table>
<tr><td>发货人
Consignor</td><td colspan="3"></td></tr>
<tr><td>收货人
Consignee</td><td colspan="3">H LAKE AVE SUITE 535 PASADENA CA 91101 USA.
.</td></tr>
<tr><td>品名
Description of Goods</td><td></td><td rowspan="4">标记及号码
Mark & No.</td></tr>
<tr><td>报检数量/重量
Quantity/Weight Declared</td><td></td></tr>
<tr><td>包装种类及数量
Number and Type of Packages</td><td></td></tr>
<tr><td>运输工具
Means of Conveyance</td><td></td></tr>
</table>

检验结果:
Result of Inspection:

印章 签证地点 Place of Issue ____________ 签证日期 Date of Issue______________
Official Stamp ____
授权签字人 Authorized Officer_______ 签 名 Signature___________________

5.普惠制产地证书 From A

ORIGINAL

<table>
<tr><td colspan="3">1.Goods consigned from(Exporter ' s business name, address,Country)</td><td colspan="3" rowspan="2">Reference No.

GENERALIZED SYSTEM OF PREFERENCES
CERTIFICATE OF ORIGIN
(Combined declarationand certificate)
FORM A

Issued in THE PEOPLE'S REPUBLIC OF CHINA
(country)
See Notes overleaf</td></tr>
<tr><td colspan="3">2.Goods consigned to(Consignee's name,address,country)</td></tr>
<tr><td colspan="3">3.Means of transport and route(as far as known)</td><td colspan="3">4.For official use</td></tr>
<tr><td>5.Item number</td><td>6.Marks and numbers of packages</td><td>7.Number and kind of packages;description of goods</td><td>8.Origin criterion (see Notes overleaf)</td><td>9.Gross weight or other quantity</td><td>10.Number and date of invoices</td></tr>
<tr><td colspan="3">11.Certification
It is hereby certified, on the basis of control carried out, That the declaration by the exporter is correct.

____
Place and date, signature and stamp of certifying authority</td><td colspan="3">12.Declaration by the exporter
The undersigned hereby declares that the above details and statements are correct; that all the goods were
Produced in ________CHINA________
(country)
and that they comply with the origin requirements specified for those goods in the Generalized System of Preferences for goods exported to
____
(import country)
____
Place and date, signature of authorized signatory</td></tr>
</table>

6.一般原产地证书

ORIGINAL

1.Exporter	Certificate No. 0647153 CERTIFICATE OF ORIGIN OF THE PEOPLE'S REPUBLIC OF CHINA
2.Consignee	
3.Means of transport and route	5.For certifying authority use only
4.Country/region of destination	

6.Marks and number of goods	7.Number and kind of packages;description	8.H.S.Code	9.Quantity	10.Number and date of invoices

11.Declaration by the exporter The undersigned hereby declares that the above details and statements are correct, that all the goods were produced in China and that they comply with the Rules of Origin og the People's Republic of China.	12.Certification It is hereby certified that the declaration by the export is correct.
Place and date, signature and stamp of authorized signatory	Place and date, signature and stamp of certifying authority

7.产地证明书

产 地 证 明 书
(CERTIFICATE OF ORIGIN)

标记及号数 (Marks & Nos.)	品 名 (Commodity)	数 量 (Quantity)
As per invoice No.G.02151	Trousers	21Cartons

兹证明上列商品系　　　　中国　　　　出产或制造

This is to certify that the above mentioned commodities were produced or manufactured in CHINA.

中国　　进出口公司　　分公司
CHINA NATIONAL IMPORT&EXPORT COPORATION BRANCH

8.委托报关协议书

代 理 报 关 委 托 书

编号：□□□□□□□□□□□□□

我单位现　　(A.逐票 B.长期) 委托贵公司代理　　(A.填单申报 B.辅助查验 C.垫缴税款 D.办理海关证明联 E.审批手册 F.核销手册 G.申办减免税手续 H.其他) 等通关事宜。详见《委托报关协议》。

我单位保证遵守《海关法》和国家有关法规，保证所提供的情况真实、完整、单货相符。否则，愿承担相关法律责任。

本委托书有效期自签字之日起至　　年　月　日止。

委托方(盖章)：

法定代表人或其授权签署《代理报关委托书》的人(签字)

年　月　日

委托报关协议

为明确委托报关具体事项和各自责任，双方经平等协商签订协议如下：

委托方		被委托方		
主要货物名称		*报关单编码	No.	
HS编码	□□□□□□□□□□	收到单证日期	年 月 日	
货物总价		收到单证情况	合同□	发票□
进出口日期	年 月 日		装箱清单□	提（运）单□
提单号			加工贸易手册□	许可证件□
贸易方式			其他	
原产地/货源地		报关收费	人民币： 元	
其他要求：		承诺说明：		
背面所列通用条款是本协议不可分割的一部分，对本协议的签署构成了对背面通用条款的同意。		背面所列通用条款是本协议不可分割的一部分，对本协议的签署构成了对背面通用条款的同意。		
委托方业务签章： 经办人签章： 联系电话： 年 月 日		被委托方业务签章： 经办报关员签章： 联系电话： 年 月 日		

（白联：海关留存；黄联：被委托方留存；红联：委托方留存） 中国报关协会监制

9.进口报关单（A）

中华人民共和国海关进口报关单

预录入编号：NH2356 海关编号：

进口口岸 上海海关		备案号	进口日期 2012-07-29	申报日期 2012-08-08
经营单位 ××进出口公司	运输方式 江海运输	运输工具名称 GOLDKONG Voy.No.903		提运单号 SH21562

续表

收货单位	贸易方式	征免性质	征免比例
××进出口公司	一般贸易	一般征税	14%

许可证号	起运国（地区）	装运港	境内目的地
C572606	KUWAIT	KUWAIT	南昌

批准文号	成交方式	运费	保费	杂费
	FOB	RMB16 500	RMB36 168	

合同协议号	件数	包装种类	毛重（千克）	净重（千克）
KUWAIT-2012	40000sets	20′FCL		

集装箱号	随附单据	用途
25611204		

标记口麦码及备注
No.KUWAIT-2007
SHANGHAI CHINA

项号	商品编号	商品名称、规格型号	数量及单位	原产国（地区）	单价	总价	币制	征免
“D.D.”		Raincoats men’s medium	10 000	KUWAIT	11.70	117 000	USD	
		men’s small	10 000	KUWAIT	10.80	108 000		
		women’s medium	10 000	KUWAIT	10.80	108 000		
		women’s small	10 000	KUWAIT	9.90	99 000		

税费征税情况

录入员　录入单位　兹声明以上申报无诈并承担法律责任 报关员 申报单位（盖章） 单位地址　××进出口公司 ××省××市××路××号 邮编　电话　填制日期 ×××　2012年08月08日	海关审单批注及放行日期（盖章） 审单　审价 征税　统计 查验　放行

进口报关单（B）

2-32

进料加工专用

中华人民共和国海关进口货物报关单

预录入编号：　　　　　　　　　　海关编号：

进口口岸		备案号	进口日期	申报日期
经营单位		运输方式	运输工具名称	提运单号
收货单位		贸易方式	征免性质	征税比例
许可证号	起运国（地区）	装货港		境内目的地
批准文号	成交方式	运费	保费	杂费
合同协议号	件数	包装种类	毛重（公斤）	净重（公斤）
集装箱号	随附单据			用途
标记唛码及备注				

项号	商品编号	商品名称、规格型号	数量及单位	原产国（地区）	单价	总价	币制	征免

附录样例7-1

税费征收情况

录入员　　录入单位	兹声明以上申报无讹并承担法律责任	海关审单批注及放行日期（签章）
报关员		审单　　审价
单位地址	申报单位（签章）	征税　　统计
邮编　　电话	填制日期	查验　　放行

10.出口报关单

中华人民共和国海关出口货物报关单

预录入编号：　　　　　　　　　　　　　　　　　　　　　　　　　　海关编号：

出口口岸	备案号		出口日期	申报日期
经营单位	运输方式	运输工具名称	提运单号	
发货单位	贸易方式	征免性质	结汇方式	
许可证号	运抵国（地区）	指运港	境内货源地	
批准文号	成交方式	运费	保费	杂费
合同协议号	件数	包装种类	毛重（千克）	净重（千克）
集装箱号	随附单据		生产厂家	
标记唛码及备注				

项号	商品编号	商品名称、规格型号	数量及单位	最终目的国（地区）单价	总价	币制	征免

税费征收情况	
录入员　　录入单位　　兹声明以上申报无讹并承担法律责任 报关员 申报单位（签章） 单位地址 邮编　　电话　　填制日期	海关审单批注及放行日期(签章) 审单　　审价 征税　　统计 查验　　放行

11. 商业汇票

BILL OF EXCHANGE

凭 Drawn Under ________________ 不可撤销信用证 Irrevocable L/C No. ________

日期 Date ________ 支取 Payable With interest @ ____ % 按 ____ 息 ____ 付款

号码 No. ________ 汇票金额 Exchange for ________ 北京 Beijing ____ 年 月 日

见票 at ________ 日后（本汇票之副本未付）付交 sight of this FIRST of Exchange (Second of Exchange Being unpaid) Pay to the order of

____

金额 the sum of ________________

此致 To ________________

____

____

BILL OF EXCHANGE

凭 Drawn Under ________________ 不可撤销信用证 Irrevocable L/C No. ________

日期 Date ________ 支取 Payable With interest @ ____ % 按 ____ 息 ____ 付款

号码 No. ________ 汇票金额 Exchange for ________ 北京 Beijing ____ 年 月 日

见票 at ________ 日后（本汇票之副本未付）付交 sight of this FIRST of Exchange (Second of Exchange Being unpaid) Pay to the order of

____

金额 the sum of ________________

此致 To ________________

____

____

12.保险单

中国人民财产保险股份有限公司货物运输保险单

PICC PROPERTY AND CASUALTY COMPANY LIMITED CARGO TRANSPORTATION INSURANCE POLICY

总公司设于北京　　　　　　一九四九年创立

Head Office: Beijing　　　　　　Established in 1949

印刷号 （Printed Number）　　　　　　保险单号（Policy No. ）

合同号 （Contract NO. ）

发票号 （Invoice NO.）

信用证号 （L / C NO.）

被保险人（Insured）

中国人民财产保险股份有限公司（以下简称本公司）根据被保险人的要求，以被保险人向本公司缴付约定的保险费为对价，按照本保险单列明条款承保下述货物运输保险，特订立本保险单。

THIS POLICE OF INSURANCE WITNESSES THAT PICC PROPERTY AND CASUALTY COMPANY LIMITED （HEREINAFTER CALLED " THE COMPANY " ） AT THE REQUEST OF THE INSURED AND IN CONSIDERATION OF THE AGREED PREMIUM PAID TO THE COMPANY BY THE INSURED, UNDERTAKES TO INSURE THE UNDERMENTIONED GOODS IN TRANSPORTATION SUBJECT TO HE CONDITION OF THIS POLICY AS PER THE CLAUSES PRINTED BELOW.

标　记 MARKS & NOS.	包装及数量 QUANTITY	保险货物项目 GOODS	保险金额 AMOUNT INSURED

总保险金额:

Total Amount Insured: ____________________

保费（Premium）: ________________启运日期（Date of Commencement）: ________________________

装载运输工具（Per Conveyance）: ____

自:　　　　　　　　　经:　　　　　　　到:

From: _______________Via: __________To: _________________

承保险别（Conditions）:

所保货物，如发生保险单项下可能引起索赔的损失，应立即通知本公司或下述代理人查勘。如有索赔，应向本公司提交正本保险单（本保险单共有__________份正本）及有关文件，如一份正本已用于索赔，其余正本自动失效。

IN THE EVENT OF LOSS OR DAMAGE WHICH MAY RESULT IN A CLAIM UNDER THIS POLICY, IMMEDIATE NOTICE MUST BE GIVEN TO THE COMPANY OR AGENT AS MENTIONED CLAIMS.IF ANY, ONE OF THE ORIGINAL POLICY WHICH HAS EEN ISSUED IN__________ORIGINAL （S） TOGETHER WITH THE RELEVENT DOCUMENTS ALL BE SURRENDERED TO THE COMPANY. IF ONE THE ORIGINAL POLICY HAS BEEN ACCOMPLISHED, THE OTHERS TO BE VOID.

保险人：
Underwriter：

电话（TEL）：
传真（FAX）：
地址（ADD）：________________
赔款偿付地点
Claim Payable at________________授权人签字：
签单日期（Issuing Date）________________Authorized Signature
核保人：　　制单人：　　经办人：　　www.picc.com.cn

13.信开信用证（A）

<table>
<tr><td rowspan="3" colspan="2">THE DAIWA BANK LIMITED
TELEX NOS.HEAD OFFICE
63977 INTERNATIONAL BUSINESS DIVISION
63457 2.1.BINGOMACHI 2.CHOME CHUO-KU.
OSAKA 541 JAPAN</td><td colspan="2">DATE OF ISSUE JUNE 2.2012
IRREVOCABLE
DOCUMENTARY CREDIT</td></tr>
<tr><td></td><td>NUMBER
106-11-2976078</td></tr>
<tr><td colspan="2">EXPIRY DATE & PLACE JULY 10.2012 IN CHINA</td></tr>
<tr><td colspan="2">ADVISING BANK
THE INDUSTRIAL AND COMMERCIAL BANK
OF CHINA.TIANJIN MUNICIPAL BRANCH
11 DATONG ROAD
HEPING DISTRICT.TIANJIN
P.R.CHINA</td><td colspan="2">APPLICANT
NARA KOKI CO.LTD

30,TAKAMA-CHO.NARA ICW084</td></tr>
<tr><td colspan="2">BENEFICIARY
TIANJIN ARTS & CRAFTS I/E CORP.
200, HEBEI ROAD, TIANJIN.CHINA</td><td colspan="2" rowspan="2">AMOUNT
US $ 13 585.00
UNITED STATES DOLLARS THIRTEEN
THOUSAND FIVE HUNDRED AND EIGTY
FIVE ONLY.
VIA AIRMALL</td></tr>
<tr><td colspan="2">HROUGH BANK ORIGINAL</td></tr>
<tr><td>PARTIAL SHIPMENTS
ARE PROHIBITED</td><td>TRANSHIPMENT
IS PROHIBITED</td><td colspan="2">CREDIT AVAILABLE WITH ANY BANK
BY NEGOTIATION AGAINST PRESENTATION OF
THE DOCUMENTS DETAILED HEREIN AND OF
THE BENEFICIARY
DRAFT(S) AT SIGHT FOR
100% OF INVOICE VALUE DRAWN ON OURSLVES</td></tr>
</table>

续表

DOCUMENTS REQUIRED (1) SIGNED COMMERCIAL INVOICE IN QUINTUPUCATE. (2) FULL SET OF CLEAN ON BOARD OCEAN BILLS OF LADING MADE OUT TO THE ORDER OF SHIPPER AND ENDORSED IN BLANK AND MARKED 'FREIGHT PREPAID' AND NOTIFY ACCOUNTEE. (3) PACKING LIST IN THREE COPIES. (4) CERTIFICATE OF WEIGHT & MEASUREMENT IN THREE COPIES. (5) G.S.P.CERTIFICATE OF ORIGIN FORM A IN 1 ORIGINAL & 1 COPY EVIDENCING SHIPMENT OF 34 PCS.OF PERCLOUS STONE CARVINGS AS PER CONTRACT No SAT1505, C&F OSAKA INSURANCE TO BE EFFECTED BY BUYER. SPECIAL INSTRUCTIONS: (1) ALL BANKING CHARGES OUTSIDE JAPAN ARE BENEFICIARY'S ACCOUNT. (2) T.T.REIMBURSEMENT IS NOT ACCEPTABLE. (3) A DISCREPANCY FEE OF US $30.00 OR EQUIVALENT SHALL BE DEDUCTED FROM THE PROCEEDS IF DOCUMENTS ARE PRESENTED WITH DISCREPANCY/IES. (4) SHIPMENT SHOULD BE EFFECTED BY CONTAINER LOADING ONLY. (5) ONE SET OF NON-NEGOTIABLE SHIPPING DOCUMENTS SHOULD BE AIRMAILED DIRECTLY TO THE APPLICANT IMMEDIATELY AFTER SHIPMENT AND THE BENFCIARY'S CERTIFICATE STATING THIS EFFECT IS REQUIRED. (6) SHIPPING MARK SHOULD BE IN TRIANGLE. (7) 5 PCT MORE OR LESS IN QUANTITY AND AMOUNT ARE ALLOWED. INSTRUCTIONS TO NEGOTIATING BANK: ORIGINAL DOCUMENTS MUST FORWARDED TO US BY REGISTERED AIRMAIL, REMAINING DOCUMENTS BY NEXT REGISTERED AIRMAIL IN REIMBURSEMENT. WE WILL REMT THE PROCEED TO YOUR DESIGNATED BANK OF RECEIPT OF THE FIRST AIRMAIL.
DOCUMENTS TO BE PRESENTED WITHIN 10 DAYS AFTER THE ON BOARD DATE OF BILLS OF LADING(THE SHIPPING DOCUMENT(s))BUT WITHIN THE EXPIRY DATE OF THE CREDIT.
WE HAVE ISSUED THE DOCUMENTARY CREDIT AS DETAILED ABOVE.THE UNIFORM CUSTOMS AND PRACTICE FOR DOCUMENTARY CREDITS (1993 REVISION ICC PUBLICATION NO.500) SHALL APPLY TO THIS CREDIT. THE NUMBER AND THE DATE OF THE CREDIT AND THE NAME OF OUR BANK MUST BE QUOTED ON ALL DRAFTS REQUIRED.PLEASE ACKNOWLEDGE RECEIPT. WE REQUEST YOU TO NOTIFY OF THE CREDIT TO THE BENCFICIARY WITHOUT ADDING YOUR CONFIRMATION. THIS DOCUMENT CONSISTS OF SIGNED PAGE(S) YOURS VERY TRULY. THE DAIWA BANK LIMITED HEAD OFFICE A.WATANABE (AUTHORIZED SIGNATURE)

电开信用证（B）

TLXG：73092 DAOHN HX

PRI TXT075 1206241737-

（6784）-

OCR132 1206241738

73092 DAOHN HX

MSG NO.08216

（TESTED TELEX）

①TO/BANK OF CHINA，HEAD OFFICE，BEIJING，CHINA

FROM/DAO HENG BANK LTD，HONG KONG

DATE/24 JUNE 2012

②TEST FOR USD 137，615.00

OUR REF.51941-113924（PLS QUOTE IN ALL CORRESPONDENCE）

ATTN/L/C ADVISING DEPT

WITHOUT AND RESPONSIBILITY ON OUR PART，PLS ADVISE TRANSFEREE/

③CHINATEX KNITWEAR AND MANUFACTURED GOODS I/E CORP.

WOOLIEN KNITWEAR DEPT

82 DONG AN MEN STREET，BEIJING，CHINA（A/C NO.40100554）

④THAT FLWG CREDIT HAS BEEN PARTIALLY TRANSFERRED TO THEM BY FIRST BENEFICIARY/LIST FINE LTD.HONG KONG

⑤AMOUNT OF TRANSFER/USD 137，615.00

UNITED STATES DOLLAR ONE HUNDRED THIRTY SEVEN THOUSAND SIX HUNDRED FIFTEEN ONLY）

///THE FIRST BENEFICIARY RETAINS THE RIGHT TO REFUSE

AMENDMENT（S）TO BE ADVISED TO THE SECOND BENEFICIARY///

DETAILS ARE AS FOLLOWS/

⑥ISSUING BANK	/REPUBLIC NATIONAL BANK OF NEW YORK NEW YORK USA
⑦FORM OF DOC.CREDIT	/IRREVOCABLE
DOC.CRDIT NO.	/L099711
DATE OF ISSUE	120413
⑧APPLICANT	/SADIMARA KNITWEAR，INC. .512 SEVENTH A VENUE NEW YORK.NY 10018
⑨FIRST BENEFICIARY	/LIST FINE LTD. UNIT 11038，11/FL CONIC INVESTMENT BUILDING，13HOK YUEN STREET，HUNGHOM KOWLOON.HONG KONG
⑩DRAFTS AT	/SIGHT
DRAWE	/REPUBLIC NATIONAL BANK OF NEW YORK L/C

DEPARTMENT
452 FIFTH AVENUE
NEW YORK，N.Y.10018

⑪PARTITAL SHIPMENTS	/PERMITTED AS INDICATED BELOW
TRANSHIPMENT	/PERMITED
ON ROARD/DISP/TAKING CHARGE	BEIJING/SHANGHAI.CHINA/HONG KONG
FOR TRANSPORTATION TO	/NEW YORK

⑫DESCR GOODS AND/OR
SERVIES/IADIES APPAREL
STYLE 5515.2 TOP P.O.048316 6，500PCS AT USD5.91/PC
5512.2 BOTTOM P.O.48315 6，500 PCS AT USD 4.96/PC
TO BE SHIPPED）NOT LATER THAN JUNE 30，1994 BY BOAT
STYLE 5515 P.O.009027 4.800 PCS AT USD 5.52/PC-BY BOAT
5513 P.O.009027 3.600 PCS AT USD6.00/PC.BY BOAT
55 1 4 P.O.009027 1.200 PCS AT USD 4.32/PC - BY AIR
5519.P.O.009027 2.400 PCS AT USD 5.07/PC.BY BOAT
TO SHIPPED NOT LATER THAN JULY 05，2012
ALL ABOVE C AND F NEW YORK

⑬DOCUMENTS REQUIRED

1. COMMERCIAL INVOICE IN QUADRUPLICATE INDICATING APPLICANT'S PURCHASE ORDER NUMBER AND ALSO INDICATING FULL DESCRIPTION OF MERCHANDISE AND PABRIC CONTENT.
2. CHINA TEXTILE EXPORT LICENSE/COMMERCIAL INVOICE SHOWING UNIT PRICE AS WELL AS VALUE DIFFERENT FROM COMMERCIAL INVOICE ISSUED BY LIST FINE LTD. IS ACCEPTABLE.
3. DETAILED PACKING LIST IN TRIPLICATE SHOWING NUMBER OF PIECES PACKED IN EACH CARTON，NET AND GROSS WEIGHT OF EACH CARTON AND TOTAL NET AND TOTAL GROSS WEIGHT OF EACH SHIPMENT，ALSO SHOWING APPLICANT'S PURCHASE ORDER NO. AND STYLE.
4. MAUFACTURER'S STATEMENT CERTIFYING THAT THE EXTERIOR OF EACH CARTON SHIPPED AGAINST THIS L/C SHOWS IN CLEAR PRINT FINAL DESTINATIONAL-NEWYORK.
5. MANUFACTRER'S SIGNED STATEMENT CERTIFYING MERCHANDISE SHIPPED UNDER THIS L/C IS NOT SUBJECT TO U.S. EMBARGO PRIOR TO SHIPMENT
6. LIST FINE LIMITED'S SIGNED STATEMENT CERTIFYING THAT THEY HAVE SENT ONE COMPLETE SET OF NON-NEGOTIABLE DOCUMENTS DIRECTLY TO THE APPLICANT. （FOR BOAT SHIPMENTS）
7. MANUFACTURER'S SIGNED STATEMENT CERFIFYING THAT THE SIZE AND COLOR BREAKDOWN SHIPPED IS WITHIN 2 PERCENT OF WHAT IS INDICATED ON PURCH-ASE ORDER WHILE MAINTAINING THE SAME SIZE AND COLOR RATIO.
8. DECLARATION OF COUNTRY OF ORIGIN.

9. QUOTA STATEMENT.

10.CERTIFICATE OF ORIGIN.

11.LIST FINE LIMITED'S STATEMENT CERTIFYING THAT SAMPLES SENT APPLICANT FOR APPROVAL.

12.COPY OF FAX SENT BY APPLICANT APPROVING SAMPLES FOR PRODUCTION.

13.INSPECTION CERTIFICATE ISSUED BY LIST FINE LTD.SIGNED BY MR.GARRYHUI.

14.LIST FINE LTD'S STATEMENT CERTIFYING THAT THEY HAVE AIRMAILED ONE COMP-LETE SET OF NON-NEGOTIABLE DOCUMENTS DIRECTLY TO THE APPLICANT ATT.ANNIE VIA ANY OVERNIGHT COURIER.

15.FULL SET PLUS TWO NON NEGOTIABLE COUPLES OF CLEAN ON BOARD OCEAN BILLS OF LADING ISSUED TO ORDER OF ISSUING BANK（L099711） MARKED NOTIFY APPLICANT INDICATING FREIGHT PREPAID EVIDENCING SHIPMENT VIA AMERICAN PRESIDENT LINES.

16.AIR WAYBILL CONSIGNED TO ISSUING BANK SHOWING L/C NO.L099711 MARKED NOTIFY APPLICANT INDICATING FREIGHT PREPAID AND MUST INDI-CATE THE FLIGHT NUMBER AND DATE OF FLIGHT.

17.LIST FINE LTD.'S STATEMENT CERTIFYING THAT ALL ORIGINAL DOCUMENTS ACCOMPANIED AIR SHIPMENT.AS ORIGINAL DOCUMENTS ARE DIRECTLY FOR WARDED AS INDICATED COPIES/PHOTO COPIES OF SAME ARE TO BE PRESENTED FOR PAYMENT PURPOSES.（FOR AIR SHIPMENTS ONLY）.

⑭ADDITIONAL CONDITIONS

A----DOCUMENTS INDICATING BOYCOTT CLAUSES OR RESTRICTIVE U.S. TRADE TRACTICE CLAUSES ARE NOT ACCEPTABLE FOR PAYMENT.

B----THIRD PARTY SHIPPER AND DOCUMENTS ACCEPTABLE.

C----INSURANCE COVERED BY BUYERS.

D----PARTIAL SHIPMENTS ARE ALLOWED ONLY WHEN A STYLE IS SHIPPED COMPLETE AS PER THE QUANTITY COVERED IN THIS LETTER OF CREIT PER SHIPMENT DATE.

E----HOUSE AIRWAY BILL IS ACCEPTABLE IN LIEU OF AN AIRWAY BILL.

⑮CHARGES　/ALL BANKING CHARGES OTHER THAN THOSE OF ISSUING BANK ARE FOR BENEFICIARY'S ACCOUNT

⑯A FEE OF USD50.0 WILL BE IMPOSED ON EACH SET OF DOCUMENTS RECEIVED BY ISSUING BANK CONTAINING ANY DISCREPANCIES， UNDER THIS CREDIT. ISSUING BANK WILL HONOR DRAFTS DRAWN UNDER IN COMPLIANCE WITH THIS CREDIT TERMS IF PRESENTED WITHIN THE VALIDITY OF CREDIT.

⑰EXCEPT SO FAR AS OTHERWISE EXPRESSLY STATED， THIS DOCUMENTARY CREDIT IS SUBJECT TO UNIFORM CUSTOMS AND PRACTICE FOR DOCUMENTARY CREDITS，1993 REVISION，ICC PUBLICATION NO.500.

⑱EXPIRY DATE/15 JULY 1994

⑲ALL DOCUMENTS MUST BE PRESENTED TO DAO HENG BANK LTD.，33/F WU CHUNG HOUSE，213 QUEEN'S ROAD EAST，HONG KONG IN ONE MAIL THROUGH YOUR BANKER，FOR SUBSTITUTION OF DRAFT（S） AND INVOICES BY THE FIRST

BENEFICIARY, WITHIN 10 DAYS FROM DATE OF SHIPMENT BUT WITHIN THE VALIDITY OF THIS TRANSFERRED CREDIT.

⑳PLS NOTE THAT PAYMENT WILL BE EFFECTED ONLY UPON RECEIPT OF FUNDS BY US FROM L/C ISSUING BANK.

THIS IS AN OPERATIVE INSTRUMENT.

PLEASE ADVISE TRANSFEREE ACCORDINGLY.RGDS

PTC/OB

73092 DAOHN HX

14. 进口订舱联系单

中国对外贸易运输总公司

进口订舱联系单

第　号　　　　　　　　　　　　年　　月　　日

货名（填写英文）			
重量		尺码	
合同号		包装	
装卸港		交货期	
买货条款			
发货人名称地址			
发货人电挂/电传			
订妥船名		预抵港期	
备注：		委托单位联系人 及电传电话	

危险品须注明性能。重大件注明每件重量及尺码。买货条款须详细注明。

15. 陆/海运出口货物代运委托书

<u>陆/海运出口货物代运委托书</u>

信用证号：____________________

合同号：　　　　　　　　　　　　　年　　月　　日　　　　　委托编号：____________________

<table>
<tr><td rowspan="2">委托单位</td><td colspan="2" rowspan="2">中纺针棉毛织品进出口公司
CHINATEX KNITWEAR AND MANUFACTURED GOODS IMPORT & EXPORT CORPORATION</td><td colspan="2">船名</td></tr>
<tr><td colspan="2">提单名</td></tr>
<tr><td rowspan="3">提单抬头</td><td colspan="2" rowspan="3">TO ORDER</td><td colspan="2">装船期</td></tr>
<tr><td colspan="2">结汇期</td></tr>
<tr><td colspan="2">可否转船</td></tr>
<tr><td rowspan="3">被通知人
详细地址</td><td colspan="2" rowspan="2">正本：NOTIFY</td><td colspan="2">可否分批</td></tr>
<tr><td colspan="2">离岸价格　　　　US$</td></tr>
<tr><td colspan="2">副本：</td><td colspan="2">货证情况</td></tr>
<tr><td colspan="3">目的港：　　装货港：</td><td colspan="2">随付单证</td></tr>
<tr><td colspan="3">运费支付：</td><td colspan="2">提单份数：　正　副</td></tr>
<tr><td>唛头：</td><td>件数：</td><td>货名：</td><td>毛重：</td><td>体积：</td></tr>
<tr><td colspan="5"></td></tr>
<tr><td rowspan="2">特殊
条款</td><td colspan="2" rowspan="2"></td><td rowspan="4">外运
记载
事项</td><td>配单</td></tr>
<tr><td>初审</td></tr>
<tr><td rowspan="2">其他
要求</td><td colspan="2" rowspan="2"></td><td>制单</td></tr>
<tr><td>审核</td></tr>
</table>

委托单位盖章：　　　　　　　　　制表：　　　　　复核：

16. 订舱单

中 国 外 轮 代 理 公 司

CHINA OCEAN SHIPPING AGENCY

留 底

<u>COUNTERFOIL</u>　　　　　　　　**S/O NO**__________

船名　　　　　　　　　航次　　　　　　　　目的港

Vessel Name __________ Voy__________ For ____________________

托运人

Shipper ____

受货人

Consignee____

通知

Notify____

<table>
<tr><td>标记及号码
Marks&Nos.</td><td>件数
Quantity</td><td>货名
Description of Goods</td><td>毛重量（千克）
Gross Weight in Kilos</td><td>呎码 Measurement
立方公尺 Cu.M.</td></tr>
<tr><td></td><td></td><td></td><td></td><td></td></tr>
<tr><td colspan="2">共计件数（大写）
The Number of Packages in Writing</td><td colspan="3"></td></tr>
</table>

续表

委托号		可否转船	
装船期		可否分批	
结汇期		存货地点	
总呎码			

17. 装货单

中 国 外 轮 代 理 公 司

CHINA OCEAN SHIPPING AGENCY

装 货 单

SHIPPING ORDER **S/O NO**______

船名 航次 目的港

Vessel Name __________ Voy __________ For ______________________________

托运人

Shipper____

受货人

Consignee____

通知

Notify____

兹将下列完好状况之货物装船后希签署收货单

Receive on board the undermentioned goods apparent in good order and condition and sign the accompanying receipt for the same.

标记及号码 Marks&Nos.	件数 Quantity	货名 Description of Goods	毛重量（千克） Gross Weight in Kilos	呎码 Measurement 立方公尺 Cu.M.
共计件数（大写） The Number of Packages in Writing				

日期 时间

Date________ Time________

装入何仓

Stowed____________________

实收

Received____________________

理货员签名 经办员

Tailed By________________ Approved By ____________________

18. 收货单

中 国 外 轮 代 理 公 司

OCEAN SHIPPING AGENCY

收 货 单

MATE'S RECEIPT **S/O NO**______

船名 航次 目的港

Vessel Name__________ Voy __________ For __________

托运人

Shipper______________________________

受货人

Consignee ______________________________

通知

Notify______________________________

下列完好状况之货物已收妥无损

Receive on board the following goods apparent in good order and condition .

标记及号码 Marks&Nos.	件数 Quantity	货名 Description of Goods	毛重量（千克） Gross Weight in Kilos	呎码 Measurement 立方公尺 Cu.M.
共计件数（大写） The Number of Packages in Writing				

日期　　　　时间

Date _________ Time________

装入何仓

Stowed ______________________________

实收

Received ______________________________

理货员签名　　　　　　大副

Tailed By ____________________ Chief Office________________

19.直达或转船海运提单

<table>
<tr><td colspan="2">Shipper</td><td rowspan="3">B/L No.
中国对外贸易运输总公司
CHINA NATIONAL FOREIGN TRADE TRANSPORTATION CORP.
直达或转船提单
BILL OF LADING
DIRECT OF WITH TRANSHIPMENT</td></tr>
<tr><td colspan="2">Consignee or order</td></tr>
<tr><td colspan="2">Notify address</td></tr>
<tr><td colspan="2"></td><td rowspan="4">SHIPPED on board in apparent good order and condition(unless otherwise in dicated) the goods or packages specified herein and to be discharged at the mentioned port of discharge or as near thereto as the vessel may safely get and be always afloat.
The weight, measure,marks and numbers, quality, contents and value, being particulars furnished by the Shipper, are not checked by the Carrier on loading.
The Shipper,Consignee and Holder of the Bill of Lading hereby expressly accept and agree to all printed, written or stamped provisions, exceptions and conditions of the Bill of Loading, including those on the back hereof.
IN WITNESS whereof the number of original Bill of Lading stated below have been signed, one of which being accomplished, the other(s) to be void.</td></tr>
<tr><td>Pre-carriage by</td><td>Port of loading</td></tr>
<tr><td>Vessel</td><td>Port of transhipment</td></tr>
<tr><td>Port of discharge</td><td>Final destination</td></tr>
</table>

续表

Container seal No.or Marks and Nos.	Number and Kind of Description of Goods packages		Gross weight (kgs.)	Measurement (m^3)
Freight and charges		REGARDING TRANSHIPMENT INFORMATION PLEASE CONTACT		
Ex.rate	Prepaid at	Freight payable at	Place and date of issue	
		Number of original Bs/L	Signed for or behalf of the Master As Agent	

(SINOTRANS STANDARD FORM4) TERMS AND CONDITIONS AS PER ORIGINAL BILL OF LADING

20. 集装箱联运提单

<table>
<tr><td colspan="2">托运人
Shipper</td><td colspan="3" rowspan="6">B/L No.
中国对外贸易运输总公司
CHINA NATIONAL FOREIGN TRADE TRANSPORTATION CORP.
GA
联运提单
COMBINED TRANSPORT BILL OF LADING
RECEIVED the goods in apparent good order and condition as special below unless otherwise stated herein.
The carrier,in accordance with the provision contained in this document,
(1)undertakes to perform or to procure the performance of the entire transport from the place at which the goods are taken in charge to the place designated for delivery in this document,and
(2)assumes liability as prescribed in this document for such transport.One of the bills of loading must be surrendered duly indorsed in exchange for the goods or deliver order.</td></tr>
<tr><td colspan="2">收货人或指示
Consignee or order</td></tr>
<tr><td colspan="2">通知地址
Notify address</td></tr>
<tr><td>前段运输
Pre-carriage by</td><td>收货地点
Place of receipt</td></tr>
<tr><td>海运船只
Ocean vessel</td><td>装货港口
Port of loading</td></tr>
<tr><td>卸货港
Port of discharge</td><td>交货地点
Place of delivery</td></tr>
<tr><td colspan="2"></td><td>运费支付地
Freight payable</td><td colspan="2">正本提单份数
Number of original Bs/L</td></tr>
<tr><td colspan="5">标记及号码 Marks&Nos. | 件数和包装种类 Number of kind of packages | 货名 Description of Good | 毛重（kg） Gross weight(kg) | 尺码（m^3） Measurement

以上细目由托运人提供
ABOVE PARTICULARS FURNISHED BY SHIPER</td></tr>
<tr><td rowspan="3">运费和费用
Freight and charges</td><td colspan="4">IN WITNESS whereof the number of original bill of lading stated above have been signed, one of which being accomplished, the other(s) to be void.</td></tr>
<tr><td colspan="4">签单地点和日期
Place and date of issue</td></tr>
<tr><td colspan="4">代表承运人签字
Signed for on behalf of the carrier
代理
As agents</td></tr>
</table>

21.提货单（A）

中国外轮代理公司上海分公司

CHINA OCEAN SHIPPING AGENCY SHANGHAI BRANCH

提 货 单　　　　No.0043601

DELIVERY ORDER

致：______________港区、场、站

收货人：______________________________

下列货物已办妥手续，运费结清，准予交付收货人。

<table>
<tr><td>船名</td><td colspan="2">航次</td><td colspan="3">起运港</td><td colspan="2">目的地</td></tr>
<tr><td>提单号</td><td colspan="4">交付货款</td><td colspan="3">到付海运费</td></tr>
<tr><td>卸货地点</td><td colspan="2">到达日期</td><td>进库场日期</td><td colspan="2"></td><td>第一程运输</td><td></td></tr>
<tr><td>标记与集装箱号</td><td>货 名</td><td colspan="2">集 装 箱 数</td><td colspan="2">件 数</td><td>重量（KGS）</td><td>体积（m³）</td></tr>
<tr><td></td><td></td><td colspan="2"></td><td colspan="2"></td><td></td><td></td></tr>
<tr><td></td><td></td><td colspan="2"></td><td colspan="2"></td><td></td><td></td></tr>
<tr><td></td><td></td><td colspan="2"></td><td colspan="2"></td><td></td><td></td></tr>
<tr><td></td><td></td><td colspan="2"></td><td colspan="2"></td><td></td><td></td></tr>
<tr><td></td><td></td><td colspan="2"></td><td colspan="2"></td><td></td><td></td></tr>
<tr><td></td><td></td><td colspan="2"></td><td colspan="2"></td><td></td><td></td></tr>
<tr><td colspan="8">请核对放货。
中国外轮代理公司上海分公司
年　月　日
凡属法定检验、检疫的进口商品，必须向有关监督机构申报。</td></tr>
</table>

收货人章		海关章	

提货单（B）

青岛中远集装箱船务代理有限公司 COSCO QINGDAO CONTAINER SHIPPING AGENCY CO., LTD.			
提 货 单 (D E L I V E R Y O R D E R)			NO.
______地区、场、站 收货人 / 通知方:	SAME AS CONSIGNEE TO ORDER OF QINGDAO MATSUDA		____年___月___日
船名 UMEKO	航次 0 0 8 4 W	起运港神户	目的港青岛
提单号 COSU7200700773	交付条款 CFS-CFS	到付海运费	合同号
卸货地点	到达日期 23/03/1999	进库场日期	第一程运输
货　名	MATERIAL OF SWITCH	集 装 箱 号 /铅 封 号	
集装箱数	1 X 20'	CBHU00164290	101462
件　数	10 PACKAGES		
重　量	232.00KG		
体　积	4.03M³		
标志			
CF20130GF QMCOM PSW0300 C/NO. 1-10			
请核对放货： 青岛中远集装箱船务代理有限公司 提货专用章 凡属法定检验、检疫的进口商品，必须向有关监督机构申报。			
收货人章	海关章		

22.商业发票

江西凯达进出口有限公司

JIANGXI KAI DA IMPORT & EXPORT CO., LTD.

商业发票

COMMERCIAL INVOICE

TO: LIFENG CO., LTD
UNIT 408 TOWER 11, SOUTH SEAS
CTR.75 MODY RD, TST EAST,
KOWLOON, HONGKONG.
FROM: SHANGHAI

INVOICE NO: CKJ88812
DATE: DEC. 9, 2007
L/C NO: J-09-H-07091
S/C NO: 07JXK006
TO: HONGKONG

MARKS & NUMBERS	DESCRIPTIONS OF GOODS	QUANTITIES	UNIT PRICE	AMOUNT
L.F.CO.,LTD 07JXK006 HONGKONG CTN NO.	ART.NO.11205 36 ″ × 45/55 16m/m HABOTAI ART.NO.14101 45 ″ ×45/55 16.5m/m SATIN	20 000 YDS 10 000 YDS	USD4.51 PER YDS CIF-HK USD6.00 PER YDS CIF-HK	USD90 200.00 USD60 000.00 USD150 200.00

江西省凯达进出口有限公司
JIANGXI KAIDA IMPORT&EXPORT CO.LTD.
东平

23. 海关发票

美国海关发票：

DEPARTMENT OF THE TREASURY UNITED STATES CUSTOMS SERVICE 19 U.S.C. 141, 1482, 1484	SPECIAL CUSTOMS INVOICE (Use separate invoice for purchased and non-purchased goods.)	Form Approved. O.M.B.No. 48-RO 342

1. SELLER	2. DOCUMENTS NR.*	3. INVOCIE NR. AND DATE*
	4. REFERENCES*	
5. CONSIGNEE	6. BUYER (if other than consignee)	
	7. ORIGIN OF GOODS	
8. NOTIFY PARTY*	9. TERMS OF SALE, PAYMENT, AND DISCOUNT	
10. ADDITIONAL TRANSPORTATION INFORMATION*		

	11. CURRENCY USED	12. EXCH RATE (if fixed or agreed)	13. DATE ORDER ACCEPTED
	IN USD		

14.MARKS AND NUMBERS ON SHIPPING PACKAGES	15.NUMBER OF PACKAGES	16.FULL DESCRIPTION OF GOODS	17. QUANTITY	UNIT PRICE 18.HOME MARKET	UNIT PRICE 19.INVOICE	20.INVOICE TOTALS

21.	□	If the production of these goods involved furnishing goods or services to the seller (e.g., assists such as dies, molds, tools, engineering work) and the value is not included in the invoice price, check box (21) and explain below.	22. PACKING COSTS	
27. DECLARATION OF SELLER/SHIPPER (OR AGENT)			23. OCEAN OR INTERNATIONAL FREIGHT	
I declare:				

(A)	□	If there are any rebates, drawbacks or bounties allowed upon the exportation of goods, I have checked box (A) and itemized separately below.	(B)	□	If the goods were not sold or agreed to be sold, I have checked box (B) and have indicated in column 19 the price I would be willing to receive.	24. DOMESTICFREIGHT CHARGES	
I further declare that there is no other invoice differing from this one (unless otherwise described below) and that all statements contained in this invoice and declaration are true and correct.				(C) SIGNATURE OF SELLER/SHIPPER (OR AGENT):		25. INSURANCE COSTS	
						26. OTHER COSTS (Specify Below)	

28. THIS SPACE FOR CONTINUING ANSWERS
THIS FORM OF INVOICE REQUIRED GENERALLY IF RATE OF DUTY BASED UPON OR REGULATED BY VALUE OF GOODS AND PURCHASE PRICE OR VALUE OF SHIPMENT EXCEEDS $500. OTHERWISE USE COMMERICAL INVOICE.

24.装箱单

江西凯达进出口有限公司

JIANGXI KAI DA IMPORT & EXPORT CO., LTD.

装箱单

PACKING LIST

INVOICE NO.: CKJ07889　　SHIPPING MARKS: Y.F.T.C

L/C NO.: DC J-09-H-07283　　JKH07-89

CONSIGNEE: YUFENG TXEILE CO., LTD.　　HONGKONG

75 MODY RD, TST EAST,　　CTN NO.

KOWLOON, HONGKONG.

50PCT NYLON/50PCT RAYON, WOVEN LADIES 2 PCE SUIT-JACKET L/S/ FULLY LINED PANT W/ BELT LOOPS

STYLE 167C/168C

STYLE	SIZE				TOTAL (SETS)
	6P	8P	10P	12P	
167C/168C	125	125	125	125	500

LADIES 2PCE ENSEMBLE-TAILORED WAISTCOAT/SKIRT, FULLY LINED

STYLE 585A /169C

STYLE	SIZE				TOTAL (SETS)
	6P	8P	10P	12P	
585A/169C	125	125	125	125	500

江西省凯达进出口有限公司

JIANGXI KAIDA IMPORT&EXPORT CO.LTD.

东平

25. 寄单声明

寄单声明（或证明格式）

××Import and Export Corp

（place）（date）

To whom it may concern:

Beneficiary's Statement/Certificate

Re L/C No.94/H1094

Invoice No.KG94/10489

We hereby state/certify that the following shipping/documents have been sent by speed post/courier service to Messrs ×××（address）

2 copies of Commercial invoice
2 copies of Packing list
2 copies of Bill of Lading
1 photo-copy of GSP Form A

公司签字盖章
年　月　日

26. 装船通知

装船通知（格式）

CHINA NATIONAL CHEMICALS IMP.& EXP.
CORP., PEKING BRANCH, 190 INSIDE CHAO
YANG MEN STREET, PEKING CHINA

TO: K & K GREEFF FINE CHEMICALS LTD.

L/C NO.185092 CONTRACT TO 78AS3E-359 10 CASES OF PYRIDOXINE
HCL （VITAMIN B6） RP73 GBP10670.00 PER S.S. YONG
AN CHENG V.2 B/LNO.TOS/005
D.D.30MAR.20×× SAILING DATE: 30 MARCH /××

公司签字盖章
年　月　日

27.船长收据

船长收据（格式）

Captain Receipt

（place）（date）

Invoice No.94/ff 1688

B/L No.18

Vessel name“DAOLIN” from Qingdao to Osaka, covering 2000 cartons Frozen Rabbits

I, the undersigned, Captain of the carrying vessel, hereby certify that I have received from×× Corp. The following shipping documents which shall be handed over to Messrs.××× at Osaka（Detail address）

one sheet original invoice

one sheet phytosanitary certificate

（signed） Ship's Master

28.受益人证明

受益人证明（格式）

Beneficiary's Certificate

（Place）（date）

To whom it may concern:

This is to certify that each one sheet of original invoice and phytosanitary certificate have been sent to the applicant under the care of ship's master of the carrying vessel.

（signed） Beneficiary

附录四 常用集装箱规格及容积

CONTAINER DETAILS

EQUIPMENT 集装箱	INTERIOR DIMENSIONS 内部尺寸	DOOR OPENING 箱门尺寸	TARE WEIGHT 净重	CUBIC CAPACITY 容积	PAYLOAD 载重量
20′ DRY FREIGHT CONTAINER 20′干货箱	L: 5 919 mm W: 2 340 mm H: 2 380 mm	W: 2 286 mm H: 2 278 mm	1 900 KG 4 189 IBS	33.0 CBM 1 165 CU.FT	22 110 KG 48 721 IBS
40′ DRY FREIGHT CONTAINER 40′干货箱	L: 12 045 mm W: 2 309 mm H: 2 379 mm	W: 2 280 mm H: 2 278 mm	3 084 KG 6 799 IBS	67.3 CBM 2 377 CU.FT	27 396 KG 60 397 IBS
40′HIGH CUBE CONTAINER 40′高容积干货箱	L: 12 056 mm W: 2 347 mm H: 2 684 mm	W: 2 320 mm H: 2 570 mm	2 900 KG 6 393 IBS	76.0 CBM 2 684 CU.FT	29 600 KG 65 256 IBS
45′HIGH CUBE CONTAINER 45′高容积干货箱	L: 13 582 mm W: 2 347 mm H: 2 690 mm	W: 2 340 mm H: 2 585 mm	3 900 KG 8 598 IBS	85.7 CBM 3 026 CU.FT	28 600 KG 63 052 IBS
20′REEFER CONTAINER 20′冷藏箱	L: 5 428 mm W: 2 266 mm H: 2 240 mm	W: 2 286 mm H: 2 188 mm	2 940 KG 6 482 IBS	27.5 CBM 971 CU.FT	24 060 KG 53 043 IBS
40′REEFER CONTAINER 40′冷藏箱	L: 11 207 mm W: 2 246 mm H: 2 183 mm	W: 2 216 mm H: 2 118 mm	4 840 KG 10 670 IBS	54.9 CBM 1 939 CU.FT	25 640 KG 56 526 IBS
40′ HIGH CUBE REEFER CONTAINER 40′高容积冷藏箱	L: 11 628 mm W: 2 294 mm H: 2 509 mm	W: 2 290 mm H: 2 535 mm	4 430 KG 9 766 IBS	66.9 CBM 2 363 CU.FT	28 070 KG 61 883 IBS
45′ HIGH CUBE REEFER CONTAINER 45′高容积冷藏箱	L: 13 102 mm W: 2 294 mm H: 2 509 mm	W: 2 290 mm H: 2 535 mm	5 200 KG 11 464 IBS	75.4 CBM 2 663 CU.FT	27 300 KG 60 185 IBS
20′OPEN TOP CONTAINER 20′开顶式集装箱	L: 5 919 mm W: 2 340 mm H: 2 286 mm	W: 2 286 mm H: 2 251 mm	2 174 KG 4 793 IBS	31.6 CBM 1 116 CU.FT	21 826 KG 48 117 IBS
40′OPEN TOP CONTAINER 40′开顶式集装箱	L: 12 043 mm W: 2 340 mm H: 2 272 mm	W: 2 279 mm H: 2 278 mm	4 300 KG 9 480 IBS	64.0 CBM 2 260 CU.FT	26 181 KG 57 720 IBS
20′FLAT RACK CONTAINER 20′搁架式集装箱	L: 5 662 mm W: 2 438 mm H: 2 327 mm		2 530 KG 5 578 IBS		21 470 KG 47 333 IBS

续表

20′ COLLAPSIBLE FLAT RACK CONTAINER 20′可拆卸搁架式集装箱	L: 5 946 mm W: 2 126 mm H: 2 233 mm		2 900 KG 6 393 IBS		27 100 KG 59 745 IBS
40′FLAT RACK CONTAINER 40′搁架式集装箱	L: 12 080 mm W: 2 438 mm H: 1 950 mm		5 480 KG 12 081 IBS		25 000 KG 55 115 IBS
40′ COLLAPSIBLE FLAT RACK CONTAINER 40′可拆卸搁架式集装箱	L: 12 080 mm W: 2 126 mm H: 2 043 mm		5 800 KG 12 787 IBS		29 200 KG 64 374 IBS
20′ OPEN SIDE/OPEN TOP CONTAINER 20′开边/开顶式集装箱	L: 5 928 mm W: 2 318 mm H: 2 259 mm	W: 2 236 mm H: 2 278 mm	2 775 KG 6 118 IBS	31.0 CBM 1 095 CU.FT	21 255 KG 46 792 IBS
40′ARTIFICAL TWEENDECK 40′双层重货架	L: 12 065 mm W: 2 216 mm		5 400 KG 11 905 IBS		39 000 KG 85 979 IBS

附录五　常用国际计量单位及换算

长度单位计量换算表

毫米（mm）	米（m）	英寸（in）	英尺（ft）	码（yd）
1	0.001	0.03937	0.0032808	0.0010936
1 000	1	39.37	3.2808	1.0936
25.4	0.254	1	0.083333	0.027778
304.8	0.3048	12	1	0.33333
914.4	0.9144	36	3	1

面积单位换算表 （in2代表平方英尺）

平方米（㎡）	平方英寸（in2）	平方英尺（ft2）	平方码（yd2）
1	1 550	107 639	1.196
0.00064516	1	0.0069444	0.0007716
0.0929	144	1	0.1111
0.8361	1 296	9	1

体积容积单位换算表 （fy3，代表立方英尺）

立方米（m^3）	升（L）	立方英尺（fy3）	英制加仑（gal(UK)）	美制加仑（gal(US)）
1	1 000	35.3147	219.969	264.172
0.001	1	0.0353	0.21997	0.2642
0.0283	28.3168	1	6.2288	7.4805
0.045461	4.5461	0.1605	1	1.2010
0.037854	3.7854	0.1337	0.8327	1

常用重量单位换算表

吨	千克	市担	市斤	英吨	美吨	磅
1	1 000	20	2 000	0.98421	1.1023	2 204.6
0.001	1	0.02	2	0.000984	0.001102	2.2046
0.05	50	1	100	0.04921	0.0551	110.231
0.0005	0.5	0.01	1	0.000492	0.000551	1.1023
1.01605	1 016.05	20.3209	2 032.09	1	1.1200	2 240
0.90719	907.19	18.1437	1 814.37	0.8929	1	2 000
0.000454	0.4536	0.009072	0.9072	0.000446	0.0005	1

附录六　　主要贸易港口一览表

A

Aalborg　奥尔堡（丹麦）

Aalesund　奥勒松（挪威）

Aarhus　奥胡斯（丹麦）

Abadan　阿巴丹（伊朗）

Abidjan　阿比让（科特迪瓦）

Abu Dhabi　阿不扎比（阿联酋）

Acajutla　阿卡胡特拉（萨尔瓦多）

Acapulco　阿卡普尔科（墨西哥）

Accra　阿克拉（加纳）

Adelaide　阿德莱德（澳大利亚）

Aden　亚丁（也门）

Agana　阿加尼亚（关岛）

Alexandria　亚历山大（埃及）

Algiers　阿尔及尔（阿尔及利亚）

Amsterdam　阿姆斯特丹（荷兰）

Ancona　安科纳（意大利）

Annaba　安纳巴（阿尔及利亚）

Antofagasta　安托法加斯塔（智利）

Antwerp　安特卫普（比利时）

Aomen[Macao]　澳门（中国）

Apapa　阿帕帕（尼日利亚）

Apia　阿皮亚（西萨摩亚）

Aqaba[Akaba]　亚喀巴（约旦）

Arica　阿里卡（智利）

Arkhangelsk　阿尔汉格尔斯克（俄罗斯）

Aseb[Assab]　阿萨布（埃塞俄比亚）

Athens　雅典（希腊）

Aukland　奥克兰（新西兰）

Avenmouth　阿芬默斯（英国）

B

Bahia Blanka　布兰卡（阿根廷）

Baltimore　巴尔的摩（美国）

Bandar Abbas　阿巴斯港（伊朗）

Bandar Khomeini　霍梅尼港（伊朗）

Bandar Seri Begawan　斯里巴加湾市（文莱）

Bangkok　曼谷（泰国）

Banjarmaisn　马辰（印度尼西亚）
Banjul　班珠尔（冈比亚）
Bar　巴尔（克罗地亚）
Barcelona　巴萨罗那（西班牙）
Barranquilla　巴兰基亚（哥伦比亚）
Basra　巴士拉（伊拉克）
Bassein　勃生（缅甸）
Bata　把塔（赤道几内亚）
Beihai　北海（中国）
Beira　贝拉（莫桑比克）
Beirut　贝鲁特（黎巴嫩）
Belawan　勿拉湾（印度尼西亚）
Belfast　贝尔法斯特（英国）
Belize　伯利兹（伯利兹）
Belmopan　贝尔莫潘（伯利兹）
Benghazi　班加西（利比亚）
Berbera　柏培拉（索马里）
Bergen　卑尔根（挪威）
Berne　伯尔尼（瑞士）
Bilbao　毕尔巴鄂（西班牙）
Birkenhead　伯肯赫德（英国）
Bissau　比绍（几内亚比绍）
Bizerta　比塞大（突尼斯）
Boma　博马（扎伊尔）
Bombay　孟买（印度）
Bordeaux　波尔多（法国）
Boston　波斯顿（美国）
Bourgas　布尔加斯（保加利亚）
Bremen　不来梅（德国）
Bremerhaven　不来梅港（法国）
Brest　布雷斯特（法国）
Brisbane　布里斯班（澳大利亚）
Bristol　布里斯托尔（英国）
Buenaventura　布埃纳文图拉（哥伦比亚）
Buenos Aires　布宜诺斯艾利斯（阿根廷）
C
Cagliari　卡利亚里（意大利）
Calcutta　加尔各答（印度）

Callao　卡亚俄（秘鲁）
Cape Town　开普敦（南非）
Caracas　加拉加斯（委内瑞拉）
Cardiff　加地夫（英国）
Cartagena　卡赫纳（哥伦比亚）
Casablanca[Dar el Beida]　卡萨布兰卡（摩洛哥）
Cebu　宿务（菲律宾）
Charleston　查尔斯顿（美国）
Cheribon　井里文（印度尼西亚）
Chiba　千叶（日本）
Chicago　芝加哥（美国）
Chimbote　钦博特（秘鲁）
Chittagong　吉大港（孟加拉国）
Chongjin　清津（朝鲜）
Coatzacoalcos　夸察夸尔科斯（墨西哥）
Colombo　科伦坡（斯里兰卡）
Colon　科隆（巴拿马）
Conakry　科纳克里（几内亚）
Coonstantza　康斯坦萨（罗马尼亚）
La Conuna　拉科鲁尼亚（西班牙）
Copehagen　哥本哈根（丹麦）
Corinto　科林托（尼加拉瓜）
Cork　科克（爱尔兰）
Cotonou　科托努（贝宁）
christ Church　克莱斯特切奇（新西兰）
Crotone　克努托内（意大利）
Cumana　库马纳（委内瑞拉）
D
Dacca　达卡（孟加拉国）
Dakar　达喀尔（塞内加尔）
Dalian　大连（中国）
Damman　达曼（沙特阿拉伯）
Da Nang　岘港（越南）
Dar el-Beida[Casablanca]　卡萨布兰卡（摩洛哥）
Darwin　达尔文（澳大利亚）
Dar-es-Salaam　达累斯萨拉姆（坦桑尼亚）
Djakarta　雅加达（印度尼西亚）
Djibouti　吉布提（吉布提）

Doha　多哈（卡塔尔）
Dordrecht　多德雷赫特（荷兰）
Douala　杜阿拉（喀麦隆）
Dubai　迪拜（阿联酋）
Dublin　都柏林（爱尔兰）
Dunedin　打尼丁（新西兰）
Dunkirk　敦刻尔克（英国）
Durresi　都拉斯（阿尔巴尼亚）
E
East London　东伦敦（南非）
F
Fredericia　腓特烈西亚（丹麦）
Fredrikstad　腓特烈斯塔（挪威）
Free Town　弗里敦（塞拉利昂）
Freemantle　弗里曼特尔（澳大利亚）
Fuzhou　福州（中国）
G
Gaoxiong　高雄（中国）
Gdansk　格但斯克（波兰）
Gdynia　格丁尼亚（波兰）
Geelong　吉朗（澳大利亚）
Genoa　热那亚（意大利）
Georgetown[Penang]　乔治市[槟城]（马来西亚）
Georgetown　乔治敦（圭亚那，加拿大）
Gibraltar　直布罗陀（西班牙）
Gijon　希洪（西班牙）
Glasgow　格拉斯哥（英国）
Godthab　戈特霍布（格陵兰）
Goteborg　哥德堡（瑞典）
Guangzhou　广州（中国）
Guayaquil　瓜亚基尔（厄瓜多尔）
Guaymas　瓜伊马斯（墨西哥）
H
Haifa　海法（以色列）
Hai-Phong　海防（越南）
Hakodate　函馆（日本）
Halifax　哈里法克斯（加拿大）
Halmstad　哈尔姆斯塔德（瑞典）

Hamburg　汉堡（德国）
Hanoi　河内（越南）
Havana　哈瓦那（古巴）
Helsinki　赫尔辛基（芬兰）
Hiroshima　广岛（日本）
Hongay　鸿基（越南）
Hongkong　香港（中国）
Honolulu　火奴鲁鲁（美国）
Houston　休斯敦（美国）
Hudaydak Al　荷台达（也门）
Hull　赫尔（英国）
Hungnam　兴南（朝鲜）

I

Iloilo　伊洛伊洛[怡朗]（菲律宾）
Iquique　伊基克（智利）
Istanbul　伊斯坦布尔（土耳其）
Izmir[Smyrna]　伊兹密尔（土耳其）

J

Jakarta　雅加达（印度尼西亚）
Jidda　吉达（沙特阿拉伯）
Jilong　基隆（中国）

K

Kagoshima　鹿儿岛（日本）
Kakinada　卡基纳达（印度）
Kampong Saon　磅逊（柬埔寨）
Karachi　卡拉奇（巴基斯坦）
Khulna　库尔纳（孟加拉国）
Kiel　基尔（德国）
Kingston　金斯敦（牙买加，加拿大）
Kismayu　基斯马尤（索马里）
Kobe　神户（日本）
Kuala Lumpur　吉隆坡（马来西亚）
Kuching　吉晋（马来西亚）
Kuwait　科威特（科威特）

L

Lagos　拉各斯（尼日利亚）
La Guaina　拉瓜伊拉（委内瑞拉）
La Rouchelle　拉罗歇尔（法国）

La Spezia　拉斯佩齐亚（意大利）
La Plata　拉普拉塔（阿根廷）
Latakia　拉塔基亚（叙利亚）
Le Havre　勒阿佛尔（法国）
Leghorn[Livorno]　莱戈恩（意大利）
Leninggrad　列宁革勒（俄罗斯）
Lianyungang　连云港（中国）
Libreville　利伯维尔（加蓬）
Limassol　利马索尔（塞浦路斯）
Limon　里蒙（哥斯达黎加）
Lisboa[Lisbon]　里斯本（葡萄牙）
Liverpool　利物浦（英国）
Lome　洛美（多哥）
London　伦敦（英国）
Long Beach　长滩（美国）
Los Angeles　洛杉矶（美国）
Luanda　罗安达（安哥拉）
Lubeck　卢贝克（德国）
Lyttelton　利特尔顿（新西兰）
M
Macao　澳门（中国）
Majunga　马任加（马达加斯加）
Makasa　望加锡（印度尼西亚）
Malabo　马拉博（赤道几内亚）
Malacca　马六甲（马来西亚）
Malaga　马拉加（西班牙）
Male　马累（马尔代夫）
Malindi　马林迪（肯尼亚）
Malmo　马尔默（瑞典）
Malta　马耳他（马耳他）
Manama　麦纳麦（巴林）
Manila　马尼拉（菲律宾）
Maputo　马普托（莫桑比克）
Maracaibo　马拉开波（委内瑞拉）
Mar del Plata　马德普拉塔（阿根廷）
Marseilles　马塞（法国）
Massawa　马萨瓦（埃塞俄比亚）
Matadi　马塔迪（扎伊尔）

Matanzas　马坦萨斯（古巴）
Mazatlan　马萨特兰（墨西哥）
Melbourne　墨尔本（澳大利亚）
Menado　万鸦老（印度尼西亚）
Mersin　梅尔辛（土耳其）
Messina　墨西拿（意大利）
Miami　迈阿密（美国）
Milford　米尔福德港（英国）
Mobile　莫比尔（美国）
Mogadisho[Mogadiscio]　摩假迪沙（索马里）
Mokpo　木浦（朝鲜）
Mombasa　蒙巴萨（肯尼亚）
Monrovia　蒙罗维亚（利比里亚）
Montevideo　蒙特维的亚（乌拉圭）
Montreal　蒙特利尔（加拿大）
Mokalla，Al　穆卡拉（也门）
Moulmein　毛淡棉（缅甸）
Murmansk　莫尔曼斯克（俄罗斯）
Muscat　马斯喀特（阿曼）
N
Nagasaki　长崎（日本）
Nagoya　名古屋（日本）
Naha　那霸（日本）
Nakhodka　纳霍德卡（俄罗斯）
Nampo　南浦（朝鲜）
Nantes　南特（法国）
Naples[Napoli]　那不勒斯（意大利）
New Orleans　新奥尔良（美国）
New York　纽约（美国）
New Castle　纽卡斯尔（澳大利亚，美国）
New Heaven　纽黑文（美国）
Nicosia　尼科西亚（塞浦路斯）
Niigata　新潟（日本）
Ningpo　宁波（中国）
Norfolk　诺福克（美国）
Nouakchott　努瓦克肖特（毛里塔尼亚）
Noumea　努美阿（新喀里多尼亚）

O
Oakland 奥克兰（美国）
Odessa 敖德萨（乌克兰）
Oran[Ouakran] 奥兰（阿尔及利亚）
Osaka 大阪（日本）
Oslo 奥斯陆（挪威）
Oulu 奥卢（芬兰）
P
Palembang 巨港（印度尼西亚）
Panama City 巴拿马城（巴拿马）
Papeete 帕皮提（波利尼西亚）
Paramaribo 帕拉马里博（苏里南）
Penang 槟城（马来西亚）
Philadelphia 费城（美国）
Piraeus 比雷埃夫斯（希腊）
Plaia 普拉亚（佛得角）
Ploce 普洛切（克罗地亚）
Plymouth 普列茅斯（英国）
Pointe Noire 黑角（刚果）
Port-au-Prince 太子港（海地）
Port Elizabeth 伊利莎白港（南非）
Port Gentil 让蒂尔港（加蓬）
Port Harcourt 哈科特港（尼日利亚）
Port Headland 黑德兰港（澳大利亚）
Port Kelang 巴生港（马来西亚）
Portland 波特兰（美国）
Port Louis 路易港（毛里求斯）
Port Moresby 莫尔兹比港（巴布亚新几内亚）
Port Alegre 阿雷格里港（巴西）
Port of Spain 西班牙港（特立尼达和多巴哥）
Port Novo 波多诺夫（贝宁）
Port Said 塞科港（埃及）
Port Sudan 苏丹港（苏丹）
Port Victoria 维多利亚港（塞舌尔）
Portsmouth 朴次茅斯（英国）
Prince Rubert 鲁伯特王子港（加拿大）
Puerto Cabello 卡贝略港（委内瑞拉）
Puerto Cortes 科尔特斯港（洪都拉斯）

Punta Arenas　蓬塔阿雷纳斯（智利）
Puntarenas　蓬塔雷纳斯（哥斯达黎加）
Pusan　釜山（韩国）
Q
Qingdao　青岛（中国）
Qinhuangdao　秦皇岛（中国）
Quebec　魁北克（加拿大）
R
Rabat　拉巴特（摩洛哥）
Rangoon　仰光（缅甸）
Recife　累西非（巴西）
Reykjavik　雷克雅未克（冰岛）
Riga　里加（拉脱维亚）
Rijeka　里耶卡（克罗地亚）
Rio de Janeiro　里约热内卢（巴西）
Rostock　罗斯托克（德国）
Rotterdam　鹿特丹（荷兰）
S
Safaga　萨法加港（埃及）
Safi　萨费（摩洛哥）
Saigon　西贡（越南）
Salonica　萨洛尼卡（希腊）
Salvador　萨尔瓦多（巴西）
San Diego　圣跌戈（美国）
San Francisco　旧金山（美国）
San Juan　圣胡安（波多黎哥，秘鲁）
Sandakan　山打根（马来西亚）
Santiago　圣地亚哥（古巴）
Santo Dominga　圣多明各（多米尼加）
Santos　桑拖斯（巴西）
Savanah　萨凡纳（美国）
Seattle　西雅图（美国）
Semarang　三宝龚（印度）
Setubel　塞图巴尔（葡萄牙）
Sfax　斯法克斯（突尼斯）
Shanghai　上海（中国）
Shantou　汕头（中国）
Shekou　蛇口（中国）

Shenzhen　深圳（中国）
Singapore　新加坡（新加坡）
Songkhla　宋卡（泰国）
Southampton　南安浦敦（英国）
Split　斯普利特（克罗地亚）
St.John's　圣约翰斯（加拿大）
Stockholm　斯德哥尔摩（瑞典）
Suez　苏伊士（埃及）
Surabaja　泗水（印度尼西亚）
Suva　苏瓦（斐济）
Sydney　悉尼（澳大利亚）
Szczecin　什切青（波兰）
T
Taipei　台北（中国）
Tallin　塔林（爱沙尼亚）
Tamatave[Toamasina]　塔马塔夫（马达加斯加）
Tampa　坦帕（美国）
Tampico　坦皮科（墨西哥）
Tandjung Priok　丹戎不碌（印度尼西亚）
Tanga　坦葛（坦桑尼亚）
Tangier　丹吉尔（摩洛哥）
Taranto　塔兰托（意大利）
Tatus　塔尔图斯（叙利亚）
Tel Aviv　特拉维夫（以色列）
Tema　特马（加纳）
Tianjin　天津（中国）
Toamasina　图阿马西纳（马达加斯加）
Tokyo　东京（日本）
Toleary　图莱亚尔
Toronto　多伦多（加拿大）
Toulon　土伦港（法国）
Trieste　的里雅斯特（意大利）
Trineomalee　亭克马里（斯里兰卡）
Tripoli　的黎波里（黎巴嫩，利比亚）
Tunis　突尼斯（突尼斯）
Turku　图尔库（芬兰）
V
Vaasa　瓦萨（芬兰）

Valletta　瓦莱塔（马耳他）
Valona　法罗拉（阿尔巴尼亚）
Valparaiso　瓦尔帕莱索（智利）
Vancouver　温哥华（加拿大）
Verna　瓦尔纳（保加利亚）
Venice　威尼斯（意大利）
Veracruz　韦腊克鲁斯（墨西哥）
Victoria　维多利亚（塞舌尔，加拿大）
Vila　维拉港（瓦努阿图）
Vladivostok　海参崴（俄罗斯）
W
Valvis Bay　沃尔维斯湾（纳米比亚）
Wellington　惠灵顿（新西兰）
Wenzhou　温州（中国）
Wismar　维斯马（德国）
Wonsan　元山（朝鲜）
X
Xiamen[Amoy]　厦门（中国）
Y
Yantai　烟台（中国）
Yokohama　横滨（日本）
Z
Zanzibar　桑给巴尔（坦桑尼亚）
Zhanjiang　湛江（中国）
Zhuhai　珠海（中国）

主要参考文献及网址

[1]吴国新，郭风艳.国际贸易实务[M].北京：机械工业出版社，2006.

[2]陈平.国际贸易实务[M].北京：中国人民大学出版社，2013.

[3]林建煌.品读ISBP745[M].厦门：厦门大学出版社，2013.

[4]韩晶玉.国际贸易实务实训教程[M].大连：东北财经大学出版社，2009.

[5]王健，姜宏.国际贸易实务实训模拟教程[M].北京：清华大学出版社，2012.

[6]金镝，朱芸.国际贸易实务模拟操作教程[M].重庆：重庆大学出版社，2005.

[7]陈岩.国际贸易实务[M].北京：清华大学出版社，北京交通大学出版社，2008.

[8]陈平.审核信用证技巧[J].对外经贸实务，2006（8）.

[9]王洪，徐德岭.货运与报关代理[M].北京：中国铁道出版社，经济科学出版社，2006.

[10]戴子贤，梅清豪.新编国际营销学[M].上海：立信会计出版社，1995.

[11]李鸿衫.外贸业务员实用基础知识[M].北京：对外贸易教育出版社，1988.

[12]王水华.公关与商务礼仪[M].南京：东南大学出版社，2001.

[13]张利.国际经贸谈判面面观[M].北京：经济科学出版社，1995.

[14]井润田，席酉民.国际商务谈判[M].北京：机械工业出版社，2006.

[15]赵银德.外贸函电[M].北京：机械工业出版社，2006.

[16]贾钊.国际贸易实务[M].北京：科学出版社，2005.

[17]广银芳.进出口单证实训教程[M].南京：东南大学出版社，2005.

[18]张军.外贸单证实务[M].南京：东南大学出版社，2005.

[19]李健.新编进出口实务[M].北京：中国水利水电出版社，2005.

[20]李泽尧，付呤烨，李为敏，等.跟单员工作手册[M].广州：广东经济出版社，2005.

[21]张兵.进出口报关实务[M].北京：清华大学出版社，2006.

[22]俞毅.国际贸易实务教程[M].北京：机械工业出版社，2006.

[23]http：//tgyws.aqsiq.gov.cn.

[24]http：//www.safe.gov.cn.

[25]http：//www.chinatax.gov.cn.

[26]http：//www.gotoread.com/mag/369/article_20.html.

[27]http：// www.mofcom.gov.cn.

[28]http：//www.customs.gov.cn.